社会科学院基础研究丛书　丛书主编　李中元

西百年史学专题研究综述

高春平　主编

山西出版传媒集团

山西人民出版社

图书在版编目（CIP）数据

山西百年史学专题研究综述/高春平主编．—太原：山西人民出版社，2017.12
ISBN 978-7-203-10075-1

Ⅰ．①山… Ⅱ．①高… Ⅲ．①山西－地方史－专题研究－文集 Ⅳ．① K292.5-53

中国版本图书馆 CIP 数据核字（2017）第 246275 号

山西百年史学专题研究综述

主　　编：高春平
责任编辑：高　雷
复　　审：武　静
终　　审：秦继华
装帧设计：谢　成　郝彦红

出 版 者：山西出版传媒集团·山西人民出版社
地　　址：太原市建设南路 21 号
邮　　编：030012
发行营销：0351－4922220　4955996　4956039　4922127（传真）
天猫官网：http://sxrmcbs.tmall.com　电话：0351－4922159
E — mail：sxskcb@163.com　发行部
　　　　　sxskcb@126.com　总编室
网　　址：www.sxskcb.com

经 销 者：山西出版传媒集团·山西人民出版社
承 印 者：山西出版传媒集团·山西新华印业有限公司

开　　本：720mm×1010mm　　1/16
印　　张：19.25
字　　数：240 千字
印　　数：1—2000 册
版　　次：2017 年 12 月　第 1 版
印　　次：2017 年 12 月　第 1 次印刷
书　　号：ISBN 978-7-203-10075-1
定　　价：57.00 元

如有印装质量问题请与本社联系调换

写在前面的话

　　《山西省社会科学院基础研究丛书》是山西省社会科学院深入贯彻落实习近平总书记系列重要讲话特别是在哲学社会科学工作座谈会上的讲话精神，着力构建中国特色哲学社会科学学科体系、学术体系、话语体系的具体实践，是充分发挥智库功能，服务决策、服务社会、服务人民，同时强化基础研究、提高基本能力的集中体现。这套丛书从2015年底开始着手策划、设计，到2017年5月全部交稿，历时一年多。全院各所、中心结合自身学科方向和研究实际，分别从全面建成小康社会、马克思主义中国化在山西的理论和实践、煤炭产业政策、山西百年史学、地方立法理论和山西实践、晋商学、汉语语汇的变异与规范、哲学视野下的教育理论等集中开展研究，最终形成了展现在各位读者面前的多部著作。

　　基础研究是构建中国特色哲学社会科学的重要内容，是哲学社会科学工作者的基本功，也是一切应用研究的基础。没有良好的基础研究功力和水平，应用研究只能是水月镜花、空中楼阁。2010年以来特别是2014年9月以来，山西省社会科学院作为山西省委、省政府思想库、智囊团，按照山西省委、省政府安排部署，紧紧围绕中心工作，为构建良好政治生态、不断塑造美好形象、逐步实现振兴崛起提出了许多决策建议，多次得到山西省委、省政府主要领导的批示，有的还被相关部门采用。在服务决策过程中我们发现，打造一支对党忠诚、学养深厚、反应快捷、建言有效的社会科学研究队伍，离开基础研究、没有良好的基本功底是无法达到目的的。为此，院里安排专门经费，要求全院各所、中心按照各自学科方向形成基础研究课题，出版《山西省社会科学院基础研究丛书》。

《丛书》的策划、写作、出版始终得到省委宣传部的大力支持，得到山西出版传媒集团特别是山西人民出版社的大力支持，在此一并致谢。我们相信，《丛书》将会为山西省哲学社会科学学术殿堂添砖加瓦，也将为中国特色哲学社会科学学科体系建设贡献一点力量。

不负历史使命　加快智库建设

——《山西省社会科学院基础研究丛书》代序

山西省社会科学院党组书记、院长　李中元

2016 年 5 月 17 日，习近平总书记在哲学社会科学座谈会上发表的重要讲话，站在人类文明进步的高度、党和国家事业发展全局的高度、中华民族伟大复兴的高度，深刻阐述了什么是中国特色哲学社会科学、怎样发展中国特色哲学社会科学、广大哲学社会科学工作者"为了谁、依靠谁、我是谁"的问题，明确提出中国特色哲学社会科学体系的历史使命、指导思想、根本要求和主要任务，深刻阐明事关哲学社会科学性质、方向和前途的一系列重大问题，是推动当代中国哲学社会科学繁荣发展的纲领性文件，是做好哲学社会科学工作的根本遵循和行动指南。

总书记重要讲话发表一年来，我们反复认真学习，深刻领会其思想精髓、精神内涵和重大意义，深刻感受到作为哲学社会科学工作者的光荣使命和时代担当，更加激发了推动哲学社会科学繁荣发展、加快现代新型智库建设的决心和信心。

一、加快智库建设是贯彻落实习总书记讲话精神、发挥地方社科院职能的有力抓手

习近平总书记在哲学社会科学工作座谈会上指出，要"建设一批国家急需、特色鲜明、制度创新、引领发展的高端智库，重点围绕国家重大战略需求开展前瞻性、针对性、储备性政策研究"。当代世界，依靠技术、资本推动发展正在逐步为依靠智慧推动发展所取代，智库已成为社会发展的一支重要力量。中共中央办公厅、国务院办公厅 2015 年 1 月下发《关于加强中国特色新型智库建设的意见》，明确了中国特色新型智库的发展目标、发展方向和发展要求，是指导现代新型智库建设的根本指南。

作为我省最大的哲学社会科学研究机构，我院多年来始终坚持高举旗帜、围绕中心、服务大局，积极发挥省委、省政府思想库、智囊团职能，在服务政府、服务社会、服务人民上搞研究，为推动全省经济社会发展、传承人类文明成果作贡献。2016 年以来，我们注重全院智库功能建设，加快实施哲学社会科学创新工程和智库建设步伐，取得明显成效。

从 2015 年开始，我们牵头发起倡议，组建山西省智库发展协会（三晋智库联盟）。经过一年多的筹备，2017 年 1 月 7 日，山西省智库发展协会（三晋智库联盟）成立。作为全国首家省级智库团体，协会成立以来，已与中国与全球化治理（CCG）、国研智库、北京大学、清华大学等十多家国内著名智库建立了战略合作关系，聘请了王伟光、谢克昌、郑永年、梁鹤年等国内外知名学者为智库高级学术顾问，整合山西省内智库资源开展了国企国资改革调研，与山西综改示范区达成了"智本+"孵化器入区协议等。

二、加快智库建设是贯彻落实习总书记讲话精神、创新社科研究体制机制的有效平台

习近平总书记强调指出：要统筹国家层面研究和地方层面研究，优化科研布局，合理配置资源，处理好投入和效益、数量和质量、规模和结构

的关系，增强哲学社会科学发展能力。加快智库建设，重在学科创新和体制机制创新。2017年以来，我们结合"两学一做"学习教育制度化、常态化和"两提一创"大讨论活动要求，研究制定了《山西省社会科学院哲学社会科学创新工程行动方案（2017）》，努力破解制约科研生产力提高和智库功能发挥的体制机制障碍，着力推进学术理论创新、学科体系创新、科研体制机制创新，激发科研活力，促进社科研究水平和服务决策能力全面提升，努力把我院建成省级一流、国内知名的思想库、智囊团和特色新型智库。我们将不断加大学科建设和人才建设力度，按照体现继承性、民族性，原创性、时代性，系统性、专业性的目标要求，构建与新型智库需求相适应的学科、人才支撑体系。以问题和需求为导向，进一步优化学科资源，调整学科布局，发展优特学科，加大新兴、交叉学科的扶持和培育力度，逐步形成目标明确、重点突出、特色鲜明的学科体系。大力推进创新工程，确定一批重点学科和学术带头人，打造一支对党忠诚、学养深厚、反应快捷、建言有效的人才队伍。不断加大体制机制改革力度，搭建省情调研平台、跨界科研平台、开放合作平台等多种平台，通过改革创新形成多平台运转模式，发挥多边效应，推动智库发展。

三、加快智库建设是贯彻落实习总书记讲话精神、推动哲学社会科学繁荣发展的根本方向

习近平总书记深刻指出：坚持以马克思主义为指导，是当代中国哲学社会科学区别于其他哲学社会科学的根本标志，必须旗帜鲜明加以坚持。我院既是我省重要的学术殿堂，也是研究传播马克思主义的重要阵地。我们始终坚持守土有责、守土负责、守土尽责，牢牢掌握马克思主义在社科研究领域的领导权，把坚持以马克思主义为指导贯穿社科研究全过程。面对新形势、新征程，我们一定要把深入学习贯彻落实习近平总书记重要讲话精神作为一项长远的重大任务，真学真懂、真信真用、真抓真做，把讲话精神转化为加快智库建设、更好为地方党委政府决策服务的自觉行动，紧密围绕省委、省政府重大战略决策需求，围绕全省经济社会发展的热点、难点问题和人民群众普遍关心的重大理论和实际问题，开展具有前瞻性、针对性、储备性政策研究，不断推出水平较高、质量较好的优秀成果，不断提升服务决策、服务社会、服务人民的能力，以充沛的热情、严谨的精神、科学的态度、求实的学风为全省经济社会发展提供智力支持和决策服务，为我省哲学社会科学事业繁荣发展贡献力量。

目 录
CONTENTS

山西考古世纪回眸

董永刚

　　山西省地处黄河中游，是华夏文明重要的起源地之一，历年来，山西的考古发现与研究备受国内外考古学界与历史学界的重视。

　　山西考古工作的开始最早可以追溯到 20 世纪 20 年代。1926 年，我国著名考古学家李济先生主持了山西夏县西阴村仰韶文化遗址的发掘，为山西考古拉开了序幕，这也是首次由中国人自己发起并主持的史前考古发掘，在中国考古史上具有里程碑的意义。然而，对山西来说，真正系统地、有组织有计划地进行地下文物的考古发掘和保护工作是从新中国成立之后开始的。这 60 多年来，随着我国经济的一步步复苏与突飞猛进的发展，山西的考古工作也实现了一次又一次的飞跃，先后有 11 个考古项目获得年度"全国十大考古新发现奖"，如吉县柿子滩旧石器时代遗址、太原北齐徐显秀墓、山西芮城清凉寺新石器时代墓地、绛县横水西周墓地、大同沙岭北魏壁画墓、柳林高红商代遗址等。现将若干重大考古发现及相关著述作一概述。

一、旧石器时代考古

山西是中国旧石器考古和古人类发展演化研究最重要的地区之一。60多年来共发现旧石器时代文化遗存300余处，经过系统发掘的遗址有近30处。其中，有国家重点文物保护单位5处，省级重点文物保护单位20余处，市县级文物保护单位近百处。发现人类化石的遗址6处，出土早期智人和晚期智人化石20余件。西侯度、匼河、丁村、许家窑、峙峪、下川等一系列重要遗址的发现与研究，成为华北地区旧石器时代文化发展序列不可或缺的重要组成部分，为研究山西乃至我国史前人类发展历史积累了丰富的科学资料。

山西省的旧石器考古工作大致可以分为两个阶段。第一个阶段是1953~1965年。这一时期山西省发现了大量的旧石器时代遗址。其中，丁村、匼河、西侯度等遗址成为新中国建立初期最重要的考古发现，山西也成为中国旧石器考古研究工作的重点地区之一。在裴文中、贾兰坡两位中国旧石器考古学奠基人的率领下，山西的旧石器考古研究工作在短短数年时间里取得了令人瞩目的科研成果，出版的《山西襄汾县丁村旧石器时代遗址发掘报告》《匼河》和《山西旧石器》为山西省的旧石器考古奠定了坚实的基础。1973年以后，山西的旧石器考古进入了深入研究和开拓创新阶段。下川、许家窑、丁村、薛关、青瓷窑、柿子滩等许多遗址以及以陵川塔水河遗址为代表的东部太行山区洞穴或岩崖遗址的发现与发掘，取得了令人瞩目的成就。

1.西侯度遗址

西侯度遗址是目前华北地区最早的古人类文化遗址，距今大约180

万年，是我国早期猿人阶段文化遗存的典型代表之一。遗址位于山西省芮城县西侯度村，1961年至1962年，山西省博物馆先后对西侯度遗址进行了两次发掘，出土了一批人类文化遗物和脊椎动物化石。从出土的动物化石、人工打制的粗大石器以及有切割痕迹的鹿角看，说明西侯度人已开始用石片加工制造工具，这是世界上最早的石片加工技术的标志。在文化层中还出土有若干烧骨，这是目前中国最早的人类用火证据。目前，世界上其他国家还没有发现如此古老的烧骨，这个发现把人类用火的历史推到距今一百几十万年前。

此外，根据发掘的脊椎动物化石考证，当时的哺乳动物绝大部分种类是草原动物，有中国长鼻三趾马、三门马、山西披毛犀、步氏羚羊、粗状丽牛、步氏鹿、纳玛象等20余种。而且根据出土鲤鳃盖骨判断，这里的鲤长超过半米。由此可知，当时西侯度一带应为疏林草原环境，而且，西侯度附近当时应有广而深的稳定水域。1988年，西侯度遗址被定为全国重点文物保护单位。

代表著述主要有陈哲英的《石器时代是人类社会历史的第一章——与张鸿奎同志商榷》（《社会科学》1981年第1期）和李壮伟的《略论西侯度与匼河的关系》。

2. 匼河遗址

匼河遗址位于山西省芮城县风陵渡镇附近，由近20个地点组成。1959年发现，1960年以来，考古工作者进行了5次正式发掘。出土的哺乳动物化石有肿骨鹿、扁角鹿、水牛、剑齿象、纳玛象等13种，表明其地质年代为中更新世早期。石制品大部分以石英岩为原料，器型可分为石核、石片、砍砸器、刮削器、三棱大尖状器、小尖状器和石球。研究者通过对地层、动物群、石器种类的比较分析，认为匼河文化早于北京猿人文化，属于旧石器时代初期文化遗存，并与丁村文化有着密切的文化关系，即丁村文化是由匼河文化逐渐发展而来的。

3. 许家窑遗址

许家窑遗址位于大同城东北阳高县古城镇许家窑村南 1.5 公里处，是全国重点文物保护单位。许家窑遗址距今约 10 万年，属旧石器时代中期，1976~1977 年，中国科学院古脊椎动物与古人类研究所进行发掘，遗址内出土有人类化石和大量石制品、古角器以及丰富的哺乳动物化石。人类化石有许家窑人顶骨、枕骨残片以及齿、颌骨等。其中一块完整的右侧头顶骨，是全国近年来发现的最大的古人类化石。这一发现弥补了从北京人到峙峪人之间的空白。

许家窑人文化以石制品和骨角器为代表，有刮削器、尖状器、雕刻器、石钻、砍砸器和石球等多种器型，其中石球是该遗址的代表性石器，共发现 1079 个，数量之多实属罕见。其他石器均体型细小，是北京人文化和峙峪人文化之间的重要过渡环节。动物化石主要有普氏野马、披毛犀、普氏原羚、鹅喉羚、野猪、狼、虎等 20 余种。

许家窑遗址虽然没有完全的人类头骨化石，但分散的数块骨骼却代表了十多个不同的个体。这些头骨骨壁较厚，牙齿骨体粗壮，有的方面接近尼安德特人。一般认为它具有从直立人向早期智人过渡的性质，表现出一定的原始性。鉴于连续多年的重大发现，尤其是人类化石的大量出土，许家窑遗址被列入我国重点文物保护单位名录。

4. 丁村遗址

丁村遗址是中国华北地区旧石器时代中期的遗址，位于山西省襄汾县丁村。在以丁村为中心，南北长达 11 公里的汾河东岸第三阶地上，发现旧石器地点 11 处、动物化石地点 3 处。1954 年，在贾兰坡主持下，由中国科学院古脊椎动物研究所和山西省文物管理委员会联合进行发掘。遗址中出土有属早期智人阶段的丁村人的牙齿化石，以及以三棱大尖状器为突出特征的文化遗物，地质年代属晚更新世早期。1961 年，国务院公布丁村遗址为全国重点文物保护单位。

丁村人是介于北京人与现代人之间的人类。三棱大尖状器是丁村文化中最富有特色的器物，因其在丁村首次发现，所以又被称为"丁村尖状器"。丁村的文化遗物既有其他中国旧石器时代文化的共同特点，又体现独特的打制技术和石器类型。丁村文化与西侯度文化、蓝田文化和匼河文化等存在着密切的源流关系。

1976 年以来，山西省考古研究所等单位又多次对该地点进行调查，除发现一件幼儿顶骨化石，还发现了不同于丁村文化的两种新的旧石器遗存：一种比丁村文化稍早，大约属于中更新世后期，石器类型和技术风格与丁村文化相近，是丁村文化的先驱；另一种比丁村文化要晚，相当于晚更新世后期，据放射性碳素断代，年代为距今 26400 ± 800 年，石制品中既有用角页岩制作的粗大石器，也有类似于下川文化的细石器。这些新发现扩大了人们对汾河流域旧石器文化的认识，同时也为探索华北古文化的来龙去脉和建立文化序列提供了重要的资料。

代表著述主要有王建的《关于下川遗址和丁村遗址群 7701 地点的时代、性质问题——与安志敏先生讨论》（《人类学学报》1986 年第 2 期）、王益人的《从河流埋藏环境看丁村遗址群的文化性质——与张森水先生商榷》（《人类学学报》2002 年第 2 期），以及陶富海、王益人的《丁村遗址群再次发现细石器文化地点》（《文物季刊》1995 年第 1 期），王建、陶富海等的《丁村旧石器时代遗址群调查发掘简报》（《文物季刊》1994 年第 3 期），刘椿、苏朴等的《丁村旧石器遗址剖面的古地磁学研究》（《文物季刊》1995 年第 4 期），王益人的《丁村遗址群》[①]等。

5. 峙峪遗址

峙峪遗址在朔州市城区峙峪村附近，东南距城区约 15 公里，1963年初夏发现并发掘。该遗址出土的文化遗物主要是石制品，约 15 000 件，其中以砾石居多。峙峪遗址的石器组合有刮削器、尖状器、雕刻器等。石锯和斧状器很少见，也有人将其视为刮削器中的特殊类型。这些细小石器比例大、类型多、加工痕迹细微，在制作上既沿用了北京人文化的许多传统技术，同时还掌握和发展了新的打制技术。这种细小石器代表了山西旧石器时代区别于丁村文化的另一文化特色，与马家窑文化有一定的渊源关系。

从峙峪遗址的出土物来看，当时的人类可能已经使用打制骨器，更值得提及的是，在这个遗址发现的很多碎骨片中，有一件明显是人为加工的骨制尖状器。这件骨器用动物的长骨片制成，在打制方式上有些类似这个遗址的雕刻器，但与雕刻器用途不同，专家认为是作为尖状器使用的。尽管考古曾发现过旧石器时代晚期骨制的各种工具，如骨矛头、骨针、骨锥等，但这样的骨制尖状器尚属首例。

考古学者认为，数百件骨片表面分布着的刻画痕迹，不仅证明了雕刻器的实用性，还表明峙峪人可能已经掌握了最简单的数量概念以及原始雕刻艺术，"中国旧石器艺术已初露端倪"！另外，峙峪的遗存中还发现有装饰品 1 件，以石墨为原料，单面钻孔，一侧面及边缘都经过磨制，表明此时已经发明了穿孔和磨制技术。

[①]山西省考古研究所编：《山西考古四十年》，山西人民出版社，1994 年。

据考古学家判断，峙峪人不仅过着狩猎生活，在长期的狩猎生活中还积累了丰富的狩猎经验，达到了相当高的狩猎水平！在峙峪遗址中，发现了一件显然与狩猎有关的石器，专家鉴定为石镞。这枚石镞是中国旧石器时代晚期遗址里发现的最早的石镞。从石镞的加工精细度看来，人类最初懂得弓箭的时代可能比这还要早得多，至少是距今 3 万年以前的事了。

峙峪遗址的时代、自然环境以及石器类型等诸多方面与萨拉乌苏遗址最为接近，经对文化层内所出牛骨的年代测定，峙峪遗址的绝对年代距今约 30 945 年，稍晚于萨拉乌苏遗址，但仍属于旧石器时代晚期的较早阶段。峙峪的石器制作是华北地区典型细石器工艺的先驱，而峙峪遗址正是这一文化系统发展中的重要环节。有关峙峪遗址的代表著述有张俊山的《峙峪遗址碎骨的研究》（《人类学学报》1991 年第 4 期）、陈哲英的《记贾兰坡先生在山西的一次考察——纪念贾兰坡先生百年诞辰》（《文物世界》2008 年第 4 期》）以及尤玉柱、李壮伟的《关于峙峪遗址若干问题的讨论》等。

6. 下川遗址

下川遗址中心位于沁水县中条山主峰历山东麓的一个山间小盆地内，是我国最早发现的几个旧石器时代晚期细石器遗存之一，其年代测定为距今 2.4 万 ~1.6 万年前。该遗址发现于 20 世纪 70 年代初。1973~1975 年，山西省文物工作委员会的王建等在沁水、垣曲、阳城三县交界的近百平方公里范围内进行了连续数年的调查和发掘，发现 16 处细石器地点，获得 1800 余件石制品；包括细石器和粗大石器两大类。细石器以黑色燧石原料为主，类型有尖状器、雕刻器、琢背小刀、石镞、石锯、锥钻、石核式石器以及各种式样刮削器等 40 余种。

此外还有以砂岩、石英岩等为原料的砍斫器、锛状器、石锤、研磨盘等粗大石器。1976~1978 年，中国社科院考古所与山西省考古所共同进行了三个年度的发掘，获得了大量文化遗存。1980 年以后，考古工作者在太行山麓西侧和中条山腹地的榆社、高平等地又发现多处与下川文化特点相似的细石器文化遗存，进一步丰富和扩大了下川文化的分布范围。

7. 柿子滩遗址

柿子滩遗址位于吉县境内的清水河畔。该遗址是中国现存面积最大、堆积最厚、内涵最丰富的一处距今 2 万至 1 万年间的原地埋藏遗址。柿子滩遗址群所见的石制品组合特征呈现了中国旧石器文化的西部风格，代表了旧石器时代晚期之末广泛分布于黄土高原和黄河中游一种独特的区域文化。

柿子滩遗址的考古发掘和研究是山西省文物局"十五"规划重大主动性研究课题之一。从 2000~2001 年的田野工作分三个阶段进行：第一阶段的工作是 2000 年在清水河下游两岸进行大规模调查，共发现 25 处旧石器和动物化石地点，包括高楼河沟口附近的中心遗址区；第二阶段是选择了 20 个地点进行定量阶梯式探沟发掘、水平清理、出土物的三维空间记录以及文化层沉积物的过筛和淘洗，基本搞清了遗址群内石器文化的分布范围、分布高程、分布密度、地质成因和遗址的埋藏性质；第三阶段是 2001 年先后发掘了高楼河附近的第 9 地点、第 12A 地点和第 12B 地点，发现了距今 2 万 ~1 万年间 3 个层面的古人类活动遗址，清理出 4 个用火遗迹、修整石器的工作区、2000 余件石制品、动物化石以及制作精美的蚌质穿孔装饰品。吉县柿子滩遗址是山西新、旧石器时代衔接和过渡时期的典型代表，被评为 2001 年全国重大考古发现之一。

对柿子滩遗址研究的主要代表作有石金鸣、赵静芳所撰的《吉县柿子滩旧石器时代遗址群》，宋艳花的《柿子滩文化技术研究》（山西大学 2003 年硕士学位论文），解希恭、阎金铸、陶富海的《山西吉县柿子滩中石器文化遗址》（《考古学报》1989 年第 3 期）等。

研究表明，柿子滩遗址石制品组合特征代表了旧石器时代晚期之末广泛分布于黄土高原和黄河中游的一种独特的区域文化。对柿子滩遗址研究的深入开展对探索中北旧石器时代晚期向新石器时代早期过渡等都有着十分重要的学术意义。

综上所述，山西是文化类型复杂多样、中国旧石器文化埋藏最丰富的省区之一。中华人民共和国成立以来，山西发现了大量旧石器时代文化遗存。特别是丁村遗址，它是中华人民共和国成立以来在周口店以外地区发掘的第一个大型旧石器时代遗址，对我国旧石器考古工作的推广和普及起到了不可估量的推动作用，因此，被看作是我国旧石器考古学发展的一个里程碑。

二、新石器时代考古

山西新石器时代文化遗存的发现可追溯到 1926 年李济先生对夏县西阴村遗址的发掘，这是最早由中国人自己主持的田野考古工作。其后到 1931 年，董光忠先生在万泉（今山西省万荣县）荆村瓦渣斜又进行了小规模的科学发掘。尽管为数不多，但在中国考古学发展史上具有重要的意义，也是新石器时代考古在山西的开始。其后，山西的新石器考古进入崭新的发展时期。

从 20 世纪 50 年代至今，山西的新石器考古大致经历了三个发展阶段。其中从 50 年代末至 80 年代，属于考古摸索、资料积累和认识阶段。这期间，较大规模地发掘了芮城西王村与东庄村遗址，同时，小规模地清理和试掘了平陆盘南村和芮城南礼教遗址。这些工作成果在今天仍旧是我们研究山西乃至整个陕、晋、豫地区考古学文化发展不可或缺的珍贵资料。其后是对夏县东下冯、襄汾陶寺遗址的先后发掘，认识了东下冯龙山到夏时期的考古学文化，确立了陶寺文化。此后，太谷白燕遗址的发掘、晋中与吕梁地区的调查和忻州游邀遗址的发掘使山西中部地区史前文化较清晰地展现出来。而垣曲古城盆地的调查与东关遗址的发掘揭示出一段区域文化的变迁史。晋东南地区对长治小神村遗址的发掘第一次梳理出太行山区的史前文化发展序列。这一时期，还对晋南的翼城、曲沃、洪洞、襄汾、侯马等地的十余处遗址进行了不同规模的发掘或不同程度的调查。但无论是调查还是发掘，所取得的资料都比较完整和科学，为后期的研究工作打下了良好的基础。

从 20 世纪 90 年代中期开始，在全省性的文物普查中又发现了一大批新地点，建立了较详细的文物档案资料。1991 年翼城枣园遗址的发现是这一时期最重要的调查成果之一，其后对该遗址的发掘进一步将其确立为山西当时所知年代最早的新石器时代文化。可以说，后来中华文明探源工程为山西史前考古的发展提供了一个重要契机，陶寺遗址再次进入人们的视野。工作的深入，大、小两重城址和中期大墓、观象台遗址等相继被发现，为中华古代文明的起源提供了更多、更重要的新信息。进入 21 世纪后，配合高速公路等基本设施建设发掘的临汾高堆、灵石马和等一些面积较大的遗址，为我们认识汾河流域的南北文化交流提供了新的资料。需要特别提出的是，2003~2005年对芮城清凉寺墓地的调查、发掘与研究发现该墓地的特殊葬式、随葬品中的大量玉器等信息为中原地区所罕见，因此芮城清凉寺墓地入选2004年度全国十大考古新发现。现将主要遗址发掘情况及相关著述简列如下：

1. 夏县东下冯遗址

夏文化主要是在伊洛地区河南龙山文化的基础上发展起来的，其在产生和发展过程中，又吸取了周围龙山文化的先进文化因素，从而得以不断丰富。山西境内尤其是夏墟范围之内，自然有为数不少的夏文化遗址，其中之一就是分布于晋西南的二里头文化东下冯类型。二里头文化由于已被多数考古专家认定为夏文化，晋西南又是夏王朝重点开拓的地区之一，因此成为史家探索夏文化的重要区域。

东下冯遗址位于山西省夏县东下冯村东北的青龙河南、北岸台地上，面积约25万平方米。1959年，在中国科学院考古研究所和山西省文物工作委员会调查涑水河流域古文化遗址时被首次发现。1974年秋至1979年冬进行发掘。遗址西部有庙底沟二期文化和河南龙山文化遗存，东、南部发现有二里岗期商代城墙和圆形建筑基址，北部有东周时期遗存。其中最重要的发现为夏商时期的文化遗存，可分为六期且一脉相承。

已发现的东下冯类型的遗迹有房屋、灰坑、水井、陶窑、壕沟和墓葬。房屋有半地穴式、窑洞式和地面建筑3种，共30余座。墓葬共清理24座。出土的遗物有石、骨、铜、陶等不同质地的生产工具、生活用具、兵器和乐器等。青铜凿、镞和石范的出土，表明当时已经进入青铜时代。出土的石磬长68厘米、宽37厘米，是迄今发现时代最早的石磬之一。

东下冯类型的大致年代与史料记载的夏末商初相当。因此，东下冯类型遗址的发现，对于了解晋南地区的二里头文化的内涵以及探索夏文化和研究商文化都具有重要意义。

相关学术论文及著作主要有山西省考古研究所的《夏县东下冯》（文物出版社，1988年），黄石林、李锡经、王克林的《山西夏县东下冯龙山文化遗址》（《考古学报》1983年第1期），戴尊德的《挖掘夏代人居住的土窑洞——参加夏县东下冯遗址发掘记》（《文物世界》2005年第3期），张德光、王春兰的《为加大夏文化的考古研究力度而努力奋斗——纪念东下冯夏文化发掘30周年》（《文物世界》2004年第6期），以及张德光、王春兰的《为加大夏文化的考古研究力度而努力奋斗——纪念东下冯夏文化发掘30周年》等。

2. 襄汾陶寺新石器时代遗址

陶寺遗址位于山西省襄汾县东南隅，该遗址的考古发掘是"中华文明探源工程"的重要组成部分，具有世界意义。它不仅确证了5000年中华文明生生不息的延续性，而且为我们托出了一个清晰可鉴的具有重大历史意义和广泛认知价值的尧及尧的时代。陶寺从考古发掘中所获得的重大成果，主要是发现并确认了陶寺早期小城、宫殿区和中期大城及墓葬。通过发掘，我们不仅可以推断出其城址平面为圆角长方形，还确认了陶寺城址中的祭祀区和宫殿核心建筑区；不仅发现并确认了陶寺城址的中期墓葬群和大量史前珍贵文物，还确认了陶寺遗址中的古观象台、仓储等重要设施，加上发现的朱书陶扁壶、龙盘、鼍鼓、特磬、彩绘陶簋、玉琮、玉璧等玉礼器、祭器与陪葬品，以及出土的代表中原地区龙山文化唯一的一件具有成熟造型的青铜铃，都从一个侧面反映出陶寺考古发掘所取得的巨大成果及其蕴含的重要价值，可以说它们的历史地位和作用都是划时代的。因为人类社会的发展大抵都遵循了一个规律，即从"部落联盟"进入到"国家文明"。而酋邦制则恰恰正是这一飞跃式过渡中的中间环节，它既具有一定的部落联盟的痕迹，同时又更具有国家的特点和性质。陶寺考古发掘的重大收获和重要意义，就在于它给我们提供了这样的实物与资证。

陶寺考古的重要研究著述主要有高炜、李健民的《1978—1980 年山西襄汾陶寺墓地发掘简报》（《考古》1983 年第 1 期），何驽、高江涛、王晓毅的《山西襄汾县陶寺城址发现陶寺文化中期大型夯土建筑基址》（《考古》2008 年第 3 期），严志斌、何驽的《山西襄汾陶寺城址 2002 年发掘报告》（《考古学报》2005 年第 3 期）和《陶寺遗址陶窑发掘简报》（《文物季刊》1999 年第 2 期），高天麟、李健民的《陶寺遗址 1983—1984 年Ⅲ区居住址发掘的主要收获》（《考古》1986 年第 9 期），高天麟、张岱海的《山西襄汾县陶寺遗址发掘简报》（《考古》1980 年第 1 期），何驽的《山西襄汾县陶寺城址祭祀区大型建筑基址 2003 年发掘简报》（《考古》2004 年第 7 期），何驽、严志斌、宋建忠的《陶寺城址发现陶寺文化中期墓葬》（《考古》2003 年第 9 期），严志斌、陈国梁、李志鹏的《山西襄汾县陶寺遗址Ⅱ区居住址 1999—2000 年发掘简报》（《考古》2003 年第 3 期），何驽的《山西襄汾县陶寺中期城址大型建筑Ⅱ FJT1 基址 2004—2005 年发掘简报》（《考古》2007 年第 4 期），赵瑞民、郎保利的《观象授时与中国文明起源——从陶寺观象祭祀遗迹谈国家起源时期公共权力的形成》（《晋阳学刊》2005 年第 1 期），刘毓庆、刘鳞龙的《陶寺遗址对接历史的可能性及其难题》（《晋阳学刊》2009 年第 4 期），王克林的《陶寺晚期龙山文化与夏文化——论华夏文明的形成（下）》（《文物世界》2001年第6期）和《陶寺文化与唐尧、虞舜——论华夏文明的起源（上、下）》（《文物世界》2001年第1、2期）。

3. 山西芮城清凉寺新石器时代墓地

芮城清凉寺墓地属于寺里—坡头遗址（即"坡头遗址"），遗址最早发现于1955、1965年，从文化构成上看，属新石器时代庙底沟二期文化。该墓地总面积近5000平方米。2004年，由山西省考古研究所主持发掘。该遗址共清理墓葬262座，墓葬排列有序，南北成行，东西成列，同时也存在着比较复杂的打破关系。墓内共出土玉璧、玉钺、玉琮等玉石器200余件。代表庙底沟二期文化时期的大规模墓地在全国还是首次发现并发掘。发掘者认为，该墓地的发现和发掘促进了对以前一些认识的重新思考和定位。清凉寺墓地代表的时代是史前一个十分关键的时期，而墓葬所在的区域是中原的核心地区，也是庙底沟二期文化腹心地区，当时中原地区正在发生一次大规模的文化变革，周边各种文化因素和理念在这里汇聚。这批以随葬玉石器、特殊葬制为特色的墓地，对诠释这一地区的复兴历程有着毋庸置疑的作用，对中原地区文明起源及与此相关的学术课题研究也将有所助益，是近年来少见的重要发现。该墓地被评为2004年全国重大考古发现之一。

有关该遗址的重要研究著述主要有《山西芮城清凉寺墓地玉器》（《考古与文物》2002年第5期）、薛新民的《山西芮城寺里—坡头遗址勘察与清凉寺墓地的重要收获》（《文物世界》2004年第3期）、马金花的《山西芮城清凉寺墓地出土玉器浅说》（《文物世界》2009年第3期）等。

4. 吉县沟堡遗址

吉县梁家河、沟堡、高楼河新石器时代遗址由山西省考古研究所于2003年8月到10月发掘，这次发掘是山西西部考古内容之一，其目的是通过对这里新石器时代不同时期遗址的试掘，试图从时间、空间上再现人类在新石器时代不同时期的生存环境、生存状况，从而更深入地对当地考古学文化及与周邻文化的关系进行有益的探索。

该遗址共发掘仰韶、龙山文化遗址总面积约200平方米。遗迹有房址3座、灰坑3个。遗物有陶片、少量的骨针、石斧、石刀、陶环等和动物骨骼。主要收获：（1）梁家河仰韶文化早期遗存。梁家河所出陶片分泥质、夹砂两类，陶色有红、褐两种，器类有钵、壶、弦纹罐等，有的钵口沿饰一周淡红彩，或器底麻点痕外加一周弦纹。（2）在沟堡的1座仰韶文化中晚期的房址中发现了近10件陶器，其中1件泥质灰陶人面形器，无底，出土时顶部盖一石板，置于灶旁。F1属西阴文化南卫第一阶段，亦即传统认识的庙底沟文化晚期，距今5500年左右，故这是首次发现的远古时期的"灶君"形象。

相关著述主要是田建文的《山西吉县沟堡发现的早期"灶君"》（《寻根》2007年第2期）等。

三、夏商周考古

夏商周时期考古一直是山西考古的重点部分，这不仅因为晋南素有夏墟之称，而且历史上两周时期的晋国主体就是以山西为主，但由于山西特殊的地理位置，又使得山西在夏、商和西周时期的考古学文化中异彩纷呈，表现出强烈的地域性和多样性。

（一）夏时期考古重要发现

山西境内探索夏文化的主要对象是二里头文化东下冯类型和晋南地区龙山文化晚期阶段。山西境内的夏代或相当于夏时期的文化遗存可以分为两种类型，一个是与二里头文化相同或相近的文化遗存，主要发现在晋南地区，曾为夏王朝直接统治地区；另一个是既有二里头文化因素，又有自身特点的遗存，主要在晋中地区，是受夏文化影响的地方类型。

运城盆地的夏文化遗址有夏县东下冯、小王村、闻喜大泽、绛县赵村、永济东马铺头等，重点发掘的是位于夏县东下冯村青龙河畔的东下冯遗址，面积25万平方米。遗址可分为6期，其中1~4期属于东下冯类型。临汾盆地东下冯类型的分布地点有襄汾大柴、曲沃曲村、南石、安吉、东白冢、翼城感军、苇沟—北寿城、天马、侯马西阳呈等。这里介绍一下襄汾大柴遗址。该遗址位于襄汾县城西南的汾河西岸，1986年发掘，文化内涵单一，遗物主要为陶器，时代大约相当于东下冯遗址的第二、第三期。

就晋中地区而言，文化面貌基本相同又有地区差异的相当于夏时期文化遗存的有太谷白燕、忻州游邀、太原狄村、东太堡、汾阳杏花村、峪道河等数处遗址。白燕遗址位于太谷白燕村，地处太原盆地东南缘。1980年、1981年发掘，整个遗址分6期，第4期遗存为夏时期遗存，侈沿鬲与东下冯遗址的鬲形制接近，年代也大约相当。游邀遗址位于忻州游邀村南，遗址面积20万平方米，1987年、1989年发掘，遗址可分为早晚两期，晚期为夏时期的文化遗存。

（二）商时期考古重要发现

山西境内的商文化遗址比较丰富，可分为商代前期和商代后期两个阶段。

商代前期以二里岗文化为代表，其分布区域主要包括忻州、晋中、临汾、运城、长治等地区，代表性遗址有平陆前庄遗址、垣曲商城遗址和太谷白燕遗址。

平陆前庄遗址位于运城平陆坡底乡前庄村的黄河之滨。1990年初发现，面积约1万平方米。遗迹有半地穴式的居住址、窖穴，出土铜器有大型方鼎、圆鼎、斝、针，陶器有鬲、大口尊、三足瓮、簋等。还有钻、灼、凿的无字甲骨。时代与东下冯遗址第6期陶器相近。

垣曲商城遗址位于古城镇南关黄河、亳清河、沇河交汇地的高台地上。1984年发现。古城略呈方形，周长1470米。城内中部偏东有宫殿区，有大型夯土台基6座。出土陶器有尖足鬲、大口尊、平沿盆、罐、豆等，另有少量只钻不凿的无字卜骨。其年代不晚于商代二里岗上层时期。

太谷白燕遗址第5期文化的早期，属于二里岗时期，遗迹主要是灰坑。陶器主要流行大型侈沿深腹鬲和翻沿小鬲，与之并存的有弧腹鬲和斜腹鬲，晚期有大型直腹鬲等。

山西商代晚期的殷墟时期商文化分为两大部分：一部分是分布临汾盆地以东至晋东南地区的长子、潞城和黎城等地，与河南殷墟相邻，文化面貌一致，这一部分以浮山桥北、长子北高庙商代墓葬出土的青铜器为代表；另一部分是方国文化，主要分布在吕梁山区，在石楼、永和、柳林、隰县、吉县、忻州、保德、右玉等一带均有发现。其文化面貌一方面表现出与殷墟文化的共性，另一方面则反映出更丰富的地方色彩，比如在生活用具、武器、小工具上普遍使用铃铛和动物图案，特色器物如马头刀、铃首剑。另外，墓葬中还经常出土金质盘丝形珥饰、金质弓形器、金饰品等。经重点发掘的商代文化遗址有灵石旌介商墓、柳林高红夯土基址、浮山桥北墓地等。

1. 灵石旌介商墓

灵石旌介位于晋中地区，东南距安阳殷墟约 240 公里，地处商文化与北方草原文化的缓冲地带。根据殷墟出土的甲骨卜辞研究，在包括灵石在内的商都西北一带，分布着许多部族方国，其中有些与商王朝有着比较密切的和稳定的臣属关系，有的则是经常侵扰商土，与商王朝相互对峙。灵石旌介商墓的发现，为研究商王朝与西北地区一带部族方国的关系提供了一批珍贵的实物资料，具有非常重要的研究价值。相关研究成果主要有海金乐、韩炳华的《灵石旌介商墓》（科学出版社，2006 年），戴尊德的《山西灵石县旌介村商代墓和青铜器》（《文物资料丛刊（第三辑)》，文物出版社，1980 年)，田建文的《灵石旌介商墓与山西商代晚期考古学文化》（《中原文物》2009 年第 1 期)，陶正刚、刘永生、海金乐的《山西灵石旌介村商墓》（《文物》1986 年第 11 期）等。

2. 山西柳林高红商代遗址

柳林高红商代遗址坐落在柳林县高红村南的一座山梁上，整个山梁地势西北高东南低，由山西省考古研究所、吕梁市文物局、柳林县文管所联合发掘。

该遗址从上至下均发现有陶片。离河岸不远有战国、汉代陶片和灰坑一类的遗迹；在高处的缓坡上采集到的陶片属商晚期。据研究，晋西北、陕北高原一带在商晚期可能为某政治集团的活动范围。高红遗址可能是该集团的权力中心所在。

张忠培先生认为该遗址的发掘进一步确认了过去零星的发现属于哪种文化，确认了一种新的考古学文化。发现的遗址具有宫殿规模，这就增加了这种文化的内涵，使我们从另一个角度了解到这种文化已发展到相当高的文明水准，已有了政权建设。该遗址的发掘推进了这类遗存的进一步研究，使我们认识到当时商代的北面有一个强大的文化，为我们进一步研究吕梁地区的变迁提供了珍贵的线索。过去一段时期以来，我们在吕梁山区曾屡屡发现有着相似文化特征的商代晚期青铜器，但这些青铜器出土地点分散，大多出自墓葬中，一直没有发现与之相应的遗址，此次高红商代基址的发现无疑为吕梁山区的一些晚商青铜器找到了归属。该遗址被评为 2006 年度全国十大考古发现之一。

重要论述有马昇、谢尧亭等的《山西柳林高红发现商代夯土基址》（《中国文物报》2005 年 3 月 2 日），王京燕、高继平《山西柳林高红商代夯土基址发掘取得重要收获》（《中国文物报》2007 年 1 月 5 日），马昇、王京燕《对柳林高红商代夯土基址的几点认识》（《中国文物报》2007 年 1 月 12 日），李国大《柳林高红遗址所在地考》（《吕梁高等专科学校学报》2010 年第 1 期），张生祥《山西高红文化具有独立命名的必要性》（《吕梁高等专科学校学报》2010 年第 1 期）等。

浮山桥北商代墓葬位于临汾盆地东南缘。墓葬发掘前被盗严重，在追缴回的部分文物中有带"先"铭的商代铜器。墓葬于 2003 年发掘，清理大型墓葬 5 座、中型墓葬 9 座。大型墓均由墓道和墓室组成，南北向。除一座为"甲"字形外，其余均为长方形。其中 M1、M18 规模较大，墓道中有随葬的殉人及车、马。14 座大中型墓的年代上限是商代晚期，下限不晚于西周中期。据推测，墓主人应当是商王朝管辖下的方国首领。

(三) 两周时期考古重要发现

山西两周时期的考古工作主要是发现和发掘了晋文化以及其他封国文化的许多重要遗址、墓地。

1. 曲村—天马遗址

曲村—天马遗址是晋国在西周时期的都城所在地，位于山西曲沃县东北，北倚塔儿山。遗址面积大约 11 平方公里，内涵丰富，包括居住址、邦墓区和晋侯墓地。晋侯墓地位于曲村—天马遗址中心略偏北，东西长约 170 米，南北宽约 130 米，共发现晋侯及夫人墓 9 组 19 座。每组墓之东面有附属车马坑一座，其中 1 号车马坑是 M8 晋献侯夫妇及其陪葬车马坑，面积 300 平方米，殉马 105 匹，用车 48 辆，是北赵晋侯墓地中面积最大的车马坑。在每组墓的近旁，有数目不等的陪葬墓和祭祀坑。出土的青铜器铭文中有 6 位晋侯名字，其中，M8 所见铜器上有晋侯稣的字样，与《史记·晋世家》记载吻合。

羊舌晋侯墓地，2005 年发掘，与北赵晋侯墓地隔滏河河谷相望。墓地大体范围东西 300 米，南北 400 米，由大型墓葬和中小型墓葬组成。已经发掘的 M1 和 M2 是两座异穴并列带南北墓道的"中"字形土圹竖穴大墓，方向北略偏西。M1 全墓总长近 48.3 米，北墓道为台阶状，南墓道是斜坡状，墓底是积石积炭。墓室南部和南墓道上，有大规模的祭祀遗迹。墓主人可能是晋国历史上著名的晋文侯。

2. 侯马晋国遗址

侯马晋国遗址位于汾、浍交接的三角地带，总面积 40 平方公里以上。遗址于 1952 年被发现，目前，其布局已经基本清楚，建都模式是以自然的汾、浍河为防御体系，在汾、浍之间置宫城，在宫城以东设置数座小城作为防御的卫星城，气势恢宏。宫城位于新田遗址的核心区域，有牛村古城、台神古城和平望古城呈"品"字形分布。牛村古城平面略呈梯形，边长1500米左右，在城内中心位置有大型的夯土建筑基址，平望古城内也发现了大型的夯土建筑基址。卫星城均位于宫城区的东部，目前发现有呈王、马庄、北坞、北郭马四座，边长均不超过500米，城内遗迹均不多。宗庙建筑位于宫城区正东1500米，发现大型夯土建筑基址70余处。建筑成组分布，个体布局规整。墓地主要分布在宫城区的南、西、北面，距离宫城仅数公里，有上马、下平望、新绛柳泉、虒祁、乔村、东高、牛村古城南墓地。手工业作坊有铸铜作坊遗址、石圭作坊、制骨作坊和制陶作坊，这些作坊区均位于宫城区牛村古城之南的数百米范围内。铸铜遗址面积在5万平方米以上，发现用于铸造的鼓风陶管、铜锭，出土陶范3万余块。祭祀遗迹共发现了11处，分布于宫城区的南、东、西数公里范围内，其中比较著名的有盟誓遗址。

3. 晋阳古城遗址

晋阳古城位于今太原市西南约15公里的古城营村附近，东临汾水，西近吕梁。古城平面呈横长方形，西墙长约2700米，北墙约4500米，总面积近20平方公里，该遗址2010年获国家首批考古遗址公司立项。古城始建于春秋中晚期，历经战国、秦汉、北朝、隋唐五代，于宋太平兴国四年（979）毁于战火，是太原建成2500年的历史见证。古城考古始于1962年，其后也有断断续续的工作，但收获甚微，主要是发现了一些墓葬。直到2014年，晋阳古城考古发掘又进入一个新阶段，并取得包括"一号建筑墓址"等在内的丰硕成果。在古城北的金胜村一带是东周墓地，其中有著名的赵卿墓。该墓为长方形土圹竖穴积石积炭墓，东西向，墓内共出土青铜礼器、乐器百十余件。车马坑在其东北，平面呈曲尺形。该墓时代为春秋早期，据推测，墓主人可能是赵鞅、赵无恤父子之一。

4. 太原金胜村赵卿墓

赵卿墓位于太原市南郊（今晋源区）金胜村西 300 米处，1988 年 3 月正式发掘。该墓属于大型的积石积炭木椁墓，墓主人仰身躺在第三层棺木之中，头向东，全部随葬遗物达 3421 件，其中青铜器 1402 件、玉器 297 件、乐器 32 件，另有金器等。《太原晋国赵卿墓》一书准确而客观地推定了该墓墓主人是赵鞅。

赵卿墓所发现的青铜器中有一件鸟尊，它保存良好，制作精美。全器器形呈一昂首挺立的鸟形，铸造工艺技能已达到高超地步。赵卿墓的车马坑位于该墓的东北侧，车马坑平面呈曲尺形，由车坑与马坑两部分垂直交汇组成。东西长 14.8 米，南北宽 12.6 米。马坑位于曲尺形平面的东部，为南北向的长方形坑，南北长约 12.6 米，东西宽约 3 米，深约 4 米；车坑是东西方向的长方形土坑，东西长 12 米、南北宽 6 米、深 4~4.5 米，位于曲尺形平面西部。车为木质结构，根据车舆形制判断，这是国内发现的第一例古代圆形舆木车。车马坑内庞大的战车、马队及墓中大量的各类青铜器具等，反映了春秋末期赵氏家族的威武霸气，同时也反映了晋国的逐渐衰落。

有关方面的主要著述有左正华的《太原晋国赵卿墓 晋阳城肇建者最后的奢华》（《中国文化遗产》2008 年第 1 期）、渠川福的《太原金胜车马坑与东周车制散论》（《文物季刊》1992 年第 2 期）、陶正刚的《晋国青铜器铸造工艺中的两个问题》（《文物》1998 年第 11 期）、张崇宁的《太原金胜村 251 号墓主探讨》（《中国历史文物》2005 年第 1 期）、白国红等的《从棺椁制度的演变看春秋晚期新的礼制规范的形成——以太原金胜村赵卿墓为切入点》（《山西师范大学学报（社会科学版)》2008 年第 4 期）等。

5. 夏县安邑故城

安邑故城俗称"禹王城"，是战国初年魏国都城所在地。故城位于夏县县城西北约 7000 米。该城可分大、中、小三城，中、小城居大城之内。大城周长 15.5 公里。小城平面近方形，位于大城中心部位。整体时代上起战国下至汉代，在小城内还发掘到有"安亭"字样的陶器，为确定这里是安邑城提供了依据。另外，在各地发现的东周时期城址还有芮城魏故城、闻喜大马古城、襄汾赵康古城等。

6. 坊堆—永凝堡遗址

坊堆—永凝堡遗址位于临汾盆地北部边缘、霍山西南麓，在今洪洞县县城东北部，包括南秦村、坊堆、永凝堡 3 个自然村，范围东西 3000 米、南北 1500 米，文化主体以周代最为丰富。从 20 世纪 50 年代至 90 年代始，这里曾做过多次调查和发掘。1954 年发掘出西周有字卜骨，1980 年在永凝堡东堡一带两次发掘 22 座墓葬，获得大批资料。墓葬分属西周早中晚三期，皆为长方形竖穴土圹，规模最大的M5，墓口长 5 米、宽 3.7 米、深 8.5 米，为三鼎二簋墓，并出土车马器，时代为西周晚期。西周三鼎二簋墓的存在和有字卜骨的发现，说明这一地区在西周时期并非一般村落，可能是某诸侯国之国都所在地，可能与霍、杨国有关。

7. 绛县横水墓地

横水墓地位于绛县县城以西约 11 公里的横水镇村北，墓地北依绛山，南临涑水，北高南低呈缓坡状。2004年~2007年发掘墓葬近1300座，主要是西周墓葬。西周墓葬中除了倗伯夫妇墓和M1011为斜坡墓道的"甲"字形墓葬外，其余均为土圹竖穴墓，墓葬方向为东西向，头向西的墓葬占绝大部分。部分墓葬设腰坑，腰坑内一般殉狗，部分墓葬殉人。墓主葬式男性俯身直肢多于仰身直肢，女性绝大部分为仰身直肢。墓地出土大量青铜礼器、乐器、玉石器等及大量青铜器铭文。其中，M1亦即倗伯夫人毕姬墓，墓中出土的荒帏为解决文献中的荒帏提供了宝贵资料。

另外，在晋中、晋北的滹沱河流域的代县、原平、忻州、定襄、昔阳等地还发现一批有别于中原地区的富于特色的东周时期墓葬。

四、秦汉魏晋南北朝考古

汉代至北朝重要遗址有夏县禹王城遗址、平城遗址、晋阳城遗址等大型城址和大同北魏明堂辟雍遗址、云冈窟前遗址等。重要墓葬有平陆枣园汉代壁画墓、太原东太堡西汉清河太后墓、右玉大川西汉墓、平朔汉墓群、吕梁画像石墓和右玉善家堡鲜卑族墓地、大同石家寨北魏司马金龙墓、寿阳北齐库狄迴洛墓、太原北齐东安王娄睿墓、大同电焊器材厂北魏墓群。此外在各地还发现一批北朝小型石窟和造像碑刻，较好的有高平羊头山石窟、高庙山石窟和沁县南涅水北朝石造像、太原西山大佛等，在灵丘县还发现了北魏文成帝《南巡碑》。一系列的文化遗址展现了北朝时期山西在对外文化交流与民族融合中的作用和地位。

1. 大同操场城北魏皇宫遗址

大同操场城北魏皇宫遗址共三个部分，其中两处是宫殿遗址，一处是粮窖遗址。遗址发掘面积超过 5000 平方米。

第一处遗址是在北魏平城遗址内发现并发掘的第一处大型建筑遗址。出土遗物主要是建筑构件，数量最多的是北魏磨光黑色的筒瓦和板瓦，各种瓦片近万件，其中有文字的北魏瓦片达百余件。瓦当有"大代万岁""皇魏□岁""万岁富贵""传祚无穷""永□寿长"等文字瓦当和莲花、兽头及佛教莲花化生等纹饰瓦当，帝王色彩鲜明，皇家气息浓厚。这些瓦当大量出于该遗址之内，应属该遗址之建筑构件，与夯土台基与磨光砖瓦、陶制脊饰等都是该建筑的重要组成部分。

第二处遗址是北魏粮窖遗址，坐落在夯土台基上，发掘区内分布有 50 多个柱础石和 5 个圆缸形粮窖遗迹。5 座粮窖由西向东依次一线排列。

还有一处遗址是一处残存的北魏夯土台基遗址。台基南部边缘外侧有包砖，包砖为单层垒砌，砖墙厚 13~17 厘米，这种包砖也见于第一处大型建筑遗址东侧和北侧。在三处遗址下均有汉代地下窖穴式建筑或者灰坑。

以上三处遗址内涵表明，这里曾存在过两座大型殿堂和不少大型粮窖遗址。该遗址正是我们寻找已久的北魏皇宫建筑遗址。

2. 垣曲上亳汉代墓地

上亳汉代墓地位于垣曲县王茅镇上亳村东，面积约 170 万平方米，2001 年冬，为配合小浪底工程，由山西省考古研究所侯马工作站组织发掘。内涵包括汉代墓葬 50 座，有竖穴土坑、洞式墓和砖室墓三种，其中汉代空心砖墓很有特点，由铺地砖、立砖和篷顶砖组合，建成墓室。出土物以陶器（许多是彩绘陶）为主，另有少量铜器和玉器。年代上大多为西汉中晚期，个别为东汉早期。

3. 大同雁北师院北魏墓葬群

2000 年，为了配合雁北师院工程建设，山西省考古研究所和大同市考古研究所联合发掘了北魏前期墓葬 11 府，其中砖室墓 5 座、土洞 6 座，出土各类文物近 300 件，有陶俑、铁墓兽俑、陶壶、罐、漆盘、银镯、铁镜、琥珀饰件、陶制牛车、毡帐、牛、马、骆驼、虎、猪、羊、狗、灶、碓、文字及石磨、石灯台等。该墓群对研究北魏平城时期的丧葬艺术和世俗技艺具有重要的价值。

4. 大同沙岭壁画墓

沙岭壁画墓位于山西省大同市御河之东、沙岭村东北约 1 公里的高地上，由山西省大同市考古研究所主持发掘。该墓地所发掘的 12 座北魏时期墓葬共出土文物 200 余件。其中有一座壁画精美且有文字纪年的砖室墓，是北魏平城时期众多墓葬中唯一的。该墓编号 M7，位于墓群的北部，为长斜坡墓道砖构单室墓，由墓道、甬道、墓室组成。据文字推测，墓主人为鲜卑人，为侍中尚书主客平西大将军破多罗氏的母亲。

该墓壁画分布在墓室四壁和甬道的顶、侧部，总面积约 24 平方米。该墓不仅填补了汉唐考古壁画没有北魏时期定型材料的空缺，而且具有极高的学术价值和艺术价值，为研究我国民族风情、丧葬习俗、服饰装备等提供了宝贵的形象资料。墓内出土的墨写铭记篇幅较长、内涵丰富，使用了岁星纪年，是北魏建都平城时期已发现的年代最早的文字材料。该发现被列入 2005 年全国十大考古发现。相关主要论著有高峰、李晔等《山西大同沙岭北魏壁画墓发掘简报》（《文物》2006

年第 10 期），刘俊喜《山西大同沙岭发现北魏壁画墓》（《中国文物报》2006 年 2 月 24 日），赵瑞民、刘俊喜《大同沙岭北魏壁画墓出土漆皮文字考》（《文物》2006 年第 10 期），张庆捷《三魏破多罗氏壁画墓所见文字考述》（《历史研究》2007 年第 1 期）等。

5. 太原王郭村娄睿墓

北齐东安王娄睿墓位于太原南郊王郭村，汾河西岸的冲积台地上。1975 年 4 月发掘。墓葬平面呈"凸"字形，分墓道、甬道和砖砌穹隆顶的墓室三大部分。四壁满绘色彩鲜艳、笔力遒劲的大型彩色壁画。经过 1000 余年风雨剥蚀和人为破坏，目前仅存有 200 余平方米。这批大型彩色壁画，无论绘画技巧还是布局和构思，都继承了秦汉以来我国传统的绘画艺术风格和高超的技巧。作者运用色彩的明暗、线条的粗细，将人物、牲畜构画得惟妙惟肖，是南北朝时期的代表作，填补了我国绘画史北朝时期绘画篇的空白，堪称稀世珍宝。

主要论著有陶正刚的《太原王郭北齐东安王娄睿墓》（《山西年鉴》1985 年）、渠川福的《太原南郊北齐墓壁画浅探》（《文物季刊》1993 年第 3 期）、陶正刚等《北齐东安王娄睿墓》（文物出版社，2006 年）等。

6. 北齐东安王徐显秀墓

北齐徐显秀墓位于太原市郝庄王家峰村，2001 年由山西省考古研究所和太原市文物考古研究所联合发掘。该墓为平面近方形的砖室墓，由斜坡墓道、土顶过洞、天井和砖券甬道、墓室等部分组成，总长约 31 米，深 8.1 米。甬道内有浮雕石门。墓室为砖砌弧边方形，约 6 米见方，西侧有长方形棺床。在墓道两壁、门扉、墓室四壁均绘有彩色壁画，总面积 330 余平方米，画有各类人物 200 余，各色仪仗、兵器、乐器和生活什物若干，物体形象与现实同大，虽然画面内容纷繁，人物关系复杂，但整体布局和谐、脉络清楚。十分难得的是该壁画气势恢宏、色彩斑斓，是目前在山西、河北、河南、陕西、宁夏等省区已发现的北朝晚期砖构壁画墓中唯一完好的一座，为研究北朝晚期的葬俗、葬制，墓室壁画的规制、题材以及表现出来的衣饰、车饰、马具等细部，都提供了珍贵的图像资料。由于壁画保存完好，对进一步了解当时墓室壁画绘制的技法和其反映出的绘画艺术水平，对中国绘画史的研究具有重要价值。墓葬中尤为引人注目的是反映中西文化交流的内容，如壁画中所见的域外人物形象、墓内出土的嵌宝石戒指等，为民族融合盛况的研究和中西文化交流提供了资料。该项目被评为 2002 年全国重大考古发现之一。相关研究论著有郎保利、渠川福的《试论北齐徐显秀墓的祆教文化因素》、常一民的《北齐徐显秀墓发掘记》、杨才玉的《山西太原北齐徐显秀墓西壁仪仗场面》等。

五、隋唐考古

隋唐开创了多民族共融，社会经济文化繁荣昌盛的大一统时代，这一时期中国与域外政治、经济、文化往来频繁，一些世界性或地域性宗教传入中土，如祆教、佛教等都对当时中土的思想文化产生了重大影响，这些深层次的变化在考古发现上都有所表现，像唐代重要遗址和墓葬有永济唐代蒲津渡遗址和黄河漕运遗迹，太原金胜村 337、555 号唐代壁画墓，长治范澄夫妇墓、冯廓墓、王休泰墓等一批纪年墓。1995 年在万荣皇甫村发掘的唐代薛儆墓等。五代时期的墓葬在山西省也发现一批，有纪年墓和无纪年墓两种，其中最引人注目的是后唐开国皇帝李存勖之父李克用之墓。但在众多的文化遗迹中，尤以太原隋代的虞弘墓和龙泉寺唐代塔基遗址最具代表性。

1. 太原隋代虞弘墓

虞弘墓坐落在太原市晋源区王郭村南。1999年7月，山西省考古研究所、太原市考古研究所、晋源区文物旅游局组成的联合考古队对该墓进行了抢救性发掘清理。出土汉白玉石椁、八角形汉白玉柱、石人物俑、残陶俑、白瓷碗、人骨、墓志、铜币等，共80余件。在石椁正面、里面正壁和两侧壁及椁座四周均有浅浮雕彩绘图案，表现出浓厚的中亚波斯文化色彩，图中人物皆深目高鼻卷发，内容有宴饮图、乐舞图、射猎图、家居图、出行图等，是研究通过"丝绸之路"入华的中亚人的重要资料。据墓志记载，该墓男主人姓虞名弘，字莫潘，鱼国人，曾在茹茹、波斯、吐谷浑、北齐、北周和隋任职，在北周一度担任"检校萨保府"，专门负责管理入华粟特人及宗教事务。该墓是迄今为止中原发现的唯一经过科学发掘，又有准确纪年的反映中亚文化的考古资料，内容丰富，保存完整，对研究北朝、隋代中西文化交流、"丝绸之路"和晋阳城的历史具有极重要的价值。其因特殊的地位和价值，被评为1999年全国十大考古发现之一。

主要论著有张庆捷、畅红霞等《太原隋代虞弘墓清理简报》（《文物》2001年第1期）、张庆捷《〈虞弘墓志〉中的几个问题》（《文物》2001年第1期）等。

2. 太原龙泉寺唐代塔基遗址

龙泉寺唐代塔基遗址坐落于晋源区太山龙泉寺东100米的山前坡地上，经有关专家发掘证实为唐武周时期佛塔基址，遗址残留塔基呈长方形。已发现的地宫位于塔基中部，由过道、石门和地宫组成，在石门两侧各发现力士像一个。

基址下发掘出一座地宫，地宫内藏有一个石函，石函内套装有鎏金铜饰木椁、木胎鎏金铜椁、木胎银椁、金棺，共计五重棺椁。内有聚成堆的颗粒状物体，应为舍利。该遗址是佛塔地宫存放舍利的早期实例，也是现存地宫中最早的一例；出土遗物等级较高，具有很高的历史、艺术、文化和科研价值，为研究唐代佛教及金银器等制作工艺提供了实物资料。该项发现是太原继北齐徐显秀墓和北齐娄睿墓之后的又一重大考古发现。

另在太原、长治、大同、运城还发现和发掘多处北朝隋唐墓葬，出土了大量的随葬品，有北方游牧民族特有的，有粟特人通过"丝绸之路"带入的，还有北朝社会广泛存在的日常用品。这些出土文物对研究当时的东西方文化交流和社会经济文化发展状况有重要的价值。

六、宋辽金元考古

宋辽金元时期是山西历史上一个重要的历史时期，从宋辽对峙、宋金抗争，到元朝一统，中原文化与北方游牧民族文化相互碰撞融合，形成了这一时期独特的文化面貌。从考古学上观察，主要成果体现在宋辽金元时期墓葬的发掘清理和保护、古瓷窑遗址的调查与发掘、居住址的发掘和古塔地宫出土文物等方面。

（一）宋墓

山西省发现的宋墓主要集中于太原、忻州、长治和左权等地。

1956 年，太原市西郊的小井峪村东发现了一处规模较大的宋、明墓群，发掘清理宋墓58座。墓葬形制有长方形土洞墓、砖室墓和圆形拱顶洞室墓三类，是从北宋仁宗起直到北宋末年一般平民和中小地主的墓葬群。1958年，忻州市发现政和四年（1114）武功大夫、河东路第六将田子茂墓，是山西发掘宋代官职品位较高的官员墓葬。

20世纪八九十年代，长治地区陆续发现了一批带有明确纪年的宋代墓葬，具体有五马村宋墓（1081）、壶关南村宋墓（1087）、壶关下好牢宋墓（1123）、长治故县村宋墓（1078）和西白兔村宋墓等，时代集中在宋代晚期到末期，所发现的宋墓均为砖室墓，墓室有单室和多室之分，墓内均作仿木构斗拱，壁面砖雕板门和直棂窗，以二十四孝、武士和侍女等内容为壁面题材，体现了这一地区墓葬的主流特征。

2002年，左权县还发现了一座宋元祐年间的砖墓，该墓墓室分上下两层，墓主人名赵武，这种宋代双层墓在山西尚属首次发现。由于这些宋代墓葬中有相当一部分为多室砖室墓，对于研究宋代家族丧葬习俗有重要参考价值。

（二）辽墓

山西辽代墓葬主要发现于晋北及大同市周边地区，50余座，时代多为辽代晚期，其中一些墓葬还出土了纪年墓志，如十里铺15号墓（乾统七年，1109）、新添堡29号墓（天庆九年，1119）等，墓主人多是汉族中级官吏和地主。晚期墓葬在墓葬形制、壁画内容和随葬品上具有一定的一致性和相似性。壁画内容多表现"开芳宴""车马出行""持乐吹奏""侍从"及墓主人隐藏于花卉围屏后侧立侍从等内容。墓顶一般绘日月星宿。流行火葬，骨灰多盛放于石棺、瓷罐或陶罐中。

随葬品很少。

许从赟夫妇墓是晋北地区目前发现的唯一一座辽代早期纪年墓 (乾亨四年,982),墓中仿木构形制和壁画内容风格都具有明显的晚唐五代遗风,对于研究辽墓形制和墓葬壁画的发展序列有着重要的意义。

(三)金墓

金代墓葬在山西发现较多,广泛分布于晋北地区的大同、朔州,晋中地区的太原,吕梁的汾阳、孝义,晋东南地区的长治、长子、屯留、沁县和晋南以侯马为中心的金代绛州地区。各地发现的金墓基本上都是仿木结构的砖室墓,但因地域和丧葬习俗的不同,呈现一定的地域差别。

晋北地区自 20 世纪 50 年代以来,先后在大同市西南郊、朔州市平朔露天煤矿发现过圆形墓、方形墓、八角形土坑竖穴墓与仿木构砖雕彩绘金墓。1957 年大同市西郊发掘的大定四年(1164)吕氏家族墓,形制特殊,是形似穹隆顶的圆形竖穴土坑石棺火葬墓。1973 年发现的明昌元年(1190)阎德源墓出土了大量文物,随葬有木质家具模型、漆器和瓷器等 50 余件,甚为珍贵。大同金代正隆六年(1161)的徐龟墓,从墓室形制上看,空间较小,平面呈方形,装饰多出现散乐等题材,是难得的图像材料,体现了大同地区金墓的地域特色。

20 世纪 80 年代初,平朔露天煤矿发掘了 3 座大定十五年(1175)的周氏墓。这些墓墓室平面呈"品"字形分布,墓道均向"品"字中心聚集,较为罕见。1987 年朔城区发现了一处辽金僧人丛葬墓,时代跨度从辽寿昌六年(1100)至金大定十九年(1179)。

就太原晋中一带来讲,20 世纪五六十年代,太原市小井峪、义井、西流村等都有金墓发现。义井金墓的墓门内侧还有"大定十五年"的题记，为太原地区金墓断代提供了依据。

汾阳市和孝义市是金墓发现密集的地区，如 1959 年孝义下吐京发现承安三年（1198）金墓、1990 年汾阳县高级护理学校发掘 8 座金墓，1992 年孝义发现的大安元年（1209）金墓、杏花村汾酒厂发掘的 60 余座金墓等。2008 年，汾阳东龙观又发现宋金家族墓地。下吐京承安三年墓为晋中地区金墓断代提供了标尺。

晋东南地区的金墓在长治郊区、长子县、屯留县和沁县都有发现。主要有长治郊区故漳村大定二十九年（1189）墓、安昌村明昌六年（1195）墓、安昌村皇统三年（1143）墓；长子县石哲村正隆三年（1158）墓、小关村大定十四年（1174）壁画墓；沁县金代砖雕墓；屯留宋村天会十三年（1135）金代壁画墓等等。

晋南地区是山西金墓发现最为集中也最为重要的地区。金墓主要分布在以金代绛州为中心的新绛、稷山、侯马、闻喜、垣曲、绛县、襄汾县一带，具有鲜明的地方特色，其中以稷山与侯马两地发现最多，最具代表性。

稷山金墓主要发现于马村、化峪镇、苗圃、城关附近的南阳村、东西段村等，总计约有 30 余座。最为重要的当属马村段氏墓地。

侯马市区与周边农村时有金墓发现，如 20 世纪五六十年代发现的董氏家族墓、1995 年大李村发现的大定二十年（1180）金墓、1994 和 1995 年牛村发现的天德三年（1151）金墓和晋光制药厂大安二年（1210）金墓以及 1995 年交电二级站金墓等等。其中最集中、最精彩也最具代表性的墓是董氏家族墓。这里先后发掘了大安二年（1076）董明墓与董玘坚兄弟墓，大定十三年（1173）董万墓、明昌七年（承安元年，1196）董海墓和一些无纪年的墓共 8 座。这批董氏墓装饰十分精细，雕刻玲珑剔透，显示了高超的营造墓室技术。

侯马周边地区发现的金墓还有垣曲县东铺村大定二十三年（1183）张氏墓，绛县裴家堡金墓，闻喜县小罗庄与下阳金墓、寺底金墓，新绛三林镇金墓、南范庄金墓，襄汾县荆村沟、上庄、西郭、曲里金墓与南董村金墓等等，这些墓葬也各有特点，是研究这一地区金代墓葬的主要材料。

汾阳宋金墓葬群的发掘是为配合汾阳—孝义一级公路建设进行的抢救性发掘。项目由山西省考古研究所主持，吕梁市文物局、汾阳市文物旅游局协助共同完成。

此次考古发掘共发现不同时期的墓葬 48 座，其中以东龙观段发掘的 27 座家族墓地最为重要。东龙观段宋、金、元墓地位于汾阳市西南约 10 公里处的东龙观村北偏西，地处吕梁山东侧薛公岭的山前缓坡地带，海拔 770 米，发掘面积 1196 平方米，共清理砖窑墓 16 座，平面形制有八角形、六角形两种；土洞墓 11 座，墓向各异，这批墓葬有大量二次葬现象。本次发现的宋金墓群分属两个家族，墓地排列清晰，尤其砖室墓葬的砖雕、彩绘、壁画保存完好，内容丰富、技艺精湛，历史、科学和艺术价值极高。另外，在此次考古中还发现了"明堂"。明堂是宋金时期部分地区墓地的规划图，尤其是选择明堂作为墓地的轴心这一做法，在考古中还是第一次发现，这对宋金墓葬制度、葬俗等问题的研究有着十分重要的意义。

从风格上来看，晋中盆地以汾、平、介、孝为中心的地区在宋金时期已经形成了有别于晋南（侯马、稷山为中心）、晋东南（长治为中心）、晋北（朔县为中心）等区域的独特的墓葬风格。它的特征表现在整体风格显得粗犷，没有晋南金墓的繁缛、细致的斗拱；随葬品组合清晰，尤其是以陶魂瓶为主的明器；壁画与砖雕运用于一个墓葬中，且技法成熟多变，表现手法多样，是不可多得的一批材料。

主要相关研究论著有马昇、段沛庭等《山西汾阳金墓发掘简报》（《文物》1991 年第 12 期），王俊、畅红霞《2008 年山西汾阳东龙观宋金墓地发掘简报》（《文物》2010 年第 2 期）等。

（四）元墓

山西见诸报道的元代墓葬材料相对较少，据不完全统计有 30 余座，分布较为分散，时代大多集中在元代前期和中期，无论墓葬形制还是砖雕艺术、壁画内容，大多继承了金代墓葬的一些特征，形制多种多样，有单室有多室，有砖室，也有石室，墓葬平面有方形、六角形和八角形等。

雁北大同地区发现的元墓形制较为简单，多为方形，穹隆顶。冯道真墓和齿轮厂墓带有精美的壁画装饰。这一地区元墓随葬品普遍较多，东郊崔莹李氏墓和宋庄元墓都以成套的陶器随葬品为大宗。冯道真墓和齿轮厂元墓则随葬大量不同质地的实用生活用具。

晋中及吕梁地区所见报道的元墓有平定、太原、孝义和交城几处。其中 1993 年交城县发现的八角形仿木构石室墓，墓顶有石质垂花柱，壁面有精美的线刻人物故事，具有鲜明的地方特色。

晋南地区元墓多集中于新绛、侯马、襄汾一带，墓室平面为方形，墓顶为叠涩攒尖顶。墓室内多以砖雕作为装饰，内容有杂剧人物、二十四孝故事等。运城西里庄、芮城也发现过元墓。西里庄元墓四壁绘有壁画，内容有戏剧图、宴享图等。

另外，在晋东南长治地区发现的元墓有捉马村元墓、郝家庄元墓、南郊元墓等，墓室平面均为方形，墓顶为叠涩攒尖顶或穹隆顶，墓室内有简单的砖砌仿木构。墓壁有壁画装饰，但内容较为简单。

百年来晋国史研究的回顾与展望

郭永琴

晋国是我国先秦时期一个重要的地方封国，从西周初年唐叔虞始封到最后一世晋静公（《竹书纪年》称桓公）迁为庶人，晋国灭亡，前后经历38世，600余年的时间。晋国是西周初年分封的元侯级封国。到西周末年，晋文侯勤王，晋国的地位进一步提升，在中国历史的舞台上开始占据重要地位。从晋文公开始，晋国不仅成为中原霸主，持续百年之久，而且也成为当时最具影响力的诸侯国之一。

晋国在中国历史发展过程中最早打破西周宗法制的束缚，实施打击公族，任用军功的政治策略，从而促成了独特的六卿执政的政治格局；多次制定法律并坚持贯彻法的思想，使之深入人心；最早采取新的行政区划——县，并形成完整的县制，开创了中央集权的先河；军事制度发达，并深入到职官设置上，形成了军政合一的职官体制。晋国还采取了博大包容的人才政策，"楚材晋用"不仅成为一时美谈，同时也促成了晋国的百年霸业。在经济上，晋国制造的商品曾一度控制了春秋时期的中原市场。它创造的城邑建造模式和多种先进制度，制造的晋系青铜器，以及长期秉承的重贤任能、礼法并重的思想都在中国历史上产生了深远的影响。

众所周知，独立的先秦史研究是在 20 世纪开始的。而独立的晋国史的研究则更晚，大致经历了三个阶段。

一、晋国史研究的起步阶段

第一个阶段是 20 世纪初到 1978 年以前，是晋国史研究的起步阶段。这一时期，恰恰是中国史学界经历大变革的时期。20 世纪初，伴随着西方实证主义方法的传入和新材料的发现，中国学人将之与自己深厚的传统文化功底相结合，采用新材料与旧文献相互发明的二重证据法，考证上古史上的许多重大问题，取得了令人瞩目的成就。同时在新思想的冲击下，以顾颉刚先生为首的"古史辨派"崛起，对旧的古史系统以及记载这些旧史的古文献提出了怀疑。他们将论文结集《古史辨》，前后共出版了 7 册。"古史辨派"提出了所谓"累层地造成的中国古史观"。这一古史观对当时中国的历史学界产生了很大的影响，不过这一观点主要还是集中在对传说时代及其人物的认识上。这一时期，学者们绝大多数都接受了进化史观和实证主义的研究方法，在西周到战国方面比较著名的研究成果有徐中舒的《殷周文化之蠡测》（《史语所集刊》第二本第三分册，1931 年）、《殷周之际史迹之检讨》（《史语所集刊》第七本第二分册，1936 年），傅斯年的《大东小东说》（《史语所集刊》第二本第一分册，1930 年）、《论所谓五等爵制》（《史语所集刊》第二本第一分册，1930 年），齐思和的《周代锡命礼考》（《燕京学报》1947 年第 32 期）、《西周时代之政治思想》（《燕京社会科学》第 1 卷，1948 年），陈梦家的《西周年代考》（《图书季刊》第七本第一分册、第二分册，1946 年），斯维至的《两周金文所见职官考》（《中国文化研究汇刊》第 7 卷，1947 年），顾实的《穆天子西征讲疏》（商务印书馆，1934 年），吴其昌的《金文历朔疏证》（《燕京学报》1929 年第 6 期），童书业的《春秋史》（开明书店，1946 年），齐思和的《战国制度考》（《燕京学报》1938 年第 24 期），陈梦家的《六国纪年考》（《燕京学报》1948 年第 34 期）等论文和专著。①相比之下，与晋国有关的研究成果则是寥若晨星，仅有容庚的《晋侯平戎盘辨伪》（《考古社刊》1937 年第 6 期）和王玉哲的《晋文公重耳考》（《治史杂志》1939 年第 2 期）。

　　1949 年中华人民共和国成立之后确立了马克思主义史学在整个史学界的领导地位，马克思主义的唯物史观成为学者从事研究的主要指导思想。而古史分期是带有全局性的问题，并成为先秦史研究的重心，许多学者都卷入了这场讨论。与古史分期讨论并行，先秦史其他专题及断代方面的研究也在开展。晋国史研究开始引起史学界的注意。

　　首先是一些学者在研究古史问题时间接开始了晋国史的研究，如王毓铨的《爰田（辕田）解》（《历史研究》1957 年第 4 期）、金景芳的《由周的彻法谈到"作州兵"、"作丘甲"等问题》（《吉林大学社会科学学报》1962 年第 1 期）。同时晋国在春秋时期的重要地位也引起了学者的关注，开始有学者专门研究晋国的问题，如常正光的《春秋时期宗法制度在晋国的开始解体与晋国称霸的关系》（《四川大学学报（社会科学版）》1963 年第 1 期）、应永深的《论春秋时代鲁国和晋国的社会特点兼及儒家和法家产生的历史背景》（《历史研究》1964 年第 1

---

　　① 20 世纪初到 1978 年以前西周到战国方面的研究成果主要参考了沈长云先生《先秦史研究的百年回顾与前瞻》一文，见《历史研究》2000 年第 4 期。

期)。在台湾,学者张以仁发表了《晋文公年寿辨误》(《史语所集刊》第36本上册,1965年)一文。

其次是考古发现给晋国史研究带来了契机。我们知道,早在中华人民共和国成立前,容庚先生就写有《晋侯平戎盘辨伪》一文。20世纪50年代,杨树达先生在《积微居金文说(增订本)》中有一篇《赵孟疥壶跋》(科学出版社,1959年)。晋侯平戎盘和赵孟疥壶都是研究晋国史的重要传世器物。但是由于传世器物存世量太少,给晋国史研究提供的材料有限,无法对晋国史研究的深入开展提供更大的助力。不过,这也说明学者在很早的时候就已经开始从古文字角度关注晋国史的研究,只是受到资料的限制,所以研究开展得比较有限。中华人民共和国成立后,考古工作备受重视,山西省文物管理委员会和山西省考古所开展了多次调查工作。在1956年的文物调查工作中,考古工作者在侯马西发现了相当于东周时期的晋国城市遗址。后来在这个遗址的附近又发现了数万件铸造铜器的陶范残片。1965年11月到1966年5月,考古工作者在牛村古城附近的浍河北岸台地上发掘了侯马盟书。盟书及其反映的历次盟誓具有极高的史料价值,甫一发现便震惊了当时的学界,学者的讨论很快便展开了。郭沫若先生在1966年第2期《文物》上率先发表文章《侯马盟书试探》,随后盟书发掘者张颔先生也发表文章《侯马东周遗址发现晋国朱书文字》(《文物》1966年第3期),此外还有陈梦家先生的《东周盟誓与出土载书》(《考古》1966年第5期)将出土盟书与周代的盟誓制度结合起来进行考察。此后,在"文化大革命"如火如荼的时期,学者对侯马盟书研究的热情未减,如陶正刚和王克林的《侯马东周盟誓遗址》(《文物》1972年第4期)、唐兰的《侯马出土晋国赵嘉之盟载书新释》(《文物》1972年第8期)、朱德熙和裘锡圭的《于侯马盟书的几点补释》（《文物》1972年第8期）、李裕民的《我对侯马盟书的看法》（《考古》1973年第3期）等。1975年，《文物》在其第5期专门刊出一组关于侯马盟书的研究文章：《"侯马盟书"和春秋后期晋国的阶级斗争》《"侯马盟书"的发现、发掘与整理情况》《"侯马盟书"丛考》《"侯马盟书"注释四种》。

总体来看，1978年之前受当时史学研究的风气和政治环境的影响，晋国史研究虽然已经起步，但是成果还非常有限。

二、晋国史研究的形成与发展阶段

第二个阶段是从1978年到2000年，是晋国史研究的形成与发展阶段。这一时期，从事晋国史研究的学者大增，山西境内的高校和主办的刊物也积极搭建平台促进晋国史研究的展开。同时伴随新的考古发现，晋国史研究在时空上也得到了拓展。晋国史研究开始从山西学者研究的重点发展为全国学术界关注的焦点之一。

改革开放之后，学术界迎来了新生。在历史研究走上正轨的同时，大量考古发现的资料也为研究地方文化史提供了新机遇。如楚文化最早成为学术界研究的热点。1980年，以楚文化为中心议题的中国考古学会第二届年会在武汉召开，此后相关省份相继成立了楚文化研究会、楚史研究会等研究组织，在吸收会员、开展活动的同时，还编印了《楚史研究通讯》《楚史参考资料》等刊物。而在春秋时期与楚国长期争霸的晋国的历史的研究也被山西学者日益重视起来。1979年，罗元贞先生率先在《山西大学学报》上发表《晋国的爰田与州兵》一文。1982年，张颔先生在《晋阳学刊》上发表《重视对晋国历史及晋国文化的研究》一文，文中呼吁："晋国地望在山西，作为山西省的史学工作者和考古工作者对于晋国史和晋国文化的研究有着不可推却的责任，这不仅是山西社会科学的一件大事，就是对于全国史学界来说，也是不可漠视的重要课题。"同时山西省社会科学院主办的《晋阳学刊》开辟"晋国史研究"专栏，为晋国史研究搭建平台。山西学者也纷纷在《山西师院学报》和《山西师大学报》等刊物上发表晋国史研究的文章。晋国史研究逐步引起山西史学界和全国学术界的重视，进而促进了我国国别史、区域文化研究的形成。与此同时，位于史籍记载的陶唐故地——临汾的山西师范大学率先建立了晋国史研究室，该研究室的常金仓和李孟存先生通力合作在 1988 年出版了《晋国史纲要》，该书结合古文献和考古资料，首次全面系统地展示了晋国的历史风貌，详细论述了晋国的发展。全书共分 16 章，20 余万字，对晋国的农业、畜牧业、手工业、商业、戎狄关系、疆域界限、思想文化等都设列了专章详细论述，颇有新意。但是，由于时间和资料的限制，本书在许多问题上研究得还不够深入。尽管如此，《晋国史纲要》一书仍然是晋国研究史上具有里程碑意义的代表作，该书成为此后晋国史研究者的必读著作。1999 年，李孟存、李尚师又在《晋国史纲要》的基础上完成《晋国史》的写作，这是第一次完整意义上的晋国历史的展现。

晋国史研究最初的重点主要集中在春秋时期，这是因为春秋时期是晋国发展的鼎盛时期，因此记载这一时期晋国历史的文献异常丰富，加之晋都新田出土的大量考古资料的佐证，为这一时期的晋国史研究提供了丰富的资料。学者围绕晋国的各项制度、人物、史事、对外关系、思想特征、世族等进行了大量的研究。其中关注的焦点有晋"作爰田"、晋文公史事和思想、晋国的县制等方面。晋"作爰田"是学者争论比较大的课题。1982年，林鹏先生发表《晋作爰田考略》（《晋阳学刊》1982年第3期），引起了学术界对"作爰田"的大讨论。不久，李孟存、常金仓两位先生发表《对〈晋作爰田考略〉的异议》（《晋阳学刊》1982年第5期）。之后，双方以《晋阳学刊》为阵地，展开了交锋，如林鹏的《再论晋作爰田——答李孟存、常金仓二同志》（《晋阳学刊》1982年第6期），李孟存、常金仓再作《爰田与井田——与林鹏同志再商榷》（《晋阳学刊》1984年第4期）。此后，这一问题引起了学术界的普遍关注。相关文章有罗元贞的《论晋国的爰田与州兵》（《运城师专学报》1985年第1期），李民立的《晋"作爰田"析兼及秦"制辕田"》（《复旦学报》1986年第1期），王贵钧的《释"爰田"——读史札记》（《宁夏大学学报》1987年第2期），邹昌林的《"作爰田"和小土地占有制的兴起》（《史林》1988年第3期），周苏平的《论春秋晋国土地关系的变动》（《西北大学学报（哲学社会科学版）》1989年第2期），周自强的《晋国"作爰田"的内容和性质》（唐嘉弘主编：《先秦史论集》，中州古籍出版社，1989年），袁林的《"爰田（辕田）"新解》（《中国农史》1998年第3期）。

至于西周时期的晋国早期历史，由于史籍记载缺失，也没有系统的考古资料佐证，因此研究还相对有限。直到20世纪90年代天马—曲村遗址发掘报告公布，西周时期的晋国研究才有了突破。早在1962年，天马遗址已被发现。次年，考古工作者对该遗址进行了第一次试掘。1979年，进行了第二次试掘和大规模调查，此后开始进行大规模发掘。到1994年底，共发掘了12次，揭露面积2万余平方米。[1]在这

---

[1] 刘绪:《晋文化》,文物出版社,2007年,第11页。

里发现了大量居住遗址，西部发掘了晋国公族墓地和"邦墓"区。位于遗址中部的是晋侯墓地，从 1992 年到 2000 年共发掘了 9 组 19 座晋侯及其夫人的墓葬，除车马坑和个别陪葬墓与祭祀坑外，基本上已揭露完毕。[①] 天马—曲村遗址的墓葬出土了大批精美的青铜器、玉器、漆器、原始瓷器等，晋侯墓地的许多青铜器的铭文还载有晋侯名号。天马—曲村晋国遗址的发现作为我国 20 世纪考古最重要的发现和成果之一，其材料一经公布便引起了海内外学者的高度关注，也掀起了晋国史研究的热潮。对晋侯墓地及其出土器物的研究成为 20 世纪 90 年代至今晋国史研究的主流。2000 年之前，学者就晋侯墓地年代学、出土器物及其制度、墓地制度、晋国迁都问题以及晋侯稣钟和楚公逆钟进行了集中讨论，代表性著论有邹衡的《论早期晋都》（《文物》1994 年第 1 期），《晋始封地考略》（吴荣曾主编：《尽心集——张政烺先生八十庆寿论文集》，中国社会科学出版社，1996 年）；北京大学考古系、山西省考古研究所天马—曲村遗址考古队的《天马—曲村遗址晋侯墓地及相关问题》（山西省考古研究所编：《三晋考古》第一辑，山西人民出版社，1994 年）；李学勤的《晋侯邦父与杨姞》（《中国文物报》1994 年 5 月 29 日），《〈史记·晋世家〉与新出金文》（《学术集林》卷四，上海远东出版社，1995 年），《试论楚公逆编钟》（《文物》1995 年第 2 期），《晋侯稣编钟的时、地、人》（《中国文物报》1996 年 12 月 1 日）；秋山进午的《晋侯墓地の发掘と几つかの问题》（《日本中国考古学会会报》第六号，1996 年 11 月 16 日，东京）；王人聪

---

① 李伯谦：《眉县杨家村出土青铜器与晋侯墓地若干问题的研究》，见北京大学中国考古学研究中心等编《古代文明》第三卷，文物出版社，2004 年。

的《杨姞壶铭释读与北赵 63 号墓主问题》（《文物》1996 年第 5 期）；
李伯谦的《从晋侯墓地看西周公墓墓地制度的几个问题》（《考古》
1997 年第 11 期）；张长寿的《关于晋侯墓地的几个问题》（《文物》
1998 年第 1 期）等。

单件器物中晋侯稣钟、楚公逆钟、晋侯矢方鼎和杨姞壶是研究的
重点。而晋侯稣钟又是重点中的重点，对其讨论的文章之多堪为诸器
之首。晋侯稣钟共 16 件，有 14 件被犯罪分子盗掘出卖。1992 年 12
月，上海博物馆从香港古玩肆中发现此套编钟 14 件，并抢救回国。
1993 年初，山西晋侯墓地考古发掘出土了残存的 2 件小编钟，形制与
14 件晋侯稣钟相同，大小和文字完全可以连缀起来，证实上海博物馆
从香港抢救回归的 14 件钟与此次发掘出土的 2 件钟原出同墓。晋侯稣
钟完整地记载了西周晚期某王三十三年，晋侯稣受命伐夙夷的全过程。
除了这次史书无载的重要战争之外，铭文还记录了"初吉""既生霸"
"既望""既死霸""方死霸"五个记时词语。同时全篇铭文用利器刻
出，且笔画流畅规正，为我们研究西周晚期的冶金工艺提供了新的材
料。鉴于晋侯稣钟的这些珍贵之处，从 1996 年开始，它成为学术界研
究的一个热点。1997 年《文物》还专门组织王世民、李学勤、陈久
金、张闻玉、张培瑜、高至喜、裘锡圭等著名专家对晋侯稣钟进行笔
谈。

晋国史研究的兴起和发展，还带动了晋文化以及三晋文化研究的
开展。1988 年，三晋文化研究会成立，旨在挖掘和研究三晋地区的历
史文化资源，其重点就在晋国和韩、赵、魏三晋历史文化上。1997 年，
李元庆集多年研究成果而成的《山西古文化源流》出版。在本书中，
他通过对山西地区历史与文化变迁的宏观研究，提出三晋古文化研究

的三个历史层面和三大理论层次，并呼吁构建晋学研究。1998 年，三晋文化研讨会召开，这次会议就是"围绕西周到战国，主要是春秋和战国时代的晋国文化和韩、赵、魏三晋文化这个中心议题展开的学术研讨"①。在此次研讨会上，多位学者积极响应李元庆先生提出的构建晋学研究的建议，如张有智的《二十一世纪呼唤晋学——读〈三晋古文化源流〉》、高增德的《时代呼唤"晋学"或"晋文化学"——兼评〈三晋古文化源流〉》。②

可以说，改革开放以来，伴随着思想禁锢的解除和各地学术交流的加强，晋国史研究开始蓬勃发展起来，而且它的发展一直是和山西区域历史文化结合在一起的，又是与中华历史文化的研究密切相关的。

三、晋国史研究的繁荣阶段

进入 21 世纪，晋国史研究迎来了它发展的第三个阶段，同时也进入了晋国史研究的繁荣时期。主要表现在以下几个方面：

第一，已开展的研究领域继续得到深化，并有所突破。在人物研究方面，国君研究仍然是重点，但也开始关注卿大夫一级的人物。地方文化研究的兴起和繁荣，促进了卿大夫一级人物的研究。在所研究的人物中，对赵卿人物的研究最为集中，成果最多，这主要得力于河北学者在这方面的努力。比较有代表性的论著有晁福林的《试论赵简子卒年与相关历史问题》（《河北学刊》2001 年第 1 期），杨金廷和张

---

① 李玉明：《三晋学术研讨会论文集·序》，山西古籍出版社，1999 年。
② 李元庆主编：《三晋学术研讨会论文集》，山西古籍出版社，1999 年。

润泽、范文华的《赵简子与孔子史迹述略》（《邯郸学院学报》2011年第1期），张润泽和孙继民的《赵简子平都故城考》（《中国史研究》2011年第1期），董林亭的《论赵盾》（《燕山大学学报（哲学社会科学版）》2009年第3期），白国红的《"赵氏孤儿"史实辨析》（《北方论丛》2006年第1期）等。与之相关的便是卿族政治备受关注，相关研究成果有聂淑华的《晋国的卿族政治》（《晋阳学刊》2004年第3期）、白国红的《世族的崛起与春秋政治格局的演变——以晋国赵氏为个案》（《青海社会科学》2006年第1期）、李沁芳的《晋国六卿研究》（吉林大学2012年博士学位论文）等。制度方面，县制、田制、军制、法制仍然是研究的重点，与卿族政治相联系的家臣制度开始受到重视，如杨小召的《春秋中后期晋国卿大夫家臣身份的双重性》（《中国史研究》2009年第1期）、谢乃和的《春秋时期晋国家臣制考述》（《史学月刊》2011年第10期）等。

晋国有着悠久的史官文化，但此前并未有人进行专门研究，这一时期开始有学者关注晋国的史官文化，如胡恤琳、韩晓霞的《从董氏家族看晋国史官的优良传统》（《沧桑》2001年第3期），崔凡芝的《晋国史官及其职责》（《山西区域社会史研讨会论文集》，2003年），畅海桦的《试探晋国史官地位嬗变之因》（《山西师范大学学报（社会科学版）》2010年第5期），樊酉佑的《晋国史官研究》（山西师范大学2012年硕士学位论文）等。

历史地理方面，除了对一些地名的考释和关注晋都迁徙问题外，也开始关注都城的区位等，如唐晓峰的《试论晋国的都城区位》（《历史地理》第21辑，2006年）。此外还出现了一批新成果，最有代表性的就是马保春的《晋国历史地理研究》（文物出版社，2007年）和

《晋国地名考》（学苑出版社，2010 年）。两书相辅相成，构成了晋国历史地理研究的完整体系。前书在总结前人对晋国历史地理研究各方面成果的基础上，对晋国疆域内的地理单元进行了划分，并由此对都城变迁、疆域发展、县制、卿族领地、古道交通和军事地理等方面进行了研究。后书则按历史聚落、乡邑、城邑地名，历史国族地名，历史政区地名，历史区域地名，山川地貌地名，关隘交通地名，宫室、田亩地名进行划分，一一考证，共收集了 450 个左右的晋国及与晋有关的地名。

世族研究方面有了新的突破，家族研究成为热点。晋国的公族和主要卿大夫家族基本都已成为研究的对象。其中晋国的卿大夫家族成为高校硕士学位论文的集中选题。截至 2014 年，相关硕士学位论文已经达到 10 篇之多，所涉家族包括韩氏、智氏、羊舌氏、魏氏、荀氏、郤氏、栾氏、中行氏、范氏。此外出现了一批相关的学术论文和专著，如曹丽芳的《晋国中行氏兴灭及世系考》（《晋阳学刊》2001 年第 6 期）、《晋国知氏兴灭及世系考》（《山西大学学报（哲学社会科学版）》2002 年第 4 期），张海瀛的《赵简子家族与早期晋阳文化》，（《山西社会主义学院学报》2004 年第 3 期），白国红的《春秋晋国赵氏研究》（中华书局，2007 年），王准的《春秋时期晋楚家族比较研究》（华中师范大学 2008 年博士学位论文），杨秋梅的《春秋时期的晋国公族及其特点》（《安徽史学》2011 年第 3 期），陈煜的《春秋时代君子集聚的家族考察——对晋国赵氏家族君子人格的个案研究》（《通化师范学院学报》2012 年第 5 期）。其中《春秋晋国赵氏研究》是这方面的代表。该书上溯赵氏祖源，详细介绍赵氏家族由弱族而至强胜，由中衰至复起，最终建立国家的历史过程，并对赵氏研究中的多个课题进行深入研究，开创了家族研究的一个很好的范例，但是比较研究是此书的短板。晋国史的比较研究在 20 世纪 60 年代已经展开，如应永深的《论春秋时代鲁国和晋国的社会特点兼及儒家和法家产生的历史背景》（《历史研究》1964 年第 1 期），可惜的是这种研究方法并未引起学界的高度重视，后期再无相关研究成果。进入 21 世纪后，比较研究重新受到关注，国内开始介绍 20 世纪 70 年代美国学者对春秋时期诸侯国之间的比较研究，如梅尔文·撒切尔所著的《楚国、齐国和晋国中央政府的结构比较》（《国际汉学》2006 年）。现在比较研究虽已展开，可惜的是并未引起学术界的高度关注，成果寥若晨星，只有王准的《春秋时期晋楚家族比较研究》（华中师范大学 2008 年博士学位论文）引入文化比较的方法，对春秋晋、楚的家族进行了考察。他将这些家族划分为公族、公室与卿大夫家族三个部分，分别对其家族形态与内部结构进行解析，从而分析出其地位变化与发展规律，并进一步探讨了这些家族的地域特点给当地带来的历史影响。

在考古方面，伴随着晋侯墓地考古发掘简报全部公布，[①]人们对其研究进入高潮。首先是上海博物馆于 2002 年 4 月出版了《晋国奇珍——山西晋侯墓群出土文物精品》一书，并由山西省文物局、北京大学考古文博学院、山西省考古研究所和上海博物馆共同组织了晋国奇珍——山西晋侯墓群出土文物精品展，同年 7 月上海博物馆出版《晋侯墓地出土青铜器国际学术研讨会论文集》，8 月作为晋国奇珍——山西晋侯墓群出土文物精品展闭幕的一部分，召开了晋侯墓地出土青铜

---

① 北京大学考古文博学院、山西省考古研究所：《天马—曲村遗址北赵晋侯墓地第六次发掘》，《文物》2001 年第 8 期。

器国际学术研讨会。此次研讨会共有来自中国大陆及香港、台湾地区和美国、日本、英国、俄罗斯等国家的 76 位正式代表参加，并有许多学者列席和旁听了会议。同时研讨会还在上海博物馆的网站上通过国际互联网现场向全球进行了同步直播，在三天的会议期间内共计有 8000 余人次点击收看。①学者的报告和讨论主要围绕晋侯墓地的性质、墓葬的排序和年代、墓主的身份、埋葬制度、器用制度、青铜器铭文和装饰艺术、随葬品反映的女性地位等议题展开。此次研讨会是学术界对晋侯墓地的一次集中讨论，虽然没有达成共识，但却极大地推动了晋国史研究的深入开展，以此次会议为契机，晋国史研究得到了更多学者的关注，为晋国史研究的繁荣奠定了基础。

其次是对晋侯墓地第六次发掘报告公布的 M114 出土的叔夨方鼎的研究。由于叔夨方鼎可能与晋国的始封君叔虞有关，因此引起了学术界的极大关注。《文物》2001 年第 8 期在公布发掘简报的同时刊发了李伯谦先生的《叔夨方鼎铭文考释》。同年《文物》第 10 期上又发表了李学勤先生的《谈叔虞方鼎及其他》。《文物》还专门在 2002 年第 5 期上组织黄盛璋、张懋镕、王占奎、田建文、孙庆伟、饶宗颐、吴振武等学者展开曲沃北赵晋侯墓地 M114 出土叔夨方鼎及相关问题研究笔谈。2002 年上海博物馆召开晋侯墓地出土青铜器国际学术研讨会时，有 8 位学者就叔夨与唐叔虞、燮父的关系等问题展开了激烈讨论。此后，2004 年陈奇猷发表《北赵晋侯墓出土叔夨方鼎铭文研究》（《古籍整理研究学刊》），2005 年刘钊又发表《叔夨方鼎铭文管见》，②

---

① 雯梅：《群贤毕至——晋侯墓地出土青铜器国际学术研讨会》，《上海文博》2002 年第 1 期。

② 《黄盛璋先生八秩华诞纪念文集》，中国教育文化出版社，2005 年。

两文都对此问题进行考辨。其后随着羊舌晋侯墓地的发现，对叔夨方鼎的讨论基本结束。

在叔夨方鼎之外，晋侯稣钟一直是学术界关注的对象，虽然没有出现 20 世纪 90 年代末那样研究的高热现象，但是由于其独特的价值，仍然留有许多研究的空间。21 世纪以来，晋侯稣钟研究的重点主要集中在铭文①、所涉地理问题②、年代和历法③、形制④、相关音乐学原理⑤等方面。

除了个别青铜器研究高热之外，晋国青铜器的系统研究有了长足的进步，代表研究成果有蔡鸿江的《晋系青铜器研究》（台湾高雄师范大学国文系 2000 年博士学位论文），李夏廷的《流散美国的晋式青铜器——乐器篇》（《文物世界》2000 年第 4 期）、《流散美国的晋式青铜器（续）——礼器篇（上）》（《文物世界》2000 年第 5 期）、《流散美国的晋式青铜器（续）——礼器篇（中）》（《文物世界》2000 年第 6 期）、《流散美国的晋式青铜器（续）——礼器篇（下）》（《文物世界》2001 年第 1 期），《春秋青铜器制作技术研究》《晋国鸟纹鸟造

---

① 陈双新：《晋侯苏钟铭文新释》，《中国文字研究》2001 年 00 期。牛清波、王保成、陈世庆：《晋侯苏钟铭文集释》，《中国文字学报》2014 年 7 月 30 日。

② 李仲操：《谈晋侯苏钟所记地望及其年代》，《考古与文物》2000 年第 5 期。王晖：《晋侯稣钟铭匋城之战地理考》，《中国历史地理论丛》2006 年第 3 期。

③ 叶正渤：《从历法的角度看逨鼎诸器及晋侯稣钟的时代》，《史学月刊》2007 年第 12 期。韩炳华：《从晋侯苏钟的断代看西周金文月相词语》，《山西大学学报（哲学社会科学版）》2008 年第 1 期。叶正渤：《亦谈晋侯稣编钟铭文中的历法关系及所属时代》，《中原文物》2010 年第 5 期。

④ 高西省：《晋侯苏编钟的形制特征及来源问题》，《文物》2010 年第 8 期。

⑤ 潘笃武、刘贵兴：《晋侯稣编钟发声频率实测》，《文物保护与考古科学》2000 年第 2 期。

型铜器研究》（刘泽民主编：《山西通史·先秦卷》，山西人民出版社，
2001 年），汪涛的《两周之际的青铜器艺术——以晋侯墓地出土的青铜
器为例》，李朝远的《晋侯青铜鼎探识》，周亚的《关于晋侯苏鼎件数的
探讨》，杨晓能的《从北赵晋侯墓地 M113 出土铜卣谈商周青铜礼器外
底的动物图像》（上海博物馆：《晋侯墓地出土青铜器国际学术研讨
会论文集》，上海书画出版社，2002 年），李晓峰的《天马—曲村晋侯
墓地出土青铜器铭文集释》（吉林大学 2004 年硕士学位论文），李夏
廷的《晋国青铜器艺术》（山西春秋电子音像出版社，2005 年），赵瑞
民和韩炳华的《晋系青铜器研究——类型学与文化因素分析》（山西
人民出版社，2005 年）等。

晋侯墓地的墓主排序、出土器物与制度、墓葬制度等问题的研究
也在深入当中。此外还有一些系统性的专著问世，如宋玲平的《晋系
墓葬制度研究》（科学出版社，2007 年）、刘绪的《晋文化》（文物出
版社，2007 年）。

第二，新材料的出现为晋国史研究提供了新的研究课题。进入 21
世纪，与晋国史研究有关的考古发现层出不穷，最著名的有羊舌晋国
墓地、横水倗国墓地、大河口霸国墓地等。其中羊舌晋国墓地发现的
墓葬等级很高，引起了学术界的高度关注。2006 年 9 月 29 日《中国
文物报》上刊出了吉琨璋等的《山西曲沃羊舌村发掘又一处晋侯墓地》
和《曲沃羊舌晋侯墓地 1 号墓墓主初论》。本来曲沃北赵晋侯墓的发现
已经震惊了世人，但是时隔几年之后，在不远处的羊舌村又发现了一
座高规格的晋侯大墓。不过，羊舌村发现的大墓只有一组，无法与北
赵墓地 9 组 19 座大墓相比，因此其讨论的热度有限。2007 年关于羊
舌晋侯墓地的讨论展开，先后发表的文章有马冰的《也谈曲沃羊舌 M1

和北赵晋侯墓地 M 93 的墓主》（《中国文物报》2007 年 2 月 2 日）、田建文的《也谈曲沃羊舌墓地 1 号墓墓主》（《中国文物报》2007 年 3 月 30 日）、吉琨璋的《羊舌晋侯墓地》（《文物天地》2007 年第 3 期）和《再论羊舌晋侯墓地》（《古代文明研究通讯》总第 34 期，2007 年 9 月）、王恩田的《西周制度与晋侯墓地复原——兼论曲沃羊舌墓地族属》（《中国历史文物》2007 年第 4 期）、李建生的《曲沃羊舌墓地几个问题的思考》（《文物世界》2008 年第 3 期）、孙庆伟的《祭祀还是盟誓：北赵和羊舌晋侯墓地祭祀坑性质新论》（《中国国家博物馆馆刊》2012 年第 5 期）等。

倗国墓地发现于 2004 年，属于西周时期墓地，位于山西省绛县横水镇横北村北约 1000 米处，北倚绛山，南临中条，跨涑水河。墓地范围南北长约 200 米、东西宽约 150 米，面积约 3 万平方米，实际发掘面积 8200 平方米，发现墓葬 300 余座。截至 2010 年 7 月，共发掘墓葬 191 座，出土青铜器、玉器、陶器等各类文物 2000 余件。大河口霸国墓地位于山西省临汾市翼城县，占地面积 4 万余平方米，有墓葬千余座。从 2009 年开始，考古工作者对墓地进行的大面积发掘已揭露面积 15000 余平方米，发现墓葬 615 座、车马坑 22 座。经发掘已知这两个墓地皆为狄人墓地，所发现的随葬品等级很高。从铜器铭文来看，其与周王室联系密切，与晋国似乎相对疏远。但是从随葬品的种类和文化因素来看，二者都受到了晋文化的影响。目前来看，对于这两个墓地的研究还在深入当中，其与晋国之间的关系涉及周代的政治架构、族群关系等，对晋国史研究来说也是很重大的课题。

除了考古新发现外，新见传世青铜器和竹简的发现也为晋国史研究提供了新的材料，如新见冕公簋和清华简《系年》。《考古》在 2007

年第 3 期刊发了朱凤翰先生的《覞公簋与唐伯侯于晋》一文，公簋首次进入人们的视野。该簋是一件香港收藏家的私人藏品，簋腹内底部有铭文 4 行共 22 字，内容是讲公为他的妻子姚做此簋，当时正好是周王命唐伯为侯于晋的时候，时间在周王廿八祀时。这一铭文与晋国名晋的由来、公与晋国的关系、燮父被封侯于晋的年代问题紧密相关。而这些问题恰恰是晋国史研究多年以来无法解决的根本性问题。此文刊出后，立刻引起学术界对该簋的关注。相关研究有孙庆伟的《覞公簋、晋侯尊与叔虞居"鄂"、燮父都"向"》（北京大学古代文明研究中心编：《古代文明研究通讯》总第 35 期，2007 年 12 月）、彭裕商的《觉公簋年代管见》（《考古》2008 年第 10 期）、李伯谦的《覞公簋与晋国早期历史若干问题的再认识》（《中原文物》2009 年第 1 期）、尹松鹏的《覞公簋铭文"唯王廿又八祀"与西周年表》（《中国历史文物》2010 年第 5 期）、张俊成的《覞公簋与商周族及其称谓问题》（《华夏考古》2011 年第 2 期）、张卉的《覞公簋与晋国早期历史问题刍议》（《江汉考古》2012 年第 4 期）。

清华简是清华大学于 2008 年 7 月收藏的一批战国竹简，经碳 14 测定证实，是战国中晚期文物，文字风格主要是楚国的。这些竹简一共约有 2500 枚（包括少数残断简），其中记载《系年》的共 138 支，竹简保存基本良好，只有个别残损之处。整理后，全篇分为 23 章，每章自为起讫。《系年》的内容多与历史有关，其中最重要的有《尚书》及同《尚书》类似的文献，是一种编年体的史书，所记史事上起西周之初，下到战国前期，比之《春秋》经传、《史记》，有许多新的内涵，其中关于晋国史事的记载颇多。相关的研究文章主要有胡凯和陈民镇的《从清华简〈系年〉看晋国的邦交——以晋楚、晋秦关系为中心》

《邯郸学院学报》2012年第2期)、程薇的《清华简〈系年〉与晋伐中山》（《深圳大学学报（人文社会科学版）》2012年第2期）、李学勤的《由清华简〈系年〉论〈文侯之命〉》（《扬州大学学报（人文社会科学版）》2013年第2期）、晁福林的《清华简系年与两周之际史事的重构》（《历史研究》2013年第6期）、马卫东的《清华简〈系年〉三晋伐齐考》（《晋阳学刊》2014年第1期）、冯小红的《由清华简〈系年〉所见赵襄子至赵献侯世系新说》（《邯郸学院学报》2014年第4期）、张少筠和代生的《清华简〈系年〉与晋灵公被立史事研究》（《山西师范大学学报（社会科学版）》2014年第6期）。

第三，伴随着新材料的出现、科技的进步、跨学科理论的引进和认识的更新，人们对晋国史研究的范围已不仅仅局限在政治史、经济史等领域之内，开始从新的视角，应用新的方法对晋国史研究进行新的尝试，从而形成了新的研究领域。如性别研究、历史文学研究、音乐学研究、人口研究、青铜器铸造工艺研究等多个方面。其中性别研究、历史文学研究比较深入。20世纪80年代，女性研究兴起，极大地促进了性别研究的开展。晋国女性在春秋时期的耀眼表现和西周墓葬中的男女差异都引起了学者的高度关注，因此在性别研究方面不仅涉及了当时人物的考辨、王室女性形象、女性对国君的影响，而且分析了晋国墓葬中的性别差异。[1]

---

[1] 陈芳妹：《晋侯墓地青铜器所见性别研究的新线索》，见上海博物馆编《晋侯墓地出土青铜器国际学术研讨会论文集》，上海书画出版社，2002年。赵剑莉：《晋国夫人考》，《内蒙古农业大学学报(社会科学版)》2012年第1期。张丹绮：《春秋时期晋国王室女性形象分析》，《晋中学院学报》2010年第2期。张浏森：《论七位女性对晋文公重耳的影响》，《许昌师专学报》2002年第6期。林永昌：《西周时期晋国墓葬所见性别差异初探》，《古代文明》(辑刊)2008年。耿超：《晋侯墓地的性别考察》，《中原文物》2014年第3期。

晋国是先秦历史上文学创作的富矿区,不仅留下了一大批脍炙人口的诗歌和散文,还曾诞生过一批作家群体,同时由于晋国在先秦历史舞台上扮演的重要角色,学者都希望从文学角度对其进行解析。对晋国文学进行的研究主要包括三个方面:一是对晋国诗歌形成背景和作家群体的研究。2002 年,邵炳军先生先后发表 4 篇文章研究春秋晋国诗歌创作的历史文化背景。2012 年,又对春秋时期晋国世族作家群体与文学创作进行了研究。[①]二是通过《国语》《左传》《史记》等史书分析晋国国君的形象,分析的重点主要是晋文公。[②]三是开展晋国历史文学研究,而且研究的文本都是《左传》。[③]

除了上述几个变化,在研究方法上开始引入其他学科的研究方法。李亚峰的《晋国人口知多少?》(《晋阳学刊》2006 第 4 期)采用人口学的理论和方法,结合文献材料估算出晋文公和晋平公时期以及晋国后期中心地区最高人口总量,并对晋国人口增长做了总体上的定性和定量分析。

音乐学研究方法的引入使得晋国史的音乐学研究得以开展,如任宏的《西周时期七代晋侯金石用乐的组合与编列》(《中国音乐》2012

---

① 邵炳军:《晋公室族属、世系暨作家群体事略考——春秋时期晋国世族作家群体与文学创作研究之一》,《晋阳学刊》2012 年第 6 期。邵炳军:《栾氏、狐氏、庆氏族属、世系暨作家群体事略考——春秋时期晋国世族作家群体与文学创作研究之二》,《中山大学学报(社会科学版)》2012 年第 2 期。

② 陈鑫:《晋文公重耳逃亡故事在〈左传〉与〈史记〉中的比较》,《淮南师范学院学报》2008 年第 1 期。马婷婷:《〈国语〉、〈左传〉、〈史记〉中的晋文公重耳形象比较研究》,《和田师范专科学校学报》2009 年第 4 期。

③ 成佳妮:《春秋晋国历史文学研究——以〈左传〉为中心》,青岛大学 2007 年硕士学位论文。王娟:《从〈左传〉谈春秋晋国历史文学》,《作家》2013 年第 4 期。许丽杰:《浅谈基于〈左传〉的春秋晋国历史文学》,《作家》2014 年第 4 期。

年第 2 期）及其硕士论文《晋侯墓地出土乐器的音乐考古学研究》
（中国艺术研究院 2008 年硕士学位论文）、索美超的《晋国乐舞考略》
（东北师范大学 2013 年硕士学位论文）。

晋侯墓地青铜器铸造工艺在材料公布伊始就引起了学者的关注，
但是限于技术问题，许多问题无法解决，进入 21 世纪，新的科技手段
被应用到晋侯墓地出土青铜器研究中，解决了一些技术难题。相关研
究文章有杨颖亮的《晋侯墓地出土青铜器的合金成分、显微结构和铅
同位素比值研究》（《中国文物报》，2005 年 9 月 30 日）、胡东波和吕
淑贤的《应用 X 射线成像对晋侯墓地出土青铜器铸造工艺的研究》
（《古代文明》2013 年）。

此外，与晋国史相关的多部著作和论文集问世，值得关注，如景
元祥的《晋都新田史话》（山西古籍出版社，2003 年）、刘文强的《晋
国伯业研究》（台湾学生书局，2004 年）、卫文选的《晋国文化十八
篇》（延边大学出版社，2005 年）、赵建民主编的《新田文化研讨会论
文集》（山西教育出版社，2005 年）、李孟存和李尚师的《晋国人物评
传》（延边大学出版社，2006 年）、邱建平主编的《新田文化与和谐思
想论文集》（山西人民出版社，2008 年）、邹昌林的《晋国土地制度》
（社会科学文献出版社，2014 年）。

2014 年，李尚师的《晋国通史》由山西人民出版社出版。诚如李
伯谦先生所言，这是一部"既是国别史中的通史，又兼具纪事本末体
和纪传体两种体例，还吸收了志书的一些特点"①的新型史学专著。该
书是在他和李孟存先生合著的《晋国史》《晋国人物评传》及其独著

---

① 李伯谦：《喜读李尚师〈晋国通史〉》，《中国文物报》2015 年 1 月 30 日。

的《先秦三晋两个辉煌时期暨治国思想》基础上，立足文献史料，又结合考古材料写成的。全书共分 33 章，另有 10 个附表，分别介绍了晋国上自国君、下至三教九流的人物，晋国所处自然地理环境和社会生产生活的发展和特点，晋国社会阶级结构和各阶级、阶层状况及其变化，晋国的制度、对外关系和政策，晋国地理、地名和疆域的演变，晋国最高统治阶层内部的嫡庶之争、同姓与异姓之争及由此形成的晋国政治特征，晋国的治国思想及文化成就等。

四、晋国史研究之展望

毫无疑问，晋国史研究从通史研究的附属逐渐成为国别史研究的重头，进而得到不断深化，不仅使人们认识到了晋国在中国历史上的重要地位，而且有力地推动了先秦区域历史文化的研究。晋国史研究百年的发展，尤其是改革开放以来将近 40 年的蓬勃发展，已经取得了重大的成就。面对未来，晋国史研究还有很多需要解决的问题。

首先，我们要在坚持马克思主义唯物史观的同时，积极吸收新的理论成果。马克思主义的唯物史观在中华人民共和国成立后成为历史学界的指导思想，在其指引下新中国的历史学研究取得了丰硕的成果，其作为中国史学研究的指导思想的地位是不能动摇的。同时，我们也不能排斥当今国际史学界研究的新的理论成果，而应该取其精华、弃其糟粕，为我所用。如年鉴学派的第二代领军人物布罗代尔提出的长时段理论。他把历史时间区分为自然时间、社会时间和个体时间，即所谓的"长时段"（主要指历史上长期不变或变化极其缓慢的现象）、"中时段"（主要指在一定时期内发生变化，形成一定周期和节奏的现象）和"短时段"（主要指历史上突发的现象），并提出与这三种时段相适应的概念，分别称为"结构""局势""事件"。布罗代尔认为历史无非是三种时段的辩证关系，在这三种时段中，起长期决定性作用的是自然、经济、社会的"结构"，"局势"的变化对历史进程起直接的重要作用，而"事件"只不过是深层振荡中翻起的浪花而已。这一理论有助于我们重视那些在晋国600余年的时间中所出现的诸如物种传播、疾病蔓延、气候和地质变化等对历史发展产生过重要影响但被忽略的现象。又提醒我们，每个区域社会都不可能孤立存在，而是互为发展条件，其间之竞争、交融、碰撞以及力量对比关系变化都是推动区域历史发展的重要动力。晋国的发展不仅受到西周王朝的影响，而且在其独特的区域环境中与周边部族和国家的互动也是推动其发展的重要动力。同时，积极吸收其他学科的研究成果，也对晋国史研究有着重要的意义。如在晋国600余年的发展过程中，地理环境是一个长期不变的因素，是一种长期起决定性作用的自然结构，但是在600余年的时间里，气候因素却在发生着变化，气候的变化直接影响了水文的变化和动植物的更替，由之还会造成气候灾害的消长，这些都会影响到晋国的政治、外交、战争、社会、日常生活的发展。此外，还有诸如中心地理论、共同体理论等，都有助于我们重新认识晋国城市的形成和发展。

其次，积极引进多学科研究的方法，拓宽研究视角，积极开展比较研究。多学科研究早已成为学术界研究的新趋势。在晋国史研究方面，历史学、文献学、考古学研究相结合便是很好的范例。但是现在看来，要想继续深入，这些就显得很不够。不过现在的已有成果显示在青铜器研究上，已经有采用先进的自然科学的研究方法对青铜器的工艺进行科学解释的成果。也有学者在人口研究方面，用人口计量学的方法，采用数理模式，进行科学统计和计算，得出相对精准的结果。但是多学科研究方法的使用在晋国史研究方面还很有限，急需加强。如应用政治学理论加强对晋国政治结构的研究、应用地理学理论分析晋国历史的地理背景和由此产生的影响等。可见，在新形势下进行多学科研究的必要性。同时，现代科技的发展和其他学科研究的进步也为我们尝试应用多学科成果提供了可能。从这个意义上说，多学科研究方法的吸收也必将为晋国史研究的深入注入新的活力。

另外，比较研究还相当薄弱。比较研究其实是历史研究中一种比较普遍的研究方法，是通过两种或两种以上的历史现象的比较来加深、扩大和验证对历史认识的一种方法，这种方法有利于全面认识社会发展的规律。徐义华先生在评价《春秋晋国赵氏研究》时就指出："春秋时期家族兴起是一种普遍现象，'政出家门'是各国皆有的问题，加强比较研究可以更好地认识赵氏家族的历史和当时社会的变化，比如齐国陈氏是可以与赵氏家族进行比较研究的绝佳资料。"①除此之外，晋国和楚国作为春秋时期长期的对手，其发展道路、霸业模式、社会特点、集体心理等各个方面都有进行比较研究的必要。其实，晋国和其他诸侯国之间也有很多比较研究的课题值得开展，在晋国内部各家族之间的比较研究也有开展的必要。

第三，宏观和微观研究都有待进一步加强。近百年来的晋国史研究比较重视微观领域，对人物、事件、组织或制度等已做了较多的考证、叙述，其面目已相对清晰。但是还有一些领域的研究没有开展，

---

① 徐义华：《评〈春秋晋国赵氏研究〉》，《中国文物报》2008 年 6 月 4 日。

如聚落研究和日常生活研究。众所周知，聚落是文明的根系，它的存在推动了文明的互动，最终促成了文明的统一。聚落又分为城市聚落和乡村聚落，进行聚落研究有助于全面了解晋国基层的发展状况。与之相关的就是日常生活的研究。历史研究本质上是对人的研究，那么对人的日常生活的研究就是其内在之义。可惜的是，我们在这方面的研究还很少着力，现在考古学资料和聚落考古的发展已经为我们展开这项研究提供了可能，只要我们把眼光向下，这些研究不仅会为晋国史研究增添新的内容，而且必将成为晋国史研究新的热点。

宏观研究方面一直是晋国史研究的短板。近些年也有学者在这方面做了一些研究，但是数量非常有限，如王万辉的《重新认识晋国在中国古代史的地位》（《文物世界》2005年第5期）、白国红的《世族的崛起与春秋政治格局的演变——以晋国赵氏为个案》（《青海社会科学》2006年第1期）、李尚师的《晋国在中国历史上的地位和作用》（《运城学院学报》2009年第6期）。晋国在先秦史上的地位非常重要，不仅是周代重要的封国，而且是春秋时期的霸主，其霸主的地位不仅表现在政治上的盟主地位，而且反映在政治体制先进、经济强盛、文化繁荣上。尤其是晋国尚武、尚法、尚能的发展道路以及具有变革精神和开放精神、包容精神的思想理念，不仅对中央集权政治制度的形成和发展产生了深刻的影响，而且对多民族统一国家的形成和发展有着重大的意义。有学者提出"从方国到帝国，晋是方国的终结者，又是帝国的前提和前夜"[1]。因此，站在中国历史发展的高度去研究晋国史是一项非常有意义的工作。此外，对晋国政治体制结构的研究也应

---

① 王万辉：《重新认识晋国在中国古代史的地位》，《文物世界》2005年第5期。

该引起注意，封国政治体制研究是周代政治体制研究的一个重要部分。进入春秋之后，晋国政治体制结构的变化又为此后中国中央集权体制产生了重要的影响，因此研究晋国政治体制的结构及其变迁是今后应该注意的一个重要问题。

第四，晋国史研究也应该走古为今用的道路。为现实服务也是历史研究的一个目的。正如沈长云先生所说："历史研究对现实的干预，主要就是提供给人们认识社会深层次结构以理性的武器。当今中国社会正面临着改革大潮，其中政治经济体制的改革，很多都涉及传统中国政治经济结构积累下来的各种问题。这些传统，自然有许多是要上溯到先秦时期的。通过对先秦政治经济结构的解剖，可以看到它们在以后的历史积淀。"①晋国史在这一方面更有着独到的优势。春秋时期的晋国史就是一部变革史，当时人们处在一个大变革的时代，谁最先改革，谁就能成为霸主，这就是当时的现实，而晋国则正是各方面都走在了各国的前面。一个身居山林、拜戎不暇、立国环境如此险恶的小国能够在春秋时期诸侯争霸的局面中不仅得到成长，而且成为霸主，其经验教训值得进行全面总结。尤其是晋国的变革路径、制度创新、经济政策、民族观和政策以及价值理念、人才观等，都对当今社会的发展有很大的借鉴意义，尤其是对山西地方文化建设和经济转型发展有着积极的意义。

另外，晋国又是中国法家思想的发源地、儒家思想的重要传播地，是名商巨贾的实践之所，研究他们的思想文化，有助于理解山西地区民众的集体心理和思想意识的渊源，有助于我们传播优良的文化传统。

---

① 沈长云：《先秦史研究的百年回顾与前瞻》，《历史研究》2000 年第 4 期。

　　最后，与其他国别史研究相比，晋国史研究的系统性著作屈指可数，诸如晋国的城市与建筑、经济、文化、思想、服饰、文学、艺术等方面的研究专著基本没有，反映晋国史的专题性研究是现在研究中的一个短板，是需要在今后的研究中加强的一个方面。

　　总之，晋国史研究现在正处于最佳的时期，我们要抓住机遇，积极进取，争取将晋国史研究推向一个新的高度。

近30年来十六国、北朝山西区域历史研究综述

冯素梅

十六国北朝时期是中国古代历史上战乱频仍、政权林立的纷乱时代，也是民族冲突、民族融合的多彩时代，有关这段时期的历史研究成果颇为丰硕。山西处于北方地区汉族与草原游牧民族生活区域交界的前沿地带，占据独特的地理位置，因此成为北方游牧民族南下中原的必经之地。十六国北朝时期，在山西建立的各少数民族政权，如匈奴建立的汉国、羯族建立的后赵，特别是拓跋鲜卑建立的北魏王朝，都在山西乃至中国历史上留下了浓墨重彩的印迹。近30年来，史学界对十六国、北朝时期的山西区域历史的研究热度颇高，各方面的研究成果俯拾即是，本文力图对此进行梳理归纳，以期为今后的魏晋南北朝研究提供线索。

一、十六国时期的山西

十六国时期，对山西历史有较大影响的北方、西北方少数民族主要是"五胡"中的匈奴、羯和鲜卑。匈奴原居蒙古草原，后分裂成南北

两部。南匈奴内附后南迁，曹魏时期已深入到汾河流域，即今天的山西地区。对此，黄烈《中国古代民族史研究》（人民出版社，1990 年）有专考。羯人入塞前属匈奴别部。关于其族源众说不一，唐长孺《魏晋杂胡考》（唐长孺：《魏晋南北朝史论丛》，商务印书馆，2010 年）从羯人相貌特征、葬俗、宗教信仰、姓氏等方面论证，羯人是包含西域胡较多的杂胡。传统史学界认为魏晋六朝"杂胡"的含义是混血或混种，唐长孺先生认为匈奴国家崩溃以后，各部落所保持的特点重新活跃起来，同时受到较高文化的影响，融合到其他部落中。

全面探讨十六国时期少数民族政权的建立、性质和历史作用的论文是唐长孺《晋代北境各族变乱的性质及五期政权在中国的统治》（唐长孺：《魏晋南北朝史论丛》，商务印书馆，2010 年）。唐文指出，晋末各族变乱源于种族和阶级的双重矛盾，各族统治者所建立的政权，一方面有种族报复的特点，另一方面又要同汉族上层分子合作。

刘国石《十六国时期少数民族学术与风俗习惯的汉化》（《北华大学学报》2005 年第 1 期）指出，十六国时期少数民族在学术方面的汉化主要包括经学、史学、诸子、文学、律学、兵法、武术、科学技术等；在风俗习惯方面主要包括婚礼、丧礼、姓氏、语言、一般礼俗、服饰等。由于十六国时期少数民族统治者推行汉化政策，到十六国末期，中原少数民族基本上完成了汉化过程。这个过程的完成为北魏孝文帝改制奠定了基础。十六国时期少数民族的汉化与孝文改制是前后相继、紧密相连的一个过程的两个方面，其影响极为深远，最终导致北朝末年北方民族大融合的实现和南北大统一的完成。

周伟洲《汉赵国史》（山西人民出版社，1986 年）指出，汉赵国是我国历史上第一个由内迁少数民族匈奴在内地建立的政权，也是十六国较早建立的政权之一，它的存在虽然只有短短的 26 年，但在中国历史上仍然留下了一定的影响。书中根据现存史籍和文物考古资料，首先论述了东汉末年以来内迁匈奴的活动及其社会地位的变化，然后叙述了汉赵国兴衰的历史，最后对其政治制度、社会形态作了大胆探讨，指出汉赵国这个政权无论在政治、经济和文化等方面承袭了汉魏以来汉族政权的传统，又兼其旧俗，在某些方面还有所发展、创造，对以后的封建王朝有一定的影响。此外，在当时中原地区经济遭到严重破坏的情况下，汉赵统治者还采取了一些有利于生产恢复和发展的措施，修建城镇，人口激增，使其京都平阳、长安地区的经济有所恢复和发展。

陈勇《汉赵史论稿：匈奴屠各建国的政治史考察》（商务印书馆，2009 年）揭示了汉赵国历史与政治的特征：匈奴的历史记忆与五部的政治重组，屠各称谓衍变与入塞匈奴的地域化，胡汉官制并存与军国体制的确立，胡汉分治体制下匈奴与六夷的联盟。

吴洪琳《十六国"汉"、"赵"国号的取舍与内迁民族的认同》（《陕西师范大学学报（哲学社会科学版）》2013 年第 4 期）指出，十六国时期内迁的匈奴族首领刘渊建立的"汉"国及刘曜和羯族首领石勒建立的"赵"，其国号皆与前朝或先秦时期密切相关，对后来内迁少数民族建立政权选择国号时具有明显的示范作用，同时"汉""赵"国号的确定，真实反映了内迁民族自我认同的意识。

胡祥琴《刘渊感生神话的历史形成》（《民族研究》2006 年第 1 期）通过对神话来源的考察，揭示胡汉文化的交流。陈琳国《休屠、屠各和刘渊族姓》（《北京师范大学学报》2006 年第 4 期）认为屠各刘渊本是南匈奴单于嫡裔，绝非假托。南匈奴五部都以屠各刘氏为部帅，故五部匈奴都称为屠各，这不是所谓屠各之称的泛化。

吕一飞《匈奴汉国的政治与氐羌》（《历史研究》2001 年第 2 期）对匈奴刘氏建立的汉国中氐羌地位做了考察，认为氐羌与匈奴间的矛盾是汉国灭亡的原因之一。

邓乐群《北魏统一中原前十六国政权的汉化先声》（《清华大学学报》2006 年第 2 期）考察十六国诸胡族政权推动该民族汉化与封建化的具体进程，并分析其对隋唐历史发展的积极意义。

李红艳《魏晋黄河流域民族关系辨析》（《北朝研究》1998 年第 1 期）分析，魏晋时期各少数民族渐次迁移到黄河流域，遍及今山西、河北、河南、山东、陕西、甘肃、宁夏，是有其内在动因的。就少数民族而言，汉族先进的农耕经济及自身人口增长的巨大压力是其迁徙的原动力；就汉族而言，庄园经济的发展需要大量劳动力，少数民族无疑是更为廉价的生产劳动者。总体言之，各少数民族内迁的动因，无论是少数民族还是汉族门阀地主、封建政权都是图谋经济利益，虽然各自的利益不尽相同，在客观上却都起到了促进封建依附关系发展的作用。此时封建依附关系又适合生产力的发展水平，这种内迁无疑顺应了社会的发展，有益于历史的进步。从内迁的少数民族来讲，魏晋时期的民族迁徙又是将黄河流域少数民族纳入封建化的开始，为此后黄河流域的民族大融合提供了条件。

思想文化研究方面，牛润珍、杜英《十六国史官制度述论》（《齐鲁学刊》1998 年第 4 期）认为，十六国时期由于五胡君主的"正统观"和"汉化"意识，使汉晋以来的史官制度得以传承。因各国民族、政治、地域情况不同，史官制度出现异变，形成三种类型：复汉型，以刘汉为代表，史官制度与两汉相似；魏晋型，即著作官制，置著作官者有前赵、后赵、前燕、前秦、后秦、后燕、赫连夏、后凉等；诸侯国型，史官及记事制度类似春秋列国，但又带有地方割据政权的色彩，如前凉、成汉、西凉、南凉、北凉、南燕、北燕等。魏晋型居主导地位，其兴替盛衰构成了十六国史官制度发展的主线。官方史学仍是十六国史学的主流，所撰国书主要是前代史和本朝史，国史内容很注意反映本民族的情况，这不仅体现了他们的政治倾向，亦反映了他们的民族意识，这是十六国官方史学最有特色的地方。

罗君《十六国匈奴政权特色再探》（《重庆教育学院学报》2005 年第 2 期）从政权性质、民族心理、文化借鉴、存续时间几方面分析了该期匈奴政权的特色。十六国时期，匈奴族在北方建立的四个政权，既不同于以往的匈奴政权性质，也不同于同一时期其他少数民族政权，它们具有自身特点。该期匈奴政权具有浓厚的封建性质；除汉人之外唯我独尊的民族心理；吸收汉民族表层东西多，重封建礼法制度、文化建设而轻经济建设，缺乏坚实的经济基础；其国祚短暂。他的《十六国匈奴政权特点》（《西南师范大学学报》2004 年第 2 期）研究了十六国时期 4 个匈奴政权在职官制度、政权形式、权力与职能分配以及封建礼仪等方面的特点。

李书吉《石勒与后赵政权再认识》（《山西大学学报（哲学社会科学版）》2012 年第 1 期）指出，石勒消灭王浚和刘琨势力标志着石勒集团已经成长为 4 世纪初北部中国比较重要的政治力量。石勒逐渐突破华夏正统观的影响和束缚，其政权以胡羯为主体；但其建国道路亦有汉人贵胄及其他各族民众参与其中。石勒政权的民族属性与政权依托地的居民构成息息相关，前赵与后赵的民族属性截然不同。石勒的姓和名具有特殊的历史意义。

魏俊杰《十六国时期汉国疆域变迁考》（《中国边疆史地研究》2012 年第 4 期）逐年考证了十六国时期和汉国的疆域。

这一时期相关论文还有邱久荣《十六国时期的胡汉分治》（《中央民族学院学报》1987 年第 3 期）、王延武《后赵政权胡汉分治政策再认识》（《中国史研究》1988 年第 2 期）。

二、北魏时的山西

杜士铎主编的《北魏史》（山西高校联合出版社，1992 年）完整翔实地叙述了北魏从建立到衰亡的全过程，对北魏时期的政治经济社会文化各个方面进行阐述，展示出北魏在中国历史上的重要地位和价值。探索采取"综合编年体"的缩史体例，以社会为中心，在时间单无序列中综合纳入政治、经济、军事、文化、民族等内容，力求展示社会全貌。结构分为编、章、节、目四个层次，编以分期，章以纪代，节以编年，目以类事，是第一部北魏王朝的断代史。

（一）北魏早期政治史

安介生《北魏道武帝早年经历考辨——与李凭先生商榷》（《民族研究》2002 年第 4 期）认为拓跋什翼犍死于君之乱，道武帝拓跋在代国灭亡后并没有迁徙长安及蜀地，而是生活在雁北地区。

严耀中《北魏前期政治制度》（吉林教育出版社，1990 年）认为北魏前期的政治制度行政中枢包括外朝与内行两个部分。内朝的行政对象主要是京畿地区的拓跋人，外朝管理的是其他地区的臣民，其特点是内重外轻、以内制外。地方官制则是分任互督的州郡县三长官制，其武力核心是内行武官中领将军统率的中央禁军和驻扎在地方的 8 个军府。负责维持统治的还有由城民组成的地方兵。对于归附的其他游牧民族则实行领民酋长制。

张金龙《北魏政治史》一书以时代为序，把与北魏政治历史进程有关的事项诸如战争外交、法律、经济政策、民众叛乱等内容都做了详尽论述，其中对道武帝时代、明元帝时代、太武帝时代、汉成帝时代、献文帝时代、孝文帝时代各部分的论述涵盖了北魏早期政权在山西的各项政治制度。

陈琳国《北魏前期中央官制述略》（《中华文史论丛》1985 年第 2 期）认为北魏前期的鲜卑八部大人制居于主导地位，三省制无足轻重，孝文帝改制后尚书省成为中央行政中枢，这是一个由繁到简、由低到高的发展过程

李培栋《北魏太和改制前胡汉形势论》（《上海师范大学学报》1994 年第 2 期）对北魏太和改制前的胡汉形势做了较为详尽的考察，认为太和改制是胡族在统治北中国后进行艰难学习的总结，它深化和发展了汉族的古老经验，注入了胡汉融合的新血液。

张庆捷、郭春梅《北魏文成帝〈南巡碑〉所见拓跋职官初探》（《中国史研究》1999 年第 2 期）由现存最早的北魏官方碑刻——《南巡碑》入手，对其中出现的一些官号如折纥真、斛洛真、羽真、内行内小与内行令、内三郎与内行内三郎、内阿干、内部幢将、内小幢将、三郎幢将与雅乐真幢将、贺浑吐略渥等作了职务、官品和任职条件上的探究，认为在北魏前期官制中确实存在汉族和鲜卑拓跋两个渊源、两个系统，在特殊的历史条件下，两系统的职官曾互相掺杂糅和，一起构成了北魏前期官制的总体框架和主要特征。

张小虎《北魏专制皇权的形成》（《西北师范大学学报》2002 年第 3 期）认为北魏专制皇权形成的标志是都城的建立、部落离散、官僚政体的建立、正统形象的确立和嫡长子继承制确立。

阿其图《拓跋鲜卑南迁至复国的实质性变化探究》（《内蒙古师范大学学报》2000 年第 3 期）认为从拓跋鲜卑南迁至拓跋珪复国，拓跋族内部按两条线索演进，一是从狩猎到游牧再向以农耕为本业的经济类型演进，二是与此相适应的内在组织结构从异姓酋长首领分统国人到宗族兄弟分部直领再发展到"散诸部落，同为编户"，形成集权国家雏形的演进，由此奠定了拓跋鲜卑入主中原的政治经济基础。

戴卫红《北魏道武帝引文人参政问题考实》（《中国社会科学院研究生院学报》2006 年第 3 期）通过分析《魏书》《北史》及《资治通鉴》对皇始元年（396）九月的不同记载，考辨道武帝如何将汉族文人引入政治活动中。杨恩玉《北魏离散部落与社会转型———就离散的时间、内涵及目的与唐长孺、周一良、田余庆诸名家商榷》（《文史哲》2006 年第 6 期）从北魏初期由部落联盟制向封建君主专制转型的视角来分析北魏的离散部落，具体考察了北魏离散部落的时间和范围、内涵和过程以及目的与作用。

杨际平《论北魏太和八年的班禄酬廉》（《厦门大学学报》1994 年第 1 期）一文中，认为班禄制带动了赋税制度和户口管理制度的改革，并间接影响到均田立法的颁布，班禄的实行有助于澄清吏治，有助于进一步清除拓跋氏族部落制传统的影响，促进拓跋政权的封建化。

田余庆《贺兰部落离散问题——北魏"离散部落"个案考察之一》（《历史研究》1997 年第 2 期）以贺兰部为例，对被离散的重要部落做个案考察，指出贺兰部由于姻亲关系而与拓跋部关系密切，拓跋曾两度求庇于贺兰部，而此后拓跋在建立帝业的过程中，不可避免地与势力强大的贺兰部发生矛盾，因此导致其强制分割离散贺兰部。作者认为从北魏历史上看，离散部落是拓跋部落联盟发展为专制国家所不可缺少的一种措施，同时也是一个复杂的过程、一次社会变革。而在贺兰部被离散的一个时期内，部民还是聚族而居，昔日的部落贵族也可能暂时保有某些特权。

他的《〈代歌〉〈代记〉和北魏国史——国史之狱的史学考察》（《历史研究》2001 年第 1 期）为重要成果。该文考察了流传于北魏宫掖与鲜卑贵族间的《代歌》，认为它是拓跋族的民族史诗和道武帝时撰的北魏早期历史《代记》的渊源，而《魏书·序纪》大体是以《代记》为本。辑集《代歌》和修撰《代记》的邓渊冤死，崔浩又死于国史之狱，北魏史官视修撰北魏前期历史为畏途。考察《序纪》的来历，可看出拓跋族面对其民族早期历史的某些问题时陷入的痛苦和窘境，这是中古时期民族融合浪潮中值得重视的一个案例。

李凭《再论北魏宗主督户制》（《晋阳学刊》1995 年第 6 期）就宗主督户制的实施及最终被三长制代替的过程做了分析和描述。作者认为，北魏实行宗主督户制的目的在于羁縻豪强地主、稳定它在中原地区的统治，在前期是成功的，它缓和了拓跋部统治者与地方豪强之间的矛盾，使中原地区迅速地安定下来。但是，宗主豪强势力的膨胀势必会侵及北魏王朝的中央集权和经济利益。在政治上，有些宗主豪强恃强凭险，公开与北魏王朝抗衡。经济上，同北魏王朝争夺赋税与人口。因此，北魏孝文帝时，废除了宗主督户制而代以三长制。

何德章《北魏太和中州郡制改革考释》（《武汉大学学报》1995 年第 3 期）一文就北魏太和十年（486）"分置州郡"与太和十八年

（494）前北魏州郡制改革的情况进行了考察，指出改镇戍为州郡实为太和十年"分置州郡"（即地方行政制度改革）的中心内容。以"分置州郡"开始的州郡制改革，与同一时期三长制设置和均田制的推行有密切关系。镇戍改为州郡的过程就是三长制和均田制推行的过程。各少数民族的部落组织不断瓦解，从事定居农耕，是十六国以来的发展趋势。解散各少数民族的部落组织，将他们变为输纳课调的郡县民，也是不断汉化的北魏政权的最终目标，它表明少数民族已过上稳定的农耕生活。他的《北魏初年的汉化制度与天赐二年的倒退》（《中国史研究》2001 年第 2 期）对北魏天兴、天赐年间整体文化、制度发展的反复做了考证，并从政治文化背景方面解释原因。《鲜卑代国的成长与拓跋鲜卑初期汉化》（《武汉大学学报》2001 年第 1 期）考察了鲜卑拓跋部在幽并边地汉族士人的影响下改变部落形态向专制政体转变的过程。

周兆望《北魏三都大官若干问题考辨》（《文史哲》2002 年第 1 期）认为三都大官在天兴二年（399）即已设立，太和十七年（493）罢废。其职位约与尚书相当，基本职能是断狱判案，是尚书省的重要组成部分，另外还有统兵作战和决策军国大事的职能。三都大官的人选主要是宗室诸王、皇亲国戚，还有强宗豪右和部落大人等。

曹道衡《魏太武帝和拓跋鲜卑的汉化》（《齐鲁学刊》2002 年第 1 期）认为太武帝是实际汉化的开创者，但此时汉化刚起步，受各种力量的制约。

窪添庆文《关于北魏的太子监国制度》（《文史哲》2002 年第 1 期）结合留台制度进行研究，认为明元帝时离京开始设置留台发展为太子一人监国的制度。太武帝时，监国并未被授予军事权，皇帝与监国职权分明。

刘长旭《巫筮图谶与北魏前期的政治斗争》（《许昌师专学报》2001 年第 4 期）讨论了拓跋鲜卑的卜筮习俗和汉族士大夫参政之间的密切关系，并认为巫筮图谶在北魏前期政治斗争中发挥了特殊作用。

刘惠琴《北朝郊祀、宗庙制度的儒学化》（《西北大学学报》2000 年第 1 期）认为北朝的宗庙及郊祀祭祀活动在魏孝文帝之前，多与北方民族固有的宗教信仰、政治生活习惯有关；孝文帝改革，推崇经学，作为儒家礼教重要内容的宗庙、郊祀制度基本得到确认，逐渐完善的分祭、圜丘方丘等郊祀之制呈现儒学化。

张鹤泉《北魏征讨都督考略》（《社会科学战线》2002 年第 4 期）认为征讨都督设置于明元帝泰常年间，具有诏令任命、加将军衔、持节、称号不统一的特点，目的在于加强内征外镇的能力。他的《北魏前期诸王虚封地封授考》（《社会科学战线》2013 年第 1 期）指出，北魏前期国家对诸王的虚封地实行"以郡为国"，既可以是辖区内的实郡，也可以是辖区外的郡或西晋曾设的郡。北魏国家对诸王的虚封郡设太守进行治理，诸王的虚封地既不能在畿内，也不能是诸王的出镇地，汉人诸王的虚封地还实行籍贯回避。

张鹤泉《北魏假爵制度考》（《吉林大学社会科学学报》2009 年第 5 期）指出假爵在北魏初期与正爵同时实行，采用的是正爵的爵称和爵级，国家对假爵的授予、晋级和免除有明确规定，其授予与官员任职紧密结合，并与正爵在晋级上可相互参照，孝文帝爵位改革后，该制被废除。明建《北魏假爵制度考补》（《魏晋南北朝隋唐史资料》2009 年）统计了假爵的实例，补充了该制度的两个特点：假爵与正爵处于同一序列，后来所赐正爵等级有低于原有假爵者，并补充讨论了制度废止的情况。

张鹤泉《论北魏前期诸王爵位继承制度的特征》（《河北学刊》2010 年第 3 期）对北魏前期诸王爵位的继承状况、诸王爵位的嫡长子继承与非嫡长子继承诸问题做了探讨。

高照明《从国史之狱看北魏时期民族融合中的文化冲突》（《扬州大学学报》2001 年第 3 期）从胡汉文化在崔浩身上的冲突探讨了"国史之狱"的原因。史学界关于崔浩被杀的原因多持《魏书·崔浩传》的说法，即崔浩死在他秉笔直书国史上。何兹全《崔浩之死》（《文史哲》1993 年第 3 期）认为，直笔书写国史只是崔浩致死的导火线，主要原因在于他和拓跋贵族的矛盾。

李书吉、赵洋《六镇防线考》（《史志学刊》2015 年第 1 期）认为北魏六镇的设立，是为了在对其他游牧民族管理的同时加强北边防御的一项重要举措。六镇防线的转变，北魏拓跋氏由利用五原秦汉旧长城，兼以定时派兵移防为主的措施，向主动于阴山以北修建"长堑"，安置将兵定居常驻当地的戍防措施转变，则可以说明北魏对于自身文化认同以及国家性质认识的转变趋势。

徐美莉《再论北魏前期尚书制度的置废与变革》（《聊城大学学报》2013 年第 2 期）重新审视了北魏太祖皇始元年（396）至天赐二年（405）尚书制度的建设、变革与存废，指出太宗时期尚书依然存在，且世祖即位之初就拥有一个建制基本完整的尚书制度，世祖时期对尚书制度的变革使之成为与魏晋制度迥异的体系。

刘军《北魏"天赐十王"考辨》（《南京晓庄学院学报》2013 年第 2 期）从天赐十王的人事构成、天赐十王法理缺陷的弥合、天赐十王的身份特点和地位差别、天赐十王与道武帝的政治理念这几个方面对该问题展开了讨论。

史卫《北魏前期内外朝概念之再检讨》（《许昌学院学报》2013 年第 1 期）指出，内朝和外朝的划分是宗室和异姓的血缘区分在行政系统上的体现，而内侍之官则是源于部落首领的扈从队，与内朝并不等同。

严耀中《关于北魏"三刺史"制度的若干诠释》（《学习与探索》2009 年第 5 期）以为此制主要实行于北魏前期的缘边和战略要地等驻扎禁军的地方，除设两汉人刺史"对治"外，其领兵之将兼任当地刺史，从而形成"三刺史"。

刘军《试论北魏明元帝的复位》（《牡丹江师范学院学报》2009 年第 5 期）指出明元帝的复位之争是代北拓跋氏内乱的延续，具有十分复杂的部落背景，对北魏早期社会的发展产生了深刻影响。

毋有江《道武帝之后北魏在新占地区的政区设置》（《中国史研究》2010 年第 3 期）探讨了北魏在灭亡后燕以后国家在空间上的快速成长过程。

常倩《论北朝皇后多干政现象》（《北朝研究》第六辑，2008 年）探讨了此期皇后制度的特点。王爱民《北魏立皇后铸金人占卜习俗考论》（《滨州学院学报》2010 年第 2 期）对北魏立皇后时"铸金人"以占卜吉凶习俗的时间、参与者身世、原因进行了考证。

杨龙研究了北魏前期汉族士人的活动，《北魏前期汉族士人的社会交往初探》（《史学集刊》2012 年第 4 期）认为此期汉族士人虽然在政治上受到较大的限制，但仍通过社会交往形成身份认同并获得有效的政治资源。平城成为汉族士人社会交往的中心，以崔浩为中心的社交网络和青齐地区汉族士人的交往是其社交的基点；《北魏道武帝时期的汉族士人》（《贵州社会科学》2012 年第 5 期）则指出这一时期以文化见长的汉儒尚缺乏发挥才能的空间。

论述北魏早期政治的还有黄省非《略论北魏统治中原的几个问题》（《浙江学刊》1986 年第 6 期）、曹文柱《北魏明元太武两朝的世子监国》（《北京师范大学学报》1991 年第 4 期）、张旭华《试论北魏前期的奴隶主贵族官职世袭制》（《郑州大学学报》1997 年第 4 期）等。

（二）经济政策

薛振《论北魏均田制产生的社会原因》（《北京联合大学学报》1997 年第 2 期）一文认为，均田制与拓跋部内部的社会经济发展有关，也与当时中国北方社会的经济政治条件密切相关。认为公元 451 年侵宋战争后，北魏社会经济由掠夺性经济迅速转入农业经济，促使社会内部矛盾激化，各种矛盾交错影响汇成一个总的力量，均田制实行是内在必然。

黄云鹤《均田制与北朝妇女》（《许昌师专学报》1994 年第 1 期）、《北朝妇女的经济地位初探》（《松辽学刊》1994 年第 3 期）则从经济角度进行了研究，认为北魏均田制带有浓厚的原始社会色彩，平均主义波及妇女、北方有大片荒芜土地、战乱打破了儒学一统天下的局面、北方思想较为开放等原因导致了妇女受田。妇女受田意味着她们经济上的独立。妇女成为当时社会生产的一支生力军，为经济发展、社会进步做出了贡献。中国古代女权在北朝达到鼎盛。

李宝通《北魏太和十二年李彪屯田史实略考》（《中国经济史研究》1998 年第 1 期）考察了北魏初至太和年间屯田设置的渊源流变，认为北魏前期屯效最著者当数薄骨律镇刁雍所修之水田。李彪屯田兴置于西北，时间是太和十二年(488) 和次年八月。屯田经济对发展西北农业有巨大作用。屯田的生产者来源有迁移民户、国家编户亦即州郡户，此后，屯民实已构成诸镇"镇民"的主体。中原地区与西北边镇均田与屯田的异轨，应可视为北魏末年"六镇起义"的基本原因。

杨勇《北魏均田制下产权制度变迁分析》（《史学月刊》2005 年第 8 期）结合新制度经济学的有关理论，对均田制中的土地产权进行了分析。

张丽《论北魏均田制的性质》（《边疆经济与文化》2007 年第 3 期）详细叙述了我国北魏时期就已存在的重要土地制度——均田制。

张承宗、朱慈恩《论北魏前期的"新民"》（《山西师范大学学报》2001 年第 3 期）认为北魏前期的"新民"是指在北魏统一北方的过程中被北魏迁往京师平城及其附近地区的人民，到后来新民的含义扩大为新附之民。北魏在新民中实行计口授田制度加速了北魏封建化的进程。

赵向群《北魏太武帝时期的西域经济战略》（《文史哲》2002 年第 3 期）认为太武帝在未占领西域以前以结好西域和致奇货为目的，而后又以占领河西"丝绸之路"毕其功，对北魏经济的发展和国家的繁荣带来重大而深远的影响。

高敏《有关北魏前期百官无禄制的两个问题》（《历史教学问题》2004 年第 1 期）和徐美莉《也谈北魏前期"百官无禄"之原因》（《史学月刊》2004 年第 3 期）分别对北魏前期"百官无禄"的状况以及向俸禄制的过渡进行了研究。翟桂金《北魏爵禄制度研究》（《许昌学院学报》2004 年第 6 期）也考察了北魏爵禄制的实施背景和颁行过程，并阐明了爵禄制下封君的权益。

李书吉《北魏前期的经济形态和社会性质——兼论北魏模式》（《中国经济史研究》2002 年第 2 期）认为拓跋族在南迁过程中经历了由部落、酋邦、国家三个形态的转化。在孝文帝改革前北魏社会性质是带有浓重的家族残余的不成熟的奴隶制向封建制过渡的阶段。孝文帝改革创造了一种由游牧社会转变为农耕社会，由氏族酋长制转变为封建社会制度的模式。这个模式在多民族的中国极富典型性。从汉到唐，中国封建社会两个发展高峰之间的主脉是以孝文帝改革带动的北朝的一系列社会改革和这些改革后所形成的一系列社会制度。

史卫《北魏平城政权动态的财政平衡》（《青海师范大学学报》2004 年第 3 期）认为平城政权主要通过"以支定收"实现财政平衡，着重分析了军费和官俸是如何通过自我消化来完成平衡的。

张敏《北魏前期农牧关系的演变》（《许昌学院学报》2005 年第 4 期）分析北魏前期拓跋鲜卑从以游牧为主转向农耕为主的原因，并指出当时畜牧业仍在社会生产中占很大比重，认为这与军事需要和饮食习惯密切相关。

（三）北魏孝文帝改革

关于北魏孝文帝改革，大多数学者给予高度评价。马德真《论北魏孝文帝》（《四川大学学报》1963 年第 1 期）一文认为，孝文帝积极推进改革，促进了北魏经济的发展和社会的进步，对于民族融合做出了贡献，既是鲜卑族杰出的政治家，也是我国历史上一位有远见卓识的改革家。但陈汉玉《也谈北魏孝文帝的改革》（《中国史研究》1982 年第 4 期）认为，孝文帝改革的积极意义远不及消极作用为多，其文治和汉化路线，加速了北魏国家和鲜卑民族的衰亡。陈汉玉还主张把改革划分为两个阶段，前期是由冯太后领导的，主要进行了均田制和三长制的改革；后期由孝文帝主持，主要是确立儒家礼教的地位，以实现北魏的汉化。冯君实《对近年来"孝文改制"研究的评议》（《东北师大学报》1985年第6期）对此表示异议，认为孝文帝在立三长制、行均田制的时候即已参政，后期的改革也是冯太后改革的原班人马。因此后期的改革只是前期政策的延续和发展。讨论类似题目的论文还有王景阳《北魏孝文帝的改革及其影响》（《中学历史教学》1982年第4期）、孙祚民《略论北魏太和改制的几个问题》（《山东社会科学》1987年第1期）以及蒋福亚《魏孝文帝迁都得失议》（《民族研究》1983年第3期）、孙如琦《孝文帝的改革并未完成北方的民族融合》（《杭州大学学报》1989年第4期）等。

刘精诚发表了《魏孝文帝的法制思想和法制改革》（《中国史研究》1993年第2期）、《魏孝文帝与宗教》（《华东师范大学学报》1993年第5期）两篇文章。前文认为孝文帝在法制方面具有重视法治、不徇私情、直情折狱减轻刑罚、提高司法人员素质等思想，在法治中宣扬儒家思想。孝文帝在法治方面还进行了一系列改革，他统治时期刑罚相对减轻，社会比较稳定，吏治改善，社会阶级矛盾相对缓和。孝文帝的法治改革是其他各项改革的重要保证。后文认为孝文帝崇尚佛教，他统治时期佛教有很大发展。他也重视道教。但孝文帝对图谶、巫现、卜筮等活动持限制和排斥态度。总之，孝文帝重视宗教，他在位时期宗教兴盛。

杨维荣《魏孝文帝改革思想散论》（《宁夏大学学报》1993年第1期）认为，魏孝文帝领导了汉化运动，在此过程中形成了具有特点的改革思想：尊崇儒学，始终以儒学作为太和改革的指导思想，吸收了儒学中"君权神授"理论和德治理论；推行汉化，既着眼于北魏国家的整体利益，又围绕着提高民族素质，注重实践，其改革思想一直与改革实践密切结合。孝文帝身边有人数众多的改革集团，在改革中他注意策略，采取自上而下的行政手段推行改革措施。孝文帝的改革思想保证了太和改革的成功，也为古代思想宝库增添了新内容。

赵玉钟、孙玉勤《论冯太后在北魏太和年间的汉化改革》（《山西师范大学学报》2002 年第 4 期）认为在北魏太和年间的汉化改革中，冯太后的作用贯彻始终，主持了重要的汉化改革，对她应予以全面的肯定。

高昇记在《试论北魏孝文帝定姓族》（《山西大学学报》1995 年第 1 期）一文中指出，孝文帝在太和十八年（494）改拓跋氏为元氏，并用法令的形式、区别姓族的办法，将已经在社会中存在的等级现象进一步制度化，制定了当时社会的等级门阀制，这在中国历史上是唯一的一次。孝文帝定姓族、建立门阀使鲜卑士族与汉族士族进一步合流，从根本上消除了鲜卑氏族制残余，对其封建化和民族融合起了催化剂的作用，并使鲜卑贵族在政治上、经济上的特权地位得以保证，从而使他们的社会地位得到提高。

朱兴和《略论北魏孝文帝改革中的朝议》（《上海师范大学学报》2004 年第 2 期）认为朝议的形成和发展源于北魏早期的历史变迁和孝文帝的主观努力，朝议主流观念来自汉文化，推动了改革深入发展。

罗新《说北魏孝文帝之赐名》（《文史》2011 年第 3 期）将北魏孝文帝赐名置于代北集团华夏化的历史背景下观察，指出孝文帝赐名对象不局限于代人，还包括一部分华夏人士，此举反映了太和姓、名改制本身并非单向度的"汉化"或"华夏化"，而是孝文帝为北魏王朝争取正统地位所进行的诸多重塑华夏传统的文化建设之一。

对孝文帝平城改革中一项重要内容三长制的研究，薛瑞泽《北魏邻里关系研究》（《中南民族大学学报》2002 年第 4 期）认为北魏中央政府规范邻里关系的政策是三长制，三长在邻里关系发展中起着重要的作用。

侯旭东《北朝三长制四题》（《中国史研究》2002 年第 4 期）从四个方面对北朝的三长制进行了探讨，首先，进一步证实三长制确立于北魏太和十年（486）。其次，依据《魏书·地形志》记载的太和十年至十四年（490）州郡县的设置变动，考证出初立三长制时朝廷搜刮民户达 60 万口，并试图揭示三长在这方面的具体贡献。再次，三长制在京畿地区称"三正"、外州称"三长"的制度并未严格执行。最后，指出当时的三长的实际负担沉重，对当地豪强的吸引力不大，三长在乡村生活中的地位不高。

王永平《北魏孝文帝之南征战略及其相关争议考论》（《学术研究》2013 年第 3 期）指出，孝文帝即位之初、冯太后主政时期，北魏已经基本确立了征服南朝的军事战略，孝文帝亲政后不断谋划并发动对南朝的战争，并迅速迁都洛阳，然而针对孝文帝南进战略，不同人群则存在分歧与争议。他的《北魏孝文帝太子拓跋恂之死及其原因考析》（《史学集刊》2013 年第 1 期）认为，年仅十多岁的太子恂之所以反感迁都洛阳与汉化变革，主要在于代北保守势力企图利用其太子身份制造武装割据和分裂，与此相关，太子恂之死也与一些汉族人士力图根除鲜卑保守势力复辟隐患的政治态度有关，太子恂被黜还与孝文帝后宫中皇后更易及其斗争直接相关。

李凭《北魏文明太皇太后与孝文帝》（《山西大学学报》2012 年第

3 期) 认为文明太后冯氏对孝文帝心存猜忌，对之多设监视加以压抑。对冯氏的反抗心理，成为孝文帝当政后迅速迁都洛阳和重组政权的催化剂。他的《北魏太和之初的双簧专制》（《学术研究》2012 年第 7期）指出，北魏太和之初政坛呈现文明太后与孝文帝"二圣钦明"的格局，实质却是文明太后与宠臣王叡勾结成双簧专制，这体现了文明太后的一圣统治；另一篇《襄助北魏孝文帝迁都的三位关键人物》（《江海学刊》2012 年第 3 期）指出，尚书李冲、任城王拓跋澄和皇后冯氏分别是汉族士族、拓跋宗室和皇室中最有权势和能力的人物，他们在孝文营构新都、动员与组织迁徙的活动中发挥了关键作用。孝文帝重用他们，是为了达到藉迁都事件分化平城旧政治集团的目的。

李克建、陈玉屏《再论北魏孝文帝改革——兼谈改革对民族融合规律的启示》（《黑龙江民族丛刊》2007 年第 2 期）认为孝文帝改革将北魏的民族融合进程推向了历史的新高潮，但改革措施具有明显的"强制汉化"的特点，鲜、汉民族融合进程中呈现出"捏合"的现象在一定程度上加速了北魏的灭亡。

（四）北魏平城研究

李凭《北魏平城时代》（社会科学文献出版社，2000 年）将北魏前期政治史的研究，以首都平城为中心逐步展开，依时间顺序分四章作纵向探索，准确清晰地勾勒出它的变迁轨迹，专注于发掘能够反映平城时代特点的突出事件，诸如离散诸部、清河王弑父、太子监国、子贵母死、乳母干政、宗主督护等，对它们进行深入的考证，自始至终围绕着拓跋部落本身的社会文化特征和汉族文化对其产生的曲折作用这两个影响平城政权发展的重要方面，被考察的虽然是北魏平城政权封建化的历程，但其意义却成为探索中华民族形成过程中汉族与游牧民族相互影响与融合规律的重要一例。

高平《拓跋魏往京师平城大规模迁徙人口的数字、原因及其影响》（《北朝研究》第 1 辑）认为拓跋魏为了加强统治、发展生产、扩充兵源，迁往平城的人口有 120 余万，对北魏社会的政治、经济、军事、文教、科学都产生了重要影响，促进了北魏的民族融合和封建化进程。

张旭华、王海燕《魏晋南北朝时期北方商业都会的兴衰》（《许昌师专学报》1998 年第 2 期）具体考察了北方五个著名商业都会即洛阳、长安、邺、平城、晋阳的兴衰史，指出北方的商业都会也因战乱的影响时盛时衰，兴废无常，经历了极为曲折的发展道路。

孙靖国《中古时期桑干河流域农牧环境的变迁——兼论北魏为何定都平城》（《南都学坛》2012 年第 3 期）指出，汉末以来桑干河南保留或恢复了不同程度的农耕经济，北部则完全畜牧和狩猎化。平城地处代北鲜卑国人聚居区，是拓跋故地进入桑干河流域的三条主要陆道居中者，定都于此便于沟通草原游牧社会与中原农耕区域，控制整个桑干河流域乃至华北地区。

殷宪《北魏平城营建孔庙本事考》（《学习与探索》2012 年第 4 期）指出，北魏王朝初都平城便建太学并于其内祀孔，太和十三年（489）又在太学之外另立孔子庙，太和十六年（492）改谥宣尼为文圣尼父，并封孔子后裔奉祀。后又于曲阜孔庙所在兖州及全国各州郡修缮、设立孔子庙并祀以常礼。他的《北魏〈申洪之墓铭〉及几个相关问题》（《山西大同大学学报》2010 年第 1 期）就大同出土的《申洪之墓铭》出土和拓本的流布、墓主的身世和官职等情况做了论述，对北魏平城时期的书法进行了评价。《盖天保墓砖铭考》（《晋阳学刊》2008

年第 3 期）对大同地区发现的北魏盖天保墓主人的籍里、官职、北魏平城的地理位置进行了考证。

逯耀东《从平城到洛阳——拓跋魏文化转变的历程》（台北联经出版社，1986 年）、任重《平城的居民规模与平城时代的经济模式》（《史学月刊》2002 年第 3 期）对平城的规模、平城时代的经济模式及二者之间的关系进行了研究。

操晓理《北魏平城地区的移民与饥荒》（《首都师范大学学报》2002 年第 2 期）认为北魏前期大规模的移民实京对平城地区有积极作用，但也造成了很大的消极影响，引起饥荒。

王银田《北魏平城的佛寺——从日本东京书道博物馆藏北魏神四年造塔记砖谈起（《学习与探索》2010 年第 3 期）根据对"北魏神四年造塔记砖"的释读，考证了北魏平城的佛寺。

（五）民族冲突与融合

李书吉《拓跋魏代北史实拾遗》（《学习与探索》2010 年第 3 期）指出，拓跋鲜卑以代北三都为据点形成与平阳对峙的局面，而实际的对抗也是明显的。自刘渊起兵以来，拓跋部就与刘琨结成了较为坚固的同盟，从而才使刘琨得以长时期据并州与二赵抗衡。

钱国旗《北魏统治集团民族界限的淡化及其对鲜汉民族融合的影响》（《青岛师专学报》1994 年第 1 期）认为，随着拓跋鲜卑封建化、汉化的不断深入，特别是由于孝文帝时期一系列汉化改革措施的强力制约，统治集团内部的民族界限日渐淡化，对民族融合起着方向性的引导作用。这种自上而下的影响，在一定程度上决定了民族融合的历史方向，并加快了民族融合的客观进程。而下层各族人民在共同反抗北魏政权的斗争中也联合一体，促进了融合。

孔毅《北魏前期北方世族"以夏变夷"的历程》（《中国史研究》1998 年第 2 期），从北魏前期北方世族为保留汉族文化而实行诸多有利于民族融合的措施这一角度探讨了民族融合的另一种方式：由于拓跋鲜卑是进入中原各少数民族中开化最晚者，北魏前期的统治者对汉文化及其传承者——北方世族形成一种本能的猜忌、怀疑乃至敌视的心态。在此形势下，北方世族将复兴经学作为保存民族文化精华的心理防线和精神屏障，并被迫投身于北魏政权，走上了"以夏变夷"的道路。北方世族一系列"以夏变夷"的努力，也成为孝文帝改革前民族大融合进程的巨大推动力。

王万盈《论拓跋鲜卑民族的形成》（《北朝研究》1997 年第 1 期）认为拓跋民族形成的重要因素是迁徙和征服。从推寅将北部鲜卑自嘎仙洞南迁至"大泽"到拓跋定都平城，拓跋鲜卑经历了四次大规模迁徙。这种活动绝非简单、盲目，而是为求得自身的进步和发展。大迁徙的本质结果，是促进了北方民族融合的发展和拓跋鲜卑民族的形成。与此同时，拓跋鲜卑征服了其他许多民族，对其组织管理则促使国家机关出现，而国家的出现则是民族形成的产物。

王尚达《匈奴与拓跋鲜卑历史的不同及其原因》（《社科纵横》1997 年第 1 期）将匈奴与拓跋鲜卑历史发展进行比较，认为二者的区别主要表现在三个方面，分别为经济生活不同、社会制度不同、社会组织和国家政权不同。

王静《北魏四夷馆论考》（《民族研究》1999 年第 4 期）考证了北魏四夷馆的大体位置及建置时间，指出四夷馆主要驻留归魏的南朝人士、边夷侍子和朝贡使者、周边民族首领及商胡等，其设置为各民族间进行经济文化交流提供了机会，体现了北魏民族政策的开放性，并对隋、唐四方馆制度产生了深远影响。

姚宏杰《参合陂之役前燕魏关系略论》（《淮阴师院学报》2000 年第 1 期）认为，后燕与北魏之间在争夺贺兰山部众问题上发生矛盾，导致参合陂战役的爆发，结果魏胜燕败，北魏因此迈出了日后称雄北方的关键一步。

高凯《从性比例失调看北魏时期拓跋鲜卑与汉族的民族融合》（《史学理论研究》2000 年第 2 期）认为，拓跋鲜卑与汉族交往、血缘交融的最重要、最关键时期应是拓跋魏正式确立至孝文帝迁都洛阳之前的 100 多年时间，拓跋鲜卑从上到下广泛地同北方汉族百姓结为婚姻，不仅解决了拓跋鲜卑正常的种的繁衍，而且使得鲜卑在与汉族百姓的融合过程中提高了自身的汉化程度，促进了北魏社会的文明程度，淡化了民族仇恨情绪。

安介生《也论北魏前期的民族融合与政权建设》（《中国史研究》2002 年第 4 期）认为北魏前期拓跋鲜卑统治者大力选用汉族士人，鲜汉矛盾渐剧的说法不能成立，北魏前期政治是鲜汉共同努力的结果。

李凭《魏燕战争以后的北魏与高丽》（《文史哲》2004 年第 4 期）研究了北燕灭亡至延兴年间北魏与高丽的关系，指出频繁的使节交往和北魏遵循不介入高丽与百济间矛盾的原则，促使双边关系由冷漠走向缓和发展，为孝文帝朝与高丽的友好关系做了铺垫。他的《民族融合与制度革新——十六国北魏的历史轨迹》（《学习与探索》2009 年第 5 期）宏观论述了十六国北朝历史变动的轨迹、特点与地位，特别阐释了制度创新对北朝民族融合的深刻影响。

姜维东《〈后魏孝文帝与高句丽王云诏〉中所见魏、丽形势及双方关系》（《史学集刊》2006 年第 6 期）考察北魏颁发该诏的时间与目的，诏书反映的魏、丽国内形势，及孝文帝时北魏与高句丽关系等几个问题。金锦子《论百济与北魏的关系——以百济的上表文为中心》（《东疆学刊》2006 年第 4 期）从分析百济上表北魏的战略意图来揭示两国间的关系，并考察两者间关系对东亚国际格局的影响。

王新文《魏晋北朝时期山西民族融合表现及原因》（《沧桑》2007年第 5 期）论证了民族融合发展的原因是山西独特的地理条件以及内迁各族主动的政治文化改革。

三、晋阳地位研究与东魏、北齐时的山西

晋阳在魏晋北朝时期因其特殊的地理位置，成为军事重镇和交通枢纽，汪波《东魏北齐时期的晋阳交通贸易》（《晋阳学刊》1998 年第 4 期）认为，东魏、北齐时期，晋阳的对外交通非常发达，晋阳通往邺都、洛阳、长安、平城等地的路线繁忙异常，因其交通发达和特殊的地位，晋阳的贸易也很繁荣。交通发达、贸易繁荣促进了经济、文化的发展，晋阳在历史上有着极其重要的作用。她的《魏晋北朝并州地区研究》（人民出版社，2001 年）对魏晋南北朝并州地区的人文、宗教、政治形势及其演变等做了全面研究，对并州在魏晋北朝时期的政治形势演变及其特点和原因三个层次进行了分析，以当时整个历史空间作为参照系，探讨了魏晋北朝地域政治与中央政治的双向关系以及北方民族融合的进程，从一个新的视角对魏晋北朝一些重大历史问题提出了自己的见解。

崔彦华《晋阳在东魏北齐时的霸府和别都地位》（《晋阳学刊》

2004 年第 3 期）指出晋阳以其优越的地理、军事、经济等条件成为东魏北齐时期的霸府和别都。她的《魏晋南北朝陪都研究》（三秦出版社，2012 年）和《"邺—晋阳"两都体制与东魏北齐政治》（《社会科学战线》2010 年第 7 期）以及殷宪《平城史稿》（科学出版社，2012 年）考察了"邺—晋阳"两都制的形成及其对时局的影响。

陶贤都《高欢父子霸府述论》（《青岛大学师范学院学报》2006 年第 1 期）考察高欢父子霸府的机构及运转方式，以此认识高欢父子如何通过霸府来顺利完成东魏、北齐更替。

张文俊、靳晓鹏《北齐别都晋阳城初探》（《山西师范大学学报》2010 年第 4 期）指出晋阳"别都"地位的取得主要是其地理环境等多种因素共同作用的结果。

李书吉、崔彦华《北齐陪都晋阳与欧亚大陆经济文化交流》（《中国经济史研究》2009 年第 2 期），魏晋南北朝时期，山西是民族融合的主要舞台。从十六国到北齐，平阳、平城、晋阳依次为少数民族建立的 3 个都城，顺序成为 3 个民族融合的中心，最后此中心固定在晋阳，诸多改革由此发端。东魏称"霸府"，北齐正式建为陪都。北齐的邺城—晋阳，隋唐的长安—晋阳，五代时的洛阳—晋阳、开封—晋阳，皆为中古时期都城建制的范式，有极为重大的意义。由于北齐时期陪都地位的奠定，晋阳的经济取得了长足发展，北方贸易中心的地位逐步奠定。此时期晋阳与欧亚大陆的经济文化交流也呈现出欣欣向荣的景象，晋阳地区许多的考古发掘都是这一时期中西方文化交流互动的实物证据。

靳生禾、康玉庆《晋阳古城之文化积淀及其历史地位》（《山西大学师范学院学报》2002 年第 2 期）认为晋阳的历史年龄已有 2499 年，晋阳兼称太原则已有 2249 年了。战国赵、十六国前秦、北朝东魏、北齐、唐、五代后唐、北汉七朝都或别都，向为中央肩背而国家安危兴亡所系及其"表里山河"天下独有之地理形势；地处古来华夏族旱地农业文化与戎狄游牧族草原部落文化接合地带，是以为民族融合之会归。

李书吉、孙方圆《从新出土资料看太原在北朝时期的民族熔炉地位》（《光明日报》2009 年 2 月 1 日）一文中指出，狄湛墓、虞弘墓所出的材料可见，北朝时期的太原确实无愧于"民族熔炉"的定评。在战争频繁的历史时期，甚至于出现民族仇杀的血腥场面，但在这错综复杂、曲折往复的历史长河之中，不同民族的交流与交融，仍然是历史的主旋律。北朝民族斗争与民族融合的历程，对后世的民族观念、民族政策的影响深远。

侯旭东《北朝并州乐平郡石艾县安鹿交村的个案研究》（《史林》2005 年第 1 期）利用石刻及文献资料，考察安鹿交村居民的来源与构成，从造像活动看村民生活。安鹿交村在北朝时期属于并州乐平郡石艾县，村民由土著与河东郡的移民构成。东魏北齐时约有村民 205 人，至少有 29 个姓氏，首姓"卫"氏可能来自河东郡。村内的主要组织是家庭，一般为 4~5 口之家，未见宗族。因佛教而生的"邑义"很活跃。村内没有统一的、能动员起全部村民的组织，这种状况或在于村民包括不少移民，缺乏很强的凝聚力。该村居民在隋代以前均为平民，到隋初方有人跻身县吏。

宋杰《两魏周齐战争中的河东》（中国社会科学出版社，2006 年）一书则论述了河东地区在经济、地形、水文、交通等方面的历史特点及其对两魏周齐战争的影响，并从战略地理的角度分析了两魏周齐战争。

殷宪《北齐〈张谟墓志〉与北新城》（《晋阳学刊》2012 年第 2 期）认为今朔州市梵王寺村之古城即北魏之平齐郡、北齐之北新城镇和北朔州，还可能是拓跋猗卢南移的小平城。

四、北朝山西社会文化

有关山西北朝时期社会文化方面的研究主要集中在山西士族、文化、艺术、佛教、婚姻、家庭等方面。

（一）山西士族

范兆飞《论北魏太原士族群的集体复兴》（《社会科学战线》2012年第 1 期）指出北魏太原士族群体的姻亲大多是四姓家族和强宗，姻亲成员多有治理并州的仕宦经历。太原士族的婚姻既有家族利益发展的实际需求，也有北魏朝廷控御地方的政策烙印。北魏太原士族群的沉浮，代表了汉人家族在异族统治下的基本命运。

程裕祯的《河东裴氏论略》（《山西师范大学学报》1994 年第 2 期）指出，河东裴氏之所以活跃于中国的政治历史舞台达 800 年之久，一方面是魏晋南北朝盛行的门阀制度为那时的名门大姓营造了一个最适宜生存和发展的社会环境；另一方面靠的是裴氏族人"博识多闻""自幼好学"的文化底蕴，他们在促进民族间的交流、维护国家的稳定和发展、丰富中国的学术文化等方面做出了巨大贡献。

李永康、张彩琴《闻喜裴氏家族兴盛原因探讨》（《学术论丛》1996 年第 4 期）一文，探讨了闻喜裴氏家族兴盛的原因。裴氏家族发展于魏晋，盛于隋、唐，是隋、唐时期最有政治势力的家族之一，这与很多大家族在南北朝以后逐渐衰落的趋势形成很大反差。他认为，客观原因是这个家族是阀阅士族，从政机会多，是地方上的政治精神领袖，同历代皇室和其他权贵名士联姻；内在原因是其家族十分注重品德的修养，其家族多廉官，家族成员以孝悌行事，具有浓厚的修齐治平思想，裴氏家族注重真才实学的培养，使家族充满活力。

韩树峰在《河东裴氏南迁述论》（《中国史研究》1996 年第 2 期）指出，河东裴氏南迁地区不是流民量大、流民大姓活动比较频繁的荆雍及青徐地区，而是豫州地区，寿阳裴氏是其代表。河东裴氏著籍寿阳，在宋末齐初，因其南渡较迟，为清途所隔，不得不以将略武功求显达，失去了其先祖玄谈风流的特征，具有豪族色彩，在淮沔有较大的影响和势力，由此受到南朝政府和本地官吏的重视。流民大姓也正由于这种影响和势力，往往为政府所疑忌。他的《河东柳氏在南朝的独特发展历程》（《中国史研究》2000 年第 1 期）认为河东柳氏凭借显赫战功进入刘宋中央政权，在南齐实现由武入文的转化，进入高级士族行列，萧梁时婚宦与王谢并驾齐驱。此后柳氏依然保持了勇武善战的特长，并与高门士族独有的高贵文化素质融为一体，成为在南朝渡江甚晚却最终跻入一流士族的地方豪族。

周征松《魏晋隋唐间的河东裴氏》（山西教育出版社，2000 年），以从社会历史的发展来看河东裴氏的历史，又以河东裴氏的历史来反映社会历史的研究方法，充分搜集和利用传统历史文献，尤其是第一次利用了传世的家谱文献和大量的碑刻墓志史料，是一部河东裴氏家族史专著。本书在河东裴氏的得姓之由、河东裴氏历史发展的阶段性划分、河东裴氏诸人物的评价方面，都具有独到的见解。

王其祎、周晓薇《新出北齐聘高丽使主〈裴遗业墓志〉疏证》（《北京文物》2012 年第 2 期）认为新出《裴遗业墓志》不仅揭示北齐王朝与高丽国的关系，亦可与山两襄汾出土的裴良父子四人的墓志互为补充，进一步梳理裴氏中眷房万虎支的家族世系脉络。

李浩《"关中郡姓"辨析》（《历史研究》2000 年第 5 期）认为唐人柳芳论姓族时将河东望族薛、裴、柳三氏列入关中郡姓，是对三大河东势力与关陇集团结合历史的认可，因为河东地近京畿，自西魏北周以来就是关陇集团的直接控制区，三姓从北魏开始，历仕魏齐周隋，簪缨冠冕，代不乏人，他们加盟关陇集团，成为其核心人物，遂使东西力量对比发生重大倾斜，从柳芳对关中郡姓韦、裴、柳、薛、杨、杜的排列次序看，也包含着与关陇集团的亲疏远近。

张琳《南朝时期侨居雍州的河东柳氏与京兆韦氏发展比较》（《武汉大学学报》2000 年第 3 期）通过二姓与宗族乡里的疏密关系，研究其不同的政治命运。

周伟洲、贾秦明、穆景军《新出土的四方北朝韦氏墓志考释》（《文博》2000 年第 2 期）通过对在长安县北原出土韦氏墓志所载韦氏事迹及婚姻的考证，认为京兆韦氏及其姻家河东柳氏均系名门望族，反映出魏晋南北朝隋唐时期各高门大族相互联姻的社会风气。

朱林芳《太原王氏被列为北魏四姓的原因》（《兰州学刊》2007 年第 4 期）对太原王氏能够成为北魏四姓的原因进行了分析。北魏太和年间，孝文帝进行了一系列的汉化改革，其中重要的一项就是定姓族，用法律的手段来规定门阀序列。太原王氏由于先世的冠冕和通过婚姻确立的政治联盟体，借助孝文帝"定姓族"这一契机，得以成为"四姓"之一。

梁静《中古河东薛氏门风述略》（《晋阳学刊》2008 年第 1 期）、范兆飞《魏晋之际的党派分野和士族升降——以淮南三叛中的太原士族群为中心》（《复旦学报》2009 年第 5 期）认为魏晋嬗替过程中士族的政治动向乃至家族内部不同成员的政治意见，决定了该家族在中古时期的社会声望和政治地位。范兆飞《西晋士族的婚姻网络与交游活动——以太原士族为中心的考察》（《南都学坛》2009 年第 5 期）揭示了士族婚姻选择层面的扩展、交游方式的多样化与网络化趋势以及交游范围对民族界限的突破。

（二）文化、艺术、佛教

杜斗城《试论北凉佛教的影响》（《民族研究》1997 年第 4 期）认为，在十六国政权中，北凉佛教对外影响更大，直接影响了北魏的佛教管理和某些制度的制定，导致了云冈石窟的开凿。

王记录《北朝史学与北朝政治》（《烟台师范学院学报（哲学社会科学版)》1997 年第 1 期）认为，北朝史学特点在于修前代史衰落而重视当代史修撰、民族史学迅速发展，直书、曲笔对立尖锐。这与北朝政治密切相关。北朝阶级、民族矛盾制约着历史学的发展，使北朝史学带有与南朝不同的倾向。

朱维铮《王沈〈魏书〉的考证》（《复旦学报》2013 年第 2 期）厘清了曹魏时代仅有的官修"国史"——《魏书》的编纂过程与王沈的相关度，并藉以略窥魏晋史官初设时期的实相；考察了王沈参与编撰《魏书》的时间很长但独成其事的时间很短的原因。

张宇《裴松之〈三国志注〉中的史学批评》（《辽宁大学学报（哲学社会科学版)》2013 年第 5 期）将裴松之的史学批评归纳为三个方面，指出裴松之主要是从史文的繁与简、烦与省以及文与质等方面对一些史著提出批评。张瑞龙《从经注与史注的变奏看裴松之〈三国志注〉的学术史地位》（《史学月刊》2004 年第 6 期）认为裴注是在承袭总结魏晋以来史学研究和史注的成果，并继承经注长处的条件下出现的。

胡宝国《〈三国志〉裴注研究》（《中国社会科学院历史研究所学刊》第一集）研究了《三国志》裴注出现的背景。

唐燮军《也论裴子野的〈宋略〉》（《史学史研究》2002 年第 3 期）认为《宋略》作于永元二年（500）五月之后，成书于天监三年（504）之前，散佚在两宋之际。陈红梅、周斌《〈宋略〉散佚年代考》（《史学史研究》2002 年第 3 期）则进一步考证，认为《宋略》散佚的年代是南宋绍定四年（1231）或景炎元年（1276）。

李梅田《北朝墓室画像的区域性研究》（《故宫博物院院刊》2005年第 3 期）分析了云代、洛阳、邺城—晋阳、关中、青齐五个地区北朝墓室画像的特征及区域文化互动和嬗变情况。韩小囡《论北朝墓壁画的艺术风格》（《中原文物》2005 年第 3 期）对北朝壁画墓进行分期分区的基础上，从题材选择、人物造型和线条特征等方面具体分析了北朝墓壁画的艺术风格。

陈悦新《佛装概念与汉地佛装类型演变》（《文物》2007 年第 4期）通过仔细观察石窟造像正、侧面以及单位造像正、侧、背面的情况，了解佛装着衣层次和走向并进行摹绘。在前人研究基础上，探究佛装的基本概念和新疆以东的汉地佛装主要类型及其演变，包括云冈石窟佛装。

王银田、王晓娟《东魏北齐墓葬壁画中的莲花纹》（《北方文物》2010 年第 1 期）总结了东魏、北齐墓葬壁画中莲花纹图案的基本特点。

王贵祥《佛教初传至西晋末十六国时期佛寺建筑概说》（《中国建筑史论汇刊》2012 年第 1 期）对从东汉初佛教传入中国至西晋及晋末

十六国时期，北方地区佛教传播与寺院分布做了一个较为全面的梳理与研究。

王继训《北魏太武其人及灭佛其事》（《西北大学学报》2012 年第 2 期）认为应该从太武的性格、精神来分析灭佛事件。

许栋《试论北魏冯太后与佛教》（《延安大学学报》2012 年第 2 期）认为文明太后冯氏一方面利用佛教巩固统治，表达对故国的思念，另一方面则通过检校僧尼、禁止僧人自行游历村落等政策，使佛教不至于过度发展。许栋、杜斗城《论北魏太武帝与华北乡村佛教的发展》（《求索》2012 年第 10 期）认为太武帝的限佛、灭佛政策迫使僧人转入北魏统治较为薄弱的乡村地区活动，使佛教在华北乡村发展起来，对佛教及整个北魏社会都产生了重要影响。

（三）婚姻、家庭

在婚姻研究方面，谢宝富《北朝魏、齐、周宗室女性的通婚关系研究》（《广西师范大学学报》1998 年第 1 期）认为，北朝魏、齐、周各代宗室女性的通婚均具有强烈的政治色彩。北魏太武以前，宗室女性与北方其他少数民族政权或部落通婚频繁。太武以后，北魏宗室女性与南北士族的通婚逐渐频繁。东、西魏对北方少数民族政权采取了和亲政策，同时将相子弟亦是东、西魏公主重要的通婚对象。北齐、北周宗室女性的婚姻主要是与北镇军功集团、武川系军功集团进行的，与汉姓高门通婚的很少。

施光明《北朝民族通婚研究》（《民族研究》1993 年第 4 期）以《魏书》《北齐书》《周书》《北史》四部正史记载的 241 例民族通婚事例为研究样本，对北朝时期民族通婚的形式、特点、影响等问题做了深入的考察和分析，并指出这一时期的婚姻关系并不是脱离社会、政治、经济而孤立发生的，它们按照婚姻的具体目的、要求、表现、形式等可分为羁縻型、进贡型、笼络型和门第型，反映了浓厚的政治特点。

他的《〈魏书〉所见北魏公主婚姻关系研究》（《民族研究》1989年第5期）中运用统计法对这种婚姻关系做了更具体化的分析。在对实际实现的52起婚姻中，与拓跋族本族子弟结婚的占38.5%，和汉族通婚的占48.3%，其他的为拓跋部和其他少数民族的通婚。另外的分析显示，北魏公主的婚姻基本上和王朝的兴衰同步，前期以与鲜卑本族和少数民族通婚居多，后期婚姻对象则以汉族为多，并且和汉族的通婚呈现出逐渐上升的趋势。这种特点和北魏的封建化进程有关。

冻国栋《北朝时期的家庭规模及相关问题论述》（《北朝研究》1990年第1期）指出南北朝时期，北方的家庭一般都是聚族而居，数代共爨，兄弟不异财，其原因除了不同的历史因素和自然地理因素之外，主要在于北方所处的不同的政治时代背景和不同的赋役制度，同时还在于南北方风俗习惯与商品经济发展的差异。而不同的政治环境是主要的因素。

（四）其他

赵斌的《鲜卑"髡发"习俗考述》（《青海社会科学》1997年第5期）运用考古和文献资料论证了史籍中关于乌桓、鲜卑同俗记载的可靠性，概括了鲜卑髡发式样的两种类型：头发全剃成光头状，剃除头顶以外的全部头发。后一类型占多数，并可分留髻、留辫等多种形式，鲜卑女子则有两鬓蓄发的特点；拓跋等部形成辫发习俗，具体而言又有独辫式和多辫式两种，男子多见独辫，女子则以多辫为主。

李志敏《"索头"为既辫且髡发式说辨误》（《民族研究》2005 年第 4 期）认为拓跋鲜卑的"索头"为蓄留全发之一种，并非既辫且髡，亦非前剃后辫。

罗新《北魏太武帝的鲜卑本名》（《民族研究》2006 年第 4 期）通过分析南朝史书中北魏太武帝拓跋焘的"字"亦其鲜卑本名，来考察魏晋时期鲜卑诸部的称号传统；通过辨析其本名之内涵，揭示狼在拓跋鲜卑的精神及政治生活中的重要性。他的《论拓跋鲜卑之得名》（《历史研究》2006 年第 6 期）从分析拓跋一词的构成着手，探索魏晋时期鲜卑诸部的名称由来与其历史发展的关系，认为诸部得名所自的那些部族领袖，都处于该部族由部落联盟向酋邦或原始国家跃进的历史转折时期。

倪润安《试论北朝圆形石质墓的渊源与形成》（《北京大学学报》2010 年第 3 期）认为北朝圆形石质墓可能源于清河崔氏乌水房对云冈椭圆形石窟的取法。

李广洁《魏晋南北朝时期的山西交通》（《晋阳学刊》1989 年第 6 期）记载十六国时期，山西交通的发展主要局限于中南部的河谷盆地，平阳城，系汉赵政权的都城，是当时黄河以北的政治、军事重镇，亦是一个重要的交通枢纽。十六国时期，沟通山西高原与河北平原两大交通系统的主要通道为飞狐道、上党—襄国（今河北邢台）道。北魏时期，平城与中原的联系，除恒山直道外，还有几条穿越太行山的通道，莎泉道、灵丘道、井陉道，汾河上的舟楫之利，此时有所恢复。

蔡宗宪《南北朝交聘使节行进路线考》（《中国历史地理论丛》2005 年第 4 辑）根据正史与诗歌中有关使节行迹的资料，逐一考证"平城—建康""洛阳—建康""邺—建康""长安—建康"四条路线。

在中国漫长的历史过程中，魏晋北朝时期是山西具有重要地位的时代之一，北方少数民族建立的政权对山西造成了深刻的影响，这种影响体现在政治、经济、文化、社会、民族的各个方面，研究这些的学者有山西人，也有其他省份魏晋南北朝领域的专家，这些学者共同促进了魏晋北朝山西研究成果的丰硕和学术繁荣。随着今后更多的考古发现和研究领域的拓展，将来有关这一领域的研究必定会取得更多的成果，迈向另一个辉煌阶段。

20 世纪以来的辽金西京大同府研究

秦 艳

大同地处内外长城之间，扼晋、冀、蒙之咽喉，西界黄河，北控沙漠，东连居庸、倒马、紫荆三关，南据雁门、宁武之险，是中原汉民族与北方少数民族的连接带。特殊的地理位置，使其不仅成为军事战略要地，也是中原农业文化与北方游牧文化交流融合的重要地区。公元398 年北魏道武帝迁都平城，开启了大同辉煌的历史篇章。辽、金两朝再设西京于此，更使其成为北方地区的政治、军事重地以及经济、文化中心之一。但长期以来，辽、金时期西京大同府的研究始终非常薄弱，十分不符合其在当时的重要地位。因此本文想对迄今为止辽、金时期的西京大同府①研究做一梳理，以期引起学界的更多关注，推动研究的进一步深入开展。

一、辽金西京大同府研究的基本状况

按内容划分，20 世纪之后学界关于辽金西京大同府的研究主要集

---

① 为突出主题，本文所指西京大同府仅指在府城大同及所辖县，其余西京道各州县则暂不论及。

中在以下几个方面：

(一) 对西京大同府经济发展的研究

早在后唐时期，大同地区就已经是契丹同中原王朝经济贸易的中心地。入辽后，进一步成为辽朝与宋、西夏以及周围各民族经济贸易的重要基地。当时的贸易形式主要有榷场贸易、走私贸易、和市贸易和朝贡贸易四种。学界一般对前两种形式研究较多。如韩生存、马志强《论西京大同在辽宋贸易中的地位》（《大同职业技术学院学报》1994 年第 4 期），韩生存《西京大同和辽宋边境走私贸易》（《大同职业技术学院学报》2005 年第 3 期）、《西京大同和辽宋边境贸易》（《太原城市职业技术学院学报》2005 年第 5 期），马志强《略论西京大同在辽宋贸易中的地位》（《昭乌达蒙族师专学报》1997 年第 3 期）等文都是对西京大同地区榷场贸易与走私贸易的考察。除此之外，陈述先生的《契丹社会经济史稿》（生活·读书·新知三联书店，1963 年）、赵之兰《澶渊之盟以来宋辽的榷场贸易》、廖隆盛《北宋与辽夏边境的走私贸易问题》（《中央研究院历史语言研究所集刊》第 11 本，1943 年）、张庆龄《宋辽间的走私贸易》（《史林》1988 年第 2 期）、王昆《宋与辽夏金间的走私贸易》（东北师范大学历史文化学院 2006 年硕士学位论文）等文也在对辽宋商业贸易做整体把握的同时，不同程度、不同侧面透露出一些大同地区的商贸情况。所有这些研究不仅再现了辽代西京地区边贸的繁荣，而且阐明了大同在促进辽、宋经济一体化进程中的重要作用。相较而言，有关辽代大同农业经济的专文研究仅见冯兆国《试论辽西京农业的发展和辽朝民族融合的关系》一文。该文从西京地区农业发展促进非农业人口向农业人口转变的角度探讨了农业发展在促进民族融合中的作用。文章认为非农业人口转变为农业人口，基本上消除了民族的标志，各民族从生产领域融为一体，促进了民族的融合。进入金代，西京大同成为金政权的"内地"，政权间的物资交流中转站的角色也已易位，但其作为最早进入少数民族政权管辖的地区，自身经济因素的发展仍可探讨，惜少有专文论及。

（二）对西京大同府政治与军事地位的研究

辽重熙十三年（1044）升云州为西京，"府曰大同"，这是大同府作为五京府之一，大同城成为陪都的开始。后，金灭辽，继续以大同为西京，甚至在元初，仍是如此，直至元代至元二十五年（1288）方改西京为大同路。大同城作为陪都的时间长达 200 多年。在这期间，西京大同府对辽、金政权在中原地区的确立发挥了重要的作用。学界对此较少争议，但多在辽、金通史性论著或"燕云十六州"专题、"五京制"专题等整体性研究中提及，少有专文对此进行论述。对于大同府的行政设置与建制沿革也是如此。就笔者掌握的现有资料来看，有关行政建制沿革方面的著作中，张纪仲《山西政区历史地理》（山西古籍出版社，2005 年）、余蔚《中国行政区划通史·辽金卷》（复旦大学出版社，2012 年）、张修桂《辽史地理志汇释》（安徽教育出版社，2001 年）等都有对西京大同府建制沿革的详细考察。张纪仲所著据《辽史·地理志》《金史·地理志》而成，特点是古今对照准确，只记今在山西省内州县；余蔚与张修桂的著作则考证翔实、客观，特别是对辽、金《地理志》中的错漏之处进行了甄别，很有参考价值。李昌《辽金元时期大同府一城双县考》（《山西社会主义学院学报》2013 年第 1 期）是少有的专文论述大同府行政建制的论文，李氏认为因云中县、大同县同时设立形成的西京大同双县倚府设治的崭新局面，开创了大同古城历史上的第二次辉煌，从而使大同府与同一时代的临潢府、大定府、析津府、开封府、河南府、临安府等京城陪都一样，跻身于全国较大城市一府多县同城设治的行列，意义尤为重大。此外，韩滨娜《略论辽代地方行政区划制度》（《东北师范大学学报（哲学社会科学版)》1993 年第 2 期），王立凤《辽代节度使制度研究》（吉林大学文学院 2008 年硕士学位论文），韩光辉等《金代城市行政管理机构研究》（《中国史研究》2013 年第 1 期)、《宋辽金元城市行政建制与区域行政区划体系的演变》（《北京大学学报（哲学社会科学版)》2008 年第 2 期)、《中国北方城市行政管理制度的演变——兼论金代的地方行政区划》（《城市发展研究》2012 年第 7 期）也对西京地区的行政建制有所论及，可供参考。

在城市建设与功能方面，李逸友认为"辽代设置的五京中……西京系利用唐代云州旧城……扩建时虽在城市布局上有所改变，但还不能摆脱中原地区传统的城市布局，体现出契丹民族的特点"（李逸友：《辽代城郭营建制度初探》，《辽金史论集》，书目文献出版社，1987 年)。韩光辉则强调了西京出于军事目的的设置背景，所以城市建设"在利用元魏云州城的基础上，增加了敌楼、棚鲁等军事设施。而且为了驻扎兵马、囤积粮食，也会有兵营以及粮仓的规划区"（韩光辉等：《宋辽金元建制城市的出现与城市体系的形成》，《历史研究》2007 年第 4 期)。段智均、赵娜冬《天下大同：北魏平城辽金西京城市建筑史纲》，张志忠《大同古城的历史变迁》（《晋阳学刊》2008 年第 2 期）也考察了辽、金时期大同城城市规模、布局以及城市建筑，论述客观翔实。此外王德中《论辽朝五京的城市功能》（《北方文物》2002 年第 1

期)、诸葛净《论辽之五京体系》（《华中建筑》2009 年第 7 期）、姜含《辽代五京建制研究》（辽宁大学历史学院 2011 年硕士学位论文）等也有涉及西京大同府城市建设的内容，但因以整个辽朝为研究对象，故西京地区的探讨相对不多。

对于西京大同地区的军事地位，学界对大同"凭险恃要"的地理环境、"防宋控夏"的边防作用以及"内制外拓"的强化统治与军事战略作用一般意见比较统一，兹不赘述。

（三）对西京大同府的文献搜求与考古

对文献留存较少的辽、金历史研究而言，文献的继续搜求与文物考古无疑具有非常重要的作用。

文献搜求的成果主要表现在新的碑刻资料的发现与研究上。

首先是《大金西京武州山重修大石窟寺碑》的发现与研究。1947年，宿白先生在参加整理北京大学图书馆善本书籍时，从缪荃孙抄《永乐大典》残本《顺天府志》中发现了引自元末熊自得所撰《析津志》的《大金西京武州山重修大石窟寺碑》（以下简称《金碑》）一文。该文长达 2100 字，为金皇统七年（1147）夷门（今河南开封）曹衍应大传菩萨戒提点西京大石窟寺沙门察慧之邀请而撰写。文中记录了大同云冈石窟的重修情况。元至正二十三年（1363），熊自得亲访云冈，抄录《金碑》全文，后补入《析津志》一书内。由于《金碑》铭刻未见有拓片流传，因而所录碑文成为孤本，是云冈研究史上当时尚不为人知的文献，弥足珍贵。经过对碑文的详尽梳理和考证，宿白先生发表了《〈大金西京武州山重修大石窟寺碑〉校注——新发现的大同云冈石窟寺历史资料的初步整理》（《北京大学学报（人文科学版）》1956 年第 1

期）一文，充分肯定了《金碑》对于研究云冈石窟的重要史料价值。文章一经发表便引起了国内外尤其是日本研究者的广泛注意。此后，中日两国学者对此碑的真伪与意义展开了长达 10 年的争论，并最终认可了其价值。①

随着辽金史研究的进展，华严寺薄伽教藏殿的金代石碑与善化寺金代碑文也逐渐受到学界的重视。华严寺金代碑文，即《大金国西京大华严寺重修薄伽藏教记》，立于金大定二年（1162），记载了金灭辽时华严寺遭遇战火摧毁以及入金后被重建的一段经历。善化寺金代碑文，是指《大金西京大普恩寺重修大殿记》与《西京普恩寺重修释迦如来成道碑铭并序》，大普恩寺即今善化寺，前者立于金大定十六年（1176），是善化寺所存碑碣中刻立最早的一方。因碑文撰写者是南宋著名理学家朱熹的叔祖父朱弁，当地又俗称为"朱弁碑"。此碑对辽末保大二年（1122）金辽战争给佛寺带来的巨大灾祸，对圆满大师忍辱精进重建大寺的经过，以及对金代重建的大普恩寺的建筑都一一做了记述，具有极高的史料价值和文化价值。后者立于金明昌元年

---

① 大型考古报告《云冈石窟》的作者之一，日本学者长广敏雄教授于 1980 至 1981 年先后发表《驳宿白氏的云冈分期论》《云冈石窟之谜》进行了反驳，甚至对《析津志》所载《金碑》及其碑文的真实性质疑，认为云冈石窟的年代与分期，不应重视来源不明的《金碑》，而应取决于雕刻造型的形式。对此，1982 年宿白先生又发表《〈大金西京武州山重修大石窟寺碑〉的发现与研究——与日本长广敏雄教授讨论有关云冈石窟的某些问题》，详细论证了《金碑》的著录和流传过程，指出《金碑》碑文流传有绪，虽经一再传抄，并无后人窜补。因此，《金碑》提供的资料是可信的。1987 年，在《平城实力的集聚和"云冈模式"的形成与发展》一文中，宿白先生又进一步阐述了自己的观点，并将云冈石窟的三个发展阶段与北魏历史的发展结合起来，证实云冈三段的分期正是北魏历史演变的具体表现，提出了"云冈模式"的概念。在宿白先生极具说服力的辩驳下，1990 年，长广敏雄终于承认："从文献学角度出发，宿白教授的推论当无误，因而分期论也是符合逻辑的。"

（1190），碑文正文为唐代王勃所撰《释迦如来成道记》，后记中有碑文撰写者、立石年月、参建者、篆额者、书者和立石者等信息。针对这些碑文的研究有王建舜《辽金西京佛寺"华严金碑"的文化研究》（《山西大同大学学报（社会科学版）》2008 年第 1 期），对《金碑》内容及历史文化价值进行了解读。其《辽金西京善化寺"金碑"的文化研究》（《山西大同大学学报（社会科学版）》2008 年第 5 期）又对"朱弁碑"的文化内涵及其透露的佛教信息、历史信息、文化信息进行了考证。而李振明《大同善化寺"朱弁碑"及其相关的几个问题》（《山西大同大学学报（社会科学版）》2010 年第 4 期），屈王静、赵琦《〈大金西京大普恩寺重修大殿记〉碑文用字现象分析》（《山西大同大学学报（社会科学版）》2014 年第 3 期），则以碑文用字现象为切入点，对碑文进行了细致的辨析解读，以探讨当时文字使用现象。金碑《西京普恩寺重修释迦如来成道碑铭并序》看似透露的历史信息很少，但日本学者桂华淳祥《关于金明昌元年〈西京普恩寺重修释迦如来成道碑〉》一文另辟蹊径，结合其他历史文献，对此碑上人为原因造成的缺失部分进行了仔细考察与辨析，确定了书者与立石者的身份，并由此进一步探讨了金代宗室与佛教的密切关系以及金代的宗教政策等问题。

20 世纪有关辽金时代大同府的文物考古大致可分为两个阶段。前半叶多以民间或个人身份开展，以调查和实测为主，规模较小，也缺乏系统性。中华人民共和国成立后，开展了很多大规模调查和发掘工作，主要包括以下几个方面：

一是墓葬考古与发掘：以大同为中心的山西北部地区是辽代墓葬的重要分布地区，迄今已先后发掘、清理出辽墓数十座，其中壁画墓有近 20 座。这些墓葬主要分布在大同近郊区以及朔州等地，墓主均为汉族官吏和地主。年代最早的是大同新添堡许从赟墓，（王银等：《山西大同市辽代军节度使许从赟夫妇壁画墓》，《考古》2005 年第 8 期。谢廷琦：《大同新添堡辽代许从赟壁画墓》，《大同文史资料》第 14 辑）墓主为辽景宗乾亨四年（982）大同军节度使许从赟夫妇。其余多属辽代晚期即道宗咸雍以后，如十里铺 15 号墓为乾统七年（1109）董承德之妻郭氏墓，新添堡 29 号墓为天庆九年（1119）彭城刘公墓。针对这批辽墓发表的报告先后有：山西省云岗古物保养所清理组《山西大同市西南郊唐、辽、金墓清理简报》（《考古》1958 年第 6 期）、边成修《大同西南郊发现三座辽代壁画墓》（《文物》1959 年第 7 期）、山西省文物管理委员会《山西大同郊区五座辽壁画墓》（《考古》1960 年第 10 期）、张秉仁《大同城东马家堡发现一座辽壁画墓》（《文物》1962 年第 2 期）、大同市文物陈列馆《山西大同队虎湾四座辽代壁画墓》（《考古》1963 年第 8 期）、曹臣明《山西大同市东郊马家堡辽墓》（《考古》2005 年第 11 期）、大同考古研究所《山西大同机车厂辽代壁画墓》（《文物》2006 年第 10 期）、王银田等《山西大同市辽墓的发掘》（《考古》2007 年第 8 期）等，这些报告对辽代墓葬的族属、形制、规格、出土遗物、墓室壁画等方面做了详细的介绍，多被应用于相关历史研究。在此基础上，对本地区辽墓的系统研究，则有王银田等人的《大同辽代壁画墓刍议》（《北方文物》1994 年第 2 期），文章就已发掘的 20 余座壁画墓的形制、规格、壁画的布局、内容等方面进行归纳与对比，探讨了该地区辽代壁画墓的地域特色。相较于辽墓而言，这一地区金墓的发掘与研究稍显逊色。山西是发现金墓较多的地区之一，据不完全统计，约有 100 余座，已发表报告的也有 50 余座，但大同地区金墓较少，已发表报告的仅有山西省云冈古物保养所清理组《山西大同市西南郊唐、辽、金墓清理简报》（《考古通讯》1958年第6期）、张秉信《山西大同西郊的一座金墓》（《考古》1961年第11期）、大同市博物馆《大同金代阎德源墓发掘简报》（《文物》1978年第4期）、王银田等《大同市南郊金代壁画墓》（《考古学报》1992年第4期）、焦强等《山西大同市金代徐龟墓》（《考古》2004年第9期）中提到的8座。除这些发掘报告外，史学谦《试论山西地区的金墓》（《考古与文物》1988年第3期）、马金花《山西金代壁画墓初步研究》（《文物春秋》2002年第5期）、许若茜《山西金墓分区分期研究》（中央民族大学历史文化学院2011年硕士学位论文）、石红《大同出土的两件塔式陶器》（《文物世界》2004年第3期）、焦强《金代徐龟墓壁画认识》（《文物世界》2005年第1期）、刘未《大同金代张澄石棺铭跋》（《山西大同大学学报（社会科学版)》2009年第3期）等也从不同侧面对大同地区金墓进行了研究。

二是手工业遗址发掘与研究：中华人民共和国成立以后，各地包括窑址在内的文物古迹普查纷纷展开。在大同，目前发现的辽代瓷窑遗址为大同青瓷窑，位于大同市西郊青瓷窑村东山坡下，但由于没有进行过完整科学的发掘，故相关考古资料严重不足。仅可知窑址范围不大，始烧于辽代晚期。以烧制黑釉粗瓷为主，有缸、罐、瓶、鸡腿瓶形制的产品，装饰手法以剔划花为主。另一处影响较大的手工业遗址为2011年于云冈石窟五窟和六窟顶部发现的辽金时代的铸造工场。发掘出土的主要遗迹有塔基、石柱础和辽金铸造井台、30座熔铁炉遗迹、水井以及辽金琉璃瓦和建筑构件等。铸造工场与辽金寺院建设有密切关系，是至今发现与《天工开物》记载最接近的宋辽金时代的铸造遗址。①对研究《天工开物》和冶金铸造史以及宋辽、金时期"失蜡法"和了解云冈寺院在北魏和辽金不同时代的布局、范围与繁盛程度都有重要价值。手工业遗址的发掘以及金属、陶瓷等遗物的出土，奠定了对辽、金时期大同地区手工业技术进行研究的基础。

三是地面遗迹和建筑的调查与研究：这一方面以对华严寺、善化寺等佛教寺院的调查研究最为显著。自 1902 年日本东方建筑史学家伊东忠太在大同发现大华严寺，并首次撰文对华严寺的基本情况做了介绍后，对尚存辽金建筑的考察逐渐成为学界调查和研究的重点。这方面代表性的著作有日本建筑史学家关野贞、竹岛卓一《辽金时代的建筑及其佛像》、村田治郎《支那山西省大同大华严寺》以及梁思成、刘敦桢《大同古建筑报告》（北平中国营造学社，1933 年）。伊东忠太之后，众多日本建筑学者及美术学者相继来此调查，对华严寺建筑进行了开创性的研究工作，他们留下的文字与图像，记录了今日华严寺已无法再现的面貌，其历史价值弥足珍贵。②国内对华严寺、善化寺等辽、金遗构的研究始于 1933 年中国营造学社梁思成等人对大同及其周边古迹的调查。此次调查，测绘之详细、成果之丰富始终为学界所称叹。依据调查所作《大同古建筑调查报告》继承了营造学社对田野调查与文献考证并重的一贯思路。将华严、善化两寺自辽至清的变迁情况

---

① 《大同出土辽金铸造工场 再现〈天工开物〉记载》，《山西日报》2012 年 12 月 12 日。
② 日本建筑史学家关野贞于 1926 年、1931 年的两次详细考察，确立了华严寺辽代建筑纪年样本的身份，他与助手竹岛卓一撰写的《辽金时代的建筑及其佛像》是辽代建筑研究初期日本学者对华严寺相当全面的综述。同一阶段，另一位日本建筑学者村田治郎所作《去那山西省大同大华严寺》是首篇专述华严寺的论文，其论点"华严寺的朝向正是契丹贵族太阳崇拜习俗的体现"今已成为学界共识。其出版的图集收录了华严寺 97 幅照片，成为迄今已经出版的 20 世纪对华严寺最全面的图像记录。

进行了详细梳理，而且依据测绘所得数据，结合对《营造法式》的解读，以及运用与已经详细调查过的实例两相参照的方法，对两寺中的9座主要建筑进行了仔细论述，尤其是在年代的判断上，在对样式、结构及细部尺寸等进行了细致入微的比较与概括的基础上，得出了更加翔实可信的结论，成为后辈学者研究的重要参考书目。但此之后，碍于材料的缺乏与方法的局限，学界对建筑整体的考察遭遇瓶颈，①逐步转向对依附于建筑的塑像、壁画等的考察。这方面走在前列的是瑞典学者喜仁龙（Osvald Sirén）与美国学者葛雾莲。喜仁龙是最早撰文专门探讨薄伽教藏殿内造像的学者，他强调这些造像在布局上所具有的独特性与完整性价值，指出运用文本是识别造像身份的关键。葛雾莲接续了喜仁龙对华严寺塑像的研究，集中探讨了现存的辽代佛教雕塑，尤其是佛殿中仍然位于原位的造像作品。除了对殿内佛像的身份进行判断外，她还首次借助佛经等文本，尝试对众菩萨进行初步的身份识别。②20世纪90年代之后，国内学者的相关论著也相继问世，特别以柴俊泽先生为代表的古建筑学家从断代、文物修复、历史沿革等方面对华严寺、善化寺中的壁画、彩塑进行了更为深入的考察与分析。

大同县瓜园乡"南吴家窑遗址"与聚乐乡"鹰嘴墩遗址"是近年来发现的两处重要辽、金时期生活遗址。"南吴家窑遗址"位于南吴家窑村南河边台地上，东西150米，南北140米，分布面积21 000平方米。地表大面积分布着建筑构件及陶片、瓷片。建筑遗物有布纹板瓦、筒瓦、兽面瓦当、麦穗纹花边瓦、脊饰残件等。陶片陶质有泥质灰陶、泥质红陶，纹饰有印方格纹，器型有罐、盆等。瓷片釉色有白釉、褐

---

① ② 刘翔宇：《大同华严寺百年研究》，《建筑学报》2013年s2期。

釉，器型有碗、鸡腿瓶等。考古学家通过对现场采集到的筒板瓦形制进行分析，认为这里曾有过大型建筑，并且周围分布有陶器、瓷器等生活用具残片，证明这是一处辽、金时期的聚落遗址。"鹰嘴墩遗址"比"南吴家窊遗址"还要大，东西宽约 150 米，南北长约 300 米，分布面积 45 000 平方米，文化层厚 40~100 厘米，地表遗物十分丰富，采集到的主要有陶片、瓷片。陶器陶质均为泥质灰陶，器型有器座、卷沿盆、罐；纹饰有印几何纹、印三角纹。瓷器则以白釉为主，器型有碗、盒盖、盘，装饰手法有印花、白釉黑花等。遗址采集的标本中以白釉器盖、白釉瓜棱碗最具特色，通过比对，考古学家认为此为一处金代大型生活遗址。

大同从 1044 年升为辽京府之一，到 1234 年金灭于元的近 200 年间，始终是辽金政权的陪都之一，其间的辉煌历史多见于文献记载，而考古资料十分匮乏，生活遗址更是前所未见，因此，这两处遗址的发现对于大同地区辽金史的研究无疑具有重要的学术价值。惜尚未见有专文研究。

（四）对西京大同府文化的研究

由于辽、金政权对西京大同府的重视与扶持，大同逐渐成为当时北方地区的文化中心之一，学界对此的研究，主要集中在教育、文学、艺术等几个方面：

在教育方面，较早关注西京文化教育的是王耀贵先生，他的《辽代西京的文化教育发展概析》一文考察了西京的官学教育和西京的著名学者，为西京的教育研究开辟了先河。（《雁北师院学报（文科版）》1996 年第 2 期）此后马志强、杜成辉（《辽代西京文化教育的发展》

（《大同职业技术学院学报》2000 年第 4 期），马志强《略论辽代西京的文化教育》（《社会科学战线》2006 年第 3 期），杜成辉《辽代西京文化教育的发展》（《大同职业技术学院学报》2005 年第 4 期），高福顺《辽代西京教育发展探析》（《黑龙江民族丛刊》2007 年第 6 期）等纷纷对这一问题进行深入探讨，特别是高福顺先生的这篇论文资料丰富、考证严密，把这一问题的研究推向了一个新的高度。

在文学方面，胡传志《金代文学研究》（安徽大学出版社，2000 年），李正民、王醒《山西文学大系·第三卷·宋辽金文学》（山西人民出版社，2005 年）等著作中列举了关于金代西京的文学家以及他们的作品。相关论文中马志强、杜成辉对辽、金时期大同的科举与文学发展情况研究较多。马志强《金代文学家李纯甫和雷渊述论》（《唐都学刊》1998 年第 3 期），杜成辉、韩生存《金代文坛盟主李纯甫》（《大同高等专科学校学报》1999 年第 2 期），杜成辉《金末文坛领袖雷渊——兼谈辽金时期西京的出版印刷业》（《雁北师范学院学报》2000 年第 3 期），吕秀琴、杜成辉的《金末文坛黄派领袖雷渊》（《大同职业技术学院学报》2002 年第 3 期）等论文则是以金代西京文人为重点研究对象，从文人文派的角度反映金代西京的文化水平。

在艺术方面，多集中在对壁画、雕塑等艺术作品的价值探讨上。20 世纪前半期，史学家们大多把注意力集中在地面建筑结构的研究上，而对这些建筑中的皇皇巨制——壁画与雕塑，没有给予更多的重视和相关的研究。之后，随着对辽、金地面建筑研究的深入，壁画与雕塑的研究逐步列入日程。以柴俊泽先生为代表的古建专家们对包括华严寺与善化寺内的辽、金时期的壁画雕塑进行了细致深入的考察，之后不断有学者从艺术价值角度对它们进行解读，成果较为丰富。如张丽《大同华严寺辽代彩色泥塑赏析》（《文物世界》2009 年第 4 期）、胡婷婷《大同华严寺造像的审美心理机制探析》（《山西大同大学学报（社会科学版）》2012 年第 4 期）、杜慧娥《浅析大同华严寺大雄宝殿壁画内容及艺术价值》（《文博》2011 年第 1 期）、赵黛丽《从上华严寺看辽代建筑装饰艺术》（太原理工大学艺术学院 2011 年硕士学位论文）、雷琳《大同下华严寺佛教彩塑艺术研究》（《法音》2016 年第 2 期）、刘变琴《论下华严寺菩萨彩塑艺术》（山西大学美术学院 2007 年硕士学位论文）、张光远《大同华严寺、善化寺建筑刻件造型艺术特色》（《艺术教育》2013 年第 6 期）、韩锐《大同善化寺大雄宝殿天王彩塑艺术研究》（《晋中学院学报》2011 年第 5 期）、李宏刚《品味思考山西大同善化寺辽金建筑装饰风格》（山西大学美术学院 2013 年硕士学位论文）、张明远《善化寺辽金彩塑艺术的历史人文价值》（《中国国家博物馆馆刊》2011 年第 5 期）、陈智勇《因型造势 随势塑形——善化寺二十四诸天彩塑造型艺术特点》（《美术研究》2013 年第 1 期）等都从不同程度、不同侧面对华严寺、善化寺的彩塑、壁画及其他建筑艺术进行了研究。

在文化出版方面，杜成辉《辽金时期西京的出版业》（《雁北师范学院学报》2000 年第 3 期）最先对辽、金时期西京地区的出版印刷情况进行了考证。张若雅《辽金时期山西佛寺藏书浅探》（《科技情报开发与经济》2010 年第 19 期）则对辽、金时期华严寺、佛宫寺、广胜寺等寺院中藏书情况进行了说明与考证，并探讨了当时山西藏书繁荣的原因。侯秀林《金代山西刻书业概况及其兴盛原因再探讨》（《山西档案》2016 年第 3 期）认为科举制度所造就的商业市场和佛教思潮的推波助澜也是金代山西刻书业繁荣的重要原因。

　　综合论述文化方面的有王万志硕士学位论文《金代山西区域文化》（吉林大学文学院 2005 年硕士学位论文），从金代山西的风俗、诗词、戏曲、宗教等四个方面对山西区域文化所取得的成就进行了系统的研究，而金代西京文化也包括在内。其博士学位论文《金代区域文化研究》（吉林大学文学院 2009 年博士学位论文）将金朝疆域划分为金源、辽海、燕云、豫鲁和陕甘五大区域，总结了各区域内风俗、儒学、文学和宗教等方面文化的发展状况，并分析了区域自身的文化发展过程及各文化区域间的互动关系。辛鹏龙的《辽代西京文化研究》（长春师范学院历史学院 2010 年硕士学位论文）是专门论述辽代西京文化的论文，作者从物质文化、制度文化、精神文化三个角度对辽代西京的文化做了梳理。冯娟娟《金代西京文化研究》（渤海大学政治与历史学院 2013 年硕士学位论文），全文分为四个部分，分别对金代西京文化发展的基础、成就、特点、原因及影响进行了系统的论述，这是对金代西京文化系统论述的第一篇文章，内容丰富，但尚可继续深入。马晋宜、杜成辉《金代我国北方的文化中心西京》（《雁北师范学院学报》2000 年第 3 期），亦是直接以金代西京文化为研究对象的论文，作者从金代西京科举之盛、著名文学家众多的角度阐释了西京作为文化中心的人物之盛，认为大同是当时全国文化最发达的地区，并从历史积蕴、地理环境、文化融合三个方面分析了西京成为北方文化中心的原因，文章对金代西京的科举入仕人员与西京著名学者的介绍，对后来者尤有借鉴作用。

　　除以上从不同侧面论述辽、金时期西京大同的成果外，还有学者试图从宏观上对辽、金西京做出把握，以全面反映辽、金时期西京大同府的面貌，并对其战略地位做出客观评价。如力高才的专著《辽金

西京大同》（山西人民出版社，2005 年）与陈福来的硕士学位论文
《辽金西京研究》（东北师范大学历史文化学院 2007 年硕士学位论
文），前者从契丹的兴起与立国、辽代西京大同、女真的兴起与立国、
金代西京大同四部分内容，对辽、金时期的大同历史进行了分析和描
述。后者也从大同的自然地理和历史沿革及辽金西京政治建制、战略
地位、经济状况、教育文化等几方面探讨了辽、金两朝西京地区的发
展。这两份成果是近几年来对辽、金时期区域研究的一个很好的尝试，
为以后西京大同府的研究指明了方向，但也存在明显的不足。《辽金
西京大同》一书仅 67 页，时间却跨越了辽、金 300 多年的历史，内容
还包括辽、金的兴起和建国，对西京地区的研究显然不能深入全面。
《辽金西京研究》较前者要详细得多，但其中对辽代西京政治建制的研
究只是对《辽史·地理志》中西京道条的转述，史料缺乏辨析，一些有
争议的问题也没有涉及。对金代西京地区的文化也研究不够深入，同
样需要继续完善。

二、对辽金西京大同府研究的一点看法

综观 20 世纪以来有关辽、金西京大同府的研究，虽取得了一些成
果，但也暴露出很多问题。

首先，各领域研究不均衡。相较而言，对辽代大同城研究多，金代
则较少；对府城大同研究较多，对所属县级城市则鲜有研究；对某一具
体领域研究较多，而综合性的研究成果比较少。时至今日，尚未有一部
全面、系统研究辽、金大同府的代表性专著问世。

其次，刘浦江先生曾说：迄今为止，从材料的发掘与解读状况，到

问题的细致与深入程度，辽、金史研究基本属于"粗放式耕作阶段"。①无疑，这个论断同样适用于辽、金时期的西京大同府研究。一方面，史料的匮乏使得学者对一些争议问题难以进行更深一步的研究，只好将其搁置不谈，这势必影响了对大同府研究的整体推进；另一方面，对史料的准确解读与辨析也还做得不够。如对辽、金时期大同府研究的一个基础问题——大同府城的建设规制，至今没有较权威性的研究成果问世。辽、金时期的大同城址尚未全面发掘，导致相关文物考古资料较为匮乏，也使这一问题的研究缺少科学数据的支撑，对其深入开展造成很大影响，这就不得不使研究者更加依赖文献资料的搜索与解析，但恰恰在这一方面还有很大的努力空间。现有的大多数有关此问题的研究成果，基本都是照搬《辽史·地理志》与《金史·地理志》中的相关描述，而对其中的错漏之处缺少必要的辨析。由此可见，"穷尽史料"，继续发掘史料，尽可能占有史料，并对其进行准确解读与辨析，仍是现阶段辽、金大同府研究的当务之急。

第三，考古成果应用不足。如前所述，辽、金时期西京大同府研究所能依据的原始文献资料很少，这就使得考古发掘的重要性益发凸显。而这一时段大同地区的文物考古不仅进行得早，而且成果颇为丰富，这其实为历史研究提供了重要的第一手资料。但从现今的研究看，对考古成果的应用无疑是很不够的。一方面现有的考古报告多关注于对遗址和遗存的描述，而缺乏研究性的结论；另一方面，历史学者对考古发掘资料的关注也多浮于表面，而没有进行必要的分析。只有文献

---

① 刘浦江：《穷尽·旁通·预流：辽金史研究的困厄与出路》，《历史研究》2009 年第 6 期。

的考证与考古发掘获得的资料二者很好地结合起来，才能更好地探讨历史包括社会、政治、经济、意识形态各方面的流转与变化，得出的结论也才能具有足够的说服力。

第四，就研究广度而言，辽、金大同府的研究范围较为狭小，方法较为单一，研究队伍也多以当地考古学家与历史研究人员为主。由上文可知，现有的辽、金时期大同城的研究成果仍是集中在政治、经济、文化等传统史学研究领域，而对其他领域涉猎较少。事实上，城市研究应该是一个集历史学、地理学、规划学、建筑学、社会学、考古学等多学科于一体的综合研究，[1]如果能将多学科的知识综合起来，运用多种研究方法，多角度对城市进行解析，无疑能使研究范围更加广阔，研究内容也能更加深入。

---

① 韩滨娜、王淑兰:《近 30 年国内辽代城市研究》,《中国边疆史地研究》2012 年第 2 期。

20世纪以来山西金元史研究综述

陕劲松

20世纪至今是山西金元史研究取得重大进展的时期。在此期间，同中国历史学总体发展的进程一样，山西金元史研究实现了从传统史学向近代史学的转变，又从近代史学向马克思主义史学的转变。今天，我们回顾100多年山西金元史研究的进程，予以全面评述与总结，对于在今后将山西金元史研究提高到一个新水平，无疑是十分必要的。过去已有学者就山西金史研究做过若干专题或阶段性的评述，本文则对20世纪以来尤其是中华人民共和国成立以来，山西金元史学的研究做一总的回顾与展望。

金元二代，山西又以其经济文化的发达而鹤立于黄河流域的北中国。《金史·食货志》中提到"平阳一路，地狭人稠"，山西成为金代北方经济最发达、人口很稠密的省区；《元史·食货志》则记载，山西的商税在华北地区是数一数二的。元朝时期，农业和手工业的发展，市镇和集市的繁荣，促进了商品经济的繁荣。太原、运城、大同等地作为区域经济的中心城市先后发展起来。金元两代的文人学者中，山西更是在全国占据了很大的比重。他们或在朝为官，或寄情于文学、诗歌，为金元两朝的政治、经济、文化思想的发展做出了贡献。这一时期，山西的文化事业也很繁荣。尤其是发源并兴盛于晋南一带的元曲，在历史上取得了同唐诗、宋词同等的地位。今天戏曲史的研究都要到晋南去找金元的戏台，因为那里保存着最古的戏台建筑。金元两代，山西作为腹里地区，成为阻挡北方少数民族入侵的军事重地。特殊的政治军事地位，使晋南成为当时重要粮草的供应地，晋北的朔州、大同成为军事马匹的畜牧地。伴随着一次次的政治军事活动，山西的政治、经济、文化等在金元史上产生了重要的影响，成为后世史家研究的重要对象。

一、通史性的研究

将金元两代放入山西整个历史的发展进程中进行研究，是 20 世纪 90 年代以来山西金元史研究的突出特点。徐月文主编的《山西经济开发史》（山西经济出版社，1992 年）反映了从原始社会到 1949 年 10 月各个时期山西社会经济发展的历史。黎凤编著的《山西古代经济》（山西经济出版社，1997 年）提到了牧骑两次冲击农耕的金元时期。山西省地方志所编的《山西通志》（中华书局 1999 年）、《山西通史》（山西人民出版社 2001 年）、《山西通史》（山西人民出版社 2012 年）等著作，都是以通史的形式，将山西从远古至中华人民共和国成立之前的历史进行了全面的梳理，金元两代的地域分布、政治军事、农业、手工业、商业贸易等发展情况在其中做了全面的论述。程民生所著的《中国北方经济史》（人民出版社，2004 年）一书，以北方经济重心转变为主线，研究中国古代北方经济发展变化的历史，其中，作为金元时期北方经济发展的重要区域，山西经济的恢复和发展、各行各业经济发展状况等内容在这本书中都有了概括性和总体性的认识。通过对金元时期的平阳府（今山西临汾市）、河中府（今山西永济市）、沁州（今山西沁县）、绛州（今山西新绛县）等地方的农业、水利、商贸、民风等各方面的考察，认为金元时期山西农业经济的发展势头良好，可以说是山西古代经济史中最好的时期。降大任先生的《山西史纲》（山西人民出版社，2004 年），更是对金元时期山西的经济政治军事文化做了一个全面的概述。内蒙古大学瞿大风著的《元朝时期的山西地区》（辽宁民族出版社，2005 年）一书对元朝时的山西地区做了一次全面而系统的专门研究，其中运用大量翔实的原始典籍、考古方面资料，对山西地区的行政区划、军事活动、汉人官僚、农业生产、手工业等都做了详细深刻的论述，提出了很多创新的观点，成为研究元代山西的代表性著作。

二、经济方面的研究

金元史方面关于山西地区经济方面的研究，是中华人民共和国成立以后逐步开始的。作为池盐、煤炭、铁矿等矿产资源丰富的省份，在历史上有很多的相关记载，所以史学界最早研究的热点也就集中于山西的铁、煤和盐以及与其相关的手工业方面。

（一）关于冶铁业、煤矿业等

山西，处吕梁、太行两大山脉之间，境内山脉连绵，蕴藏着大量的煤矿和金属矿，其铁矿和冶铁业也和全国一样，很早就得到开发。汉唐以来，政府在山西境内设置了许多官营铁冶业，为宋元明清的官营铁冶业奠定了一定基础。宋元之后，随着社会手工业、商业的发展，采矿和金属冶炼技术的提高，山西境内的铁冶业得到了进一步发展。金元时期，山西是北方重要的产铁大省，铁矿开采点多，开采规模扩大，冶铁技术得到普遍提高，生铁产量增加，各种手工铁制品不仅满足了本省的生产生活需要，而且远销其他省份甚至国外，冶铁业成为本省最重要的手工业部门之一，直接推动了山西经济的发展。但是由于矿产资源分布不均衡，冶铁业的经营还要受到封建制度的种种限制，全省冶铁业的发展也不平衡。

有关山西铁矿的开采以及与此相关的一系列手工业研究，早就得到国内外史学家和矿产冶制专业学者的注视，并有一定的研究成果。在 20 世纪初，德国学者李希霍芬通过实地调查访问，写了《中国》一书，书中对山西冶铁的历史做出了较详细的描述。由此开始，激发了国内学者对这一问题研究的兴趣。20 世纪 50 年代，山西大学的乔志强先生出版了《山西制铁史》（山西人民出版社，1978 年）一书，追溯山西制铁业的历史从春秋战国开始，时间跨度大、史料丰富，列举了大量的历史文献记载和文物资料，不失为了解山西冶铁史的指导性著作。夏湘蓉的《中国古代矿业开发史》（地质出版社，1980 年）一书，对山西区域性冶铁史的研究也具有一定的启发作用。薛荣哲主编的《泽州古代文化荟萃》（经济日报出版社，1989 年）一书对泽州地区制铁业的起源、发展进行了叙述。近年来，山西史志研究院所编的《山西通志·冶金工业志》（中华书局，1999 年）对山西冶铁史在金元两代的分布区域、发展情况做了专门的论述。关于煤炭的生产及冶炼，王曾瑜的《辽宋金的煤炭生产》（河北大学出版社，2006 年），对山西煤炭矿产资源和与之相关的手工业做了研究和论述，认为当时山西的煤炭生产和加工在全国占有重要地位。

论文方面，最早的首推乔志强的《历史上的山西制铁业》一文。郭娟娟的《宋元明清时期山西铁矿业的分布（《沧桑》2006 年第 2 期）一文，论述了元代山西作为全国铁矿业最为发达的地区之一，掌管冶铁业的河东都提举司的设立和对交城大通冶的继续经营。

金元两代作为北方游牧民族建立起来的少数民族政权，民族矛盾带来的社会不安定因素和边境争端时有发生，大量兵器的需求带来了兵器手工业的发展。由此开启了山西这一时期与铁矿业发展相关的官营兵器工业等手工业的发展。兵器手工业的研究得到了一部分学者的重视，胡小鹏《元代的军器生产》（《西北师大学报》2004 年第 2 期），就提到了元代在大同、太原、平阳（今山西临汾市）、辽州（今山西左权县）所设的人匠提举司和招收匠人，所产兵器质量上乘，处于世界领先地位。杨印民的《论元代腹里地区的军事工业》（《内蒙古社会科学》2004 年第 4 期）认为元朝在包括山西全省在内的腹里地区建立起规模庞大的军事工业，兵器种类多、技术力量强、管理体系完备是其主要特点，军事工业的分布与元朝军队的驻扎重点相适应，体现了重内轻外的军事布防原则。

（二）关于盐业的生产与管理

河东山西盐业的生产、管理和运销一直是史学界研究的重点。20 世纪 90 年代以来，关于盐业的研究更加深入和广泛。柴继光的《晋盐文化述要》（山西人民出版社，1993 年）一书探讨了河东盐池天日晒盐的嬗变过程及其独特的生产工艺，以及盐业经济辐射而形成的城市建设、水利建设和文化教育事业的肇始与发展等。郭正忠的《中国盐业史》（人民出版社，1997 年），可以说是关于盐业史最早的专题性论著，其中对河东盐业的发展状况和历史地位都有所论述。

论文方面的研究有柴继光的《运城盐池的演变和发展》（《晋阳学刊》1982 年第 4 期），认为元代解盐的生产方式是一种倒退，潞盐生产下降，但在这一时期运城城市正式建立起来。李三谋的《金代的解盐经济》（《盐业史研究》2010 年第 1 期）认为金朝对河东盐（解盐）的管理，初期多循辽之旧规，其后多仿宋制，盐课在政府财政收入中占有举足轻重的地位。张国旺《蒙元时期解盐研究》（《盐业史研究》2006 年第 1 期）认为元代解盐的生产基本上是采用天然结晶的方式，也就是传统的捞盐法，技术的落后造成了生产数量在全国所占比重的下降。政府对解盐的管理经历了由解盐司到陕西运司再到河东陕西都转运盐使司的过程。而其销售应以食盐为主，辅以商运商销。

（三）关于农业、畜牧业及其水利

农业方面的研究也是主要以论文为主。丁福让、钟春兰的《山西古代农业发展史考略》（《古今农业》1989 年第 1 期），黎风、李英等的《山西传统农业的形成与发展》（《山西农经》1994 年第 5 期），都认为金元时期由于牧骑连续两次冲击农耕，使山西农业不仅严重受挫，而且恢复也较为缓慢。山西农业依然是在治、乱反复中发展的。陈贤春的《元代农业生产的发展及其原因探讨》（《湖北大学学报》1996 年第 3 期）认为元代山西的绛州、汾河流域的农业得到了较快的恢复和发展。瞿大风的《元代山西地区的农业发展》（《内蒙古大学学报》2004 年第 2 期）认为随着元朝在北方统治的逐步稳定与人口增加，山西地区的农业生产获得较好的恢复发展。王培华的《元代山西的农业生产和人民生活》（《晋阳学刊》2001 年第 2 期）认为经过朝廷的种种重农措施和农民的辛勤劳动，农业生产得到恢复，人民生活也渐趋富裕。史晓蕾的《我国至晚在金代初年已经出现砘车》（《中国科技史杂志》2011年第3期）根据山西屯留宋村金太宗天会十三年（1135）墓葬壁画，指出元代王祯《农书》首次描绘的条播后的压实农具——砘车至晚在金代初年已经出现。

还有关于金代水利建设的，武玉环的《金代的水利建设》（《北方文物》1989年第3期）认为金代十分重视水利建设和河渠的灌溉，提到了在河东地区对汾水、滹沱河的水利建设，促进了农业的发展。日本学者井黑忍的《山西翼城乔泽庙金元水利碑考》（《山西大学学报》2011年第3期）考察了山西翼城乔泽庙内现存的3通金元时期的水利碑刻，从政治史、地域史、水利史三个研究视角出发，着力对其进行详尽的分析，指出这块碑刻的重要意义。

中国历史上，历朝历代的统治者及兵家对于关系到国家军备强弱、国势盛衰的畜牧业及其机构、政策，都非常重视。作为游牧民族在北方建立的政权，畜牧业更是金元两代国家经济中的重要部门。为了适应和推动其畜牧业的发展，金、元两代都曾建立相应的各级畜枚机构牧所、群牧等，近年来学术界对这一方面的研究有所重视。畜牧业方面的研究主要有王磊的《略论元代的马政》（《古今农业》2011年第1期），认为元代的马政包含有马政机构及马匹征括、牧养等方面，形成了一整套完善的制度体系。作为北方草原游牧民族建立的国家，以畜牧起家，以马上得天下，马政在元代政治军事、经济社会中占有极其重要地位，并产生很大的影响；孙建全的《略论金初战马资源与马政》（《辽宁省博物馆馆刊》2011年），论述了西京路榷场贸易中辽金之间的战马贸易。张英的《略述金代畜牧业》论述了金政权建立以后，十分重视畜牧业的发展，在包括西京路在内的山西、河北等地"验民物力分畜之。又令他路民养马者，死则于前四路所养者给换"，介绍了关于牧所的名称和数目和群牧的布局。为了充实这些机构，从"以北边粮运，括群牧所、三招讨司猛安谋克、随址及迭剌、唐古部诸抹、西京、太原官民驼五千充之"。瞿大风的《元代山西的畜禽饲养与捕鱼狩猎》（《内蒙古大学学报》2005 年第 5 期），认为元统治者入主中原以后，曾将北方民族的游牧狩猎生产方式带入山西地区，从而推动这一地区的畜牧饲养与狩猎活动获得新的发展。王晓燕的《论宋与辽、夏、金的榷场贸易》（《西北民族大学学报》2004 年第 4 期）一文认为，榷场贸易是宋与辽、夏、金等少数民族政权贸易的主要形式。其主要特点是双方采取严格控制的官营贸易形式，贸易的开展受双方政治关系制约，敌对双方都将对方急需的军用、重要物资列为贸易违禁物品。

（四）关于平阳刻书

自宋代起，山西地区的雕版印刷业始具规模，出现中国古代最早的木版纸币"交子"，成为中国最早使用印刷纸币的区域之一。其间，河东山西雕版印刷有佛教、史书、方志与医药等各种书籍。金元时期，山西地区雕版印刷的风气大开，刻工云集，不论在书籍内容、刻坊种类，还是在行业规模、地域分布等各个方面都得到迅速发展，且以平阳作为黄河以北的刻印中心，形成古代北方出版印刷的重要基地。平阳府向来是山西地区的政治、经济与文化中心，盛产纸张，其质坚韧。自金以来，平阳便已书坊萃集，刻书事业兴盛发达，成为北方地区雕版印刷的主要中心。平阳府治即今山西省临汾市，因地处平水之阳，倚郭之县名为平水，故所刻本又称"平水版"。金元时期的这种发展势头引起了学界的重视，出现了一些专门研究平阳刻书的文章和著作。

李晋林的《山西平水刻书业与中国古代出版》（《山西大学学报》2004年第6期），对平水雕版印刷业的产地、平水本的流传、行业概况、兴盛原因及金元两代官方出版机构设置等进行了考证，评价了平水雕版印刷业的历史地位和影响，在中国雕版印刷史上占据了一席不可或缺的地位，对中国的文学、艺术、医学、宗教等均产生过广泛而深远的影响。瞿大风的《元代山西平阳刻书述略》通过大量的文献资料论述了平阳府作为北方地区的刻印中心，在元代进入新的发展阶段，且在促进北方地区社会文化交流传播的同时，对于保存我国古代文化遗产和推动科学技术进步，发挥了承前启后的重要作用。侯秀林的《辽金时期山西刻书业繁荣的原因》（《忻州师范学院学报》2010年第6期）认为推动辽金时期山西刻书业繁荣的原因在于辽金统治者重视儒学、发展教育、文人辈出以及山西地区特产丰富的地理环境等。

此外，这一时期还有酿酒、制钱等其他手工业研究。王赛时的《山西酿酒史略》（《晋阳学刊》1994年第6期）一文提到宋金元时期河东安邑、平阳、太原、大同等地区盛产葡萄和葡萄酒，明清时期的山西名酒大多自元朝已开始崭露头角。柴泽俊的《山西琉璃》（《文物》1962年Z1期）一文认为，从保留的辽宋金元时期的寺庙建筑和瓷器可以看出当时琉璃艺术发展的情况。

杨印民《元代腹里地区酒业初探》认为包括山西在内的元代腹里地区的酿酒业是在继承前代酒业的基础上发展起来的，因地理位置的优越和社会尚饮风气的影响，酒业十分发达。腹里酒业规模大、品种多、技术高、课利厚，很大程度上反映了当时全国酿酒业的发展水平，使历史上元代的酿酒业呈现出一番崭新的局面。吴建伟的《试论金朝对山西的经营》（《中国地方志》2009 年第 2 期）认为金朝通过在政治军事和经济各方面对山西的经营，巩固了金朝的边防，促进了山西经济、文化的发展。李雅君的《山西金代陶瓷艺术》（《文物世界》2003 年第 3 期）记载金代继承和发扬了宋代陶瓷手工业的风格和生产技术，并且在品种和制作方法上有了一定的改良和创新。此外，漆侠先生主编的《辽宋西夏金代通史》（人民出版社，2010 年）对金朝时期河东路的蚕桑业、农田水利事业盐业、矾矿、锻造业等手工业发展情况做了描述，认为当时河东路的农业、手工业生产都处在恢复和发展之中。

论文方面，张博泉《金代黄河流域农业生产的恢复发展与租佃关系》（《吉林大学学报》1963 年第 4 期）指出金宋战争虽然给黄河流域的经济发展造成了破坏，但是战争结束后，黄河流域的经济很快得到恢复和发展，并超过了战前的水平。程民生的《试论金元时期的北方经济》（《史学月刊》2003 年第 3 期）一文认为金元时期山西、陕西、河北等北方经济并未随经济重心南移而衰落，仍是发展着的经济并曾繁荣昌盛，某些方面不亚于甚至超过南方。

三、文化及其人物研究

在山西金元史中，尤以文学诗歌、金院本、元杂剧、宗教最为突出，无论是涌现出的文学家数量，还是文学作品的水平，都达到了古代山西文化发展的一个高峰，直接影响了明清山西文学戏曲的昌盛，奠定了现代山西文化大省的基础。如元好问所言："晋北号称多士，太平文物繁盛时，发策决科者常十分天下之二，可谓富矣。"史学界关于文化人物方面的研究，主要是围绕着以元好问、河汾诸老、刘祁等为代表的一大批文学家及其著作、金代文学、元杂剧和宗教而展开的。

(一) 关于人物

对于人物研究，首推元好问。作为金元之际杰出的诗人、历史学家、社会活动家和教育家，元遗山（元好问号遗山）身处山川流血、战乱频仍的动荡年代，周流河朔，奔走四方，致力于中原进步文化的复兴和传布，从事卓有成效的儒学文教活动，对促进社会安定、经济恢复起到积极作用，也为忽必烈统一中国、创立元朝做出了贡献。元遗山的文学、教育思想和实践，为中国古代教育史写下了重要篇章。

对于元好问的研究，专著主要有吴梅的《辽金元文学史》（商务印书馆，1932 年）、降大任的《元遗山新论》（北岳文艺出版社，1988 年）、郝树侯的《元好问传》（山西人民出版社，1990 年）、刘明浩的《元好问传》（东方出版社，1999 年）、李正民《元好问研究论略》（社会科学文献出版社，1999 年）等。姚奠中点校的《元好问全集》（山西人民出版社，1990 年），尽揽了元好问的存世之作。

研究元好问的论文更是不胜枚举。最早的当属缪钺的《元遗山年谱汇纂》（《国风半月刊》7 卷第 3、5 期，1935 年）和郝树侯的《金元诗人元好问》（《山西师院学报》1958 年第 2 期）。20 世纪 90 年代以来有降大任的《论元遗山的教育思想与实践》（《教育理论与实践》1987 年第 3 期）和《论元遗山的哲学思想》（《山西大学学报》1988 年第 1 期）。后者认为元好问虽然没有系统的哲学著作，但是他的哲学思想来源于他的家学、师承，又通过社会交往的相互影响得到充实、强化，带有很强的政治伦理道德色彩和经世致用的积极精神。他的哲学观点散见于所作的诗文中，要点就是世界观上客观唯心主义的天命

论。李正明的《关于元好问金亡之后活动的评价》（《山西大学学报》
1991 年第 1 期）一文对于元好问在金亡之后 20 余年的活动予以了全
新的评价。韩志远的《元好问在金元之际的政治活动》（《元史论丛》
第 5 辑，1993 年）指出元好问不是政治家或思想家，不能夸大他在当
时的政治作用，在学术上也并未推动金代诗文向一个更高的阶段发展。
狄宝心的《20 世纪以来的元好问研究》（《山西大学学报》2005 年第
1 期）一文认为元好问的诗、词、文及文学理论等都代表了金元文学的
最高成就，为研究者所注目。20 世纪以来，元好问研究取得了前所未
有的进展，从研究成果的数量和研究方法、评价角度等方面进行了综
合考察。

关于对金元之际山西籍郝经、李俊明、河汾诸老等人物的研究，
其中关于河汾诸老的研究尤其突出。河汾诸老以元好问为宗，在诗学
思想和审美价值取向上坚持"以唐人为旨归"，是金元之际诗坛一支重
要的生力军，对繁荣当时中国北方诗歌创作有一定的历史贡献。

著作方面首推江苏大学刘达科先生的《河汾诸老诗人群体研究》，
该书从金元民族文化大融合的背景上考察河汾诸老诗人群体的活动与
创作，较准确地把握了其内涵和特质。论文方面有马斗全的《〈辞源〉
（修订本）"河汾诸老诗集"条订正》（《晋阳学刊》1985 年第 3 期）
对《辞源》中的人物名字进行了修订。凤梧的《河汾诸老与理学》
（《山西大学学报》1991 年第 4 期））初步勾勒出河汾诸老与理学思潮的
关系及其濡染理学的情况，并从三个方面指出北方理学对他们的影响。
刘达科的《河汾诸老诗歌初探》（《山西大学学报》1991 年第 3 期）、
《曹之谦及其诗歌》（《山西大学学报》1992 年第 2 期）和凤梧的《河
汾诗人房暤》（《山西大学学报》1992 年第 2 期）等文章简要叙述了河

汾诸老的生平，初步评价了他们的诗歌创作。李旦初的《论河汾诗派的形成及其文化背景》（《晋阳学刊》1992 年第 6 期）一文就河汾诗派名称的由来、阵容的构成、形成的文化背景等问题做一番粗浅的探讨。此外还有周惠泉的《金元诗人群体研究的重大进展——〈河汾诸老诗人群体研究〉序言》（《江苏大学学报》）2005 年第 1 期）认为此书对一个影响较大且地域色彩极浓的诗人群进行了全面研究，通过这一个案揭示了金末元初诗坛某些带有规律性的问题，对于填补这方面空白有重要的学术价值。此外还有《论〈河汾诸老诗集〉的地域特征》（《镇江师专学报》2000 第 2 期）、贾秀云的《河汾诸老隐居心态研究》（《晋阳学刊》2003 年第 5 期）、贾晓峰的《情感的多元碰撞——金元之际河汾诸老的精神世界》（《绥化学院学报》2008 年第 5 期）等从不同角度进行了研究。关于郝经及其理学的研究，有郝树侯先生的《金元诗人元好问》（《山西师院学报》1958 年 2 期）。

在医学方面，诸学人围绕着"金元四大家"对金代的医学发展进行了初步的探讨。徐远和的《金元时期北方理学发展的特点及社会作用》（《晋阳学刊》1986 年第 4 期）叙述了二程的著名弟子郝经（今山西陵川人）和李俊明（今山西晋城人）奠定了北方理学在元代发展的基础。郝宜今的《郝经哲学思想简析》（《内蒙古师大学报》1989 年第 1 期）一文对郝经的理气二元论、道器论、心性论、历史观进行了较为详细的分析，探讨其学术思想中诸多范畴的内涵，指出其理论中的合理因素和内在矛盾。查洪德的《郝经的学术与文艺》（《文学遗产》1997 年第 6 期）对郝经理学的研究和元代理学发展传播进行了探讨。还有姚大力的《金末元初理学在北方的传播》（《元史论丛》第二辑，中华书局，1983 年）等。

关于刘祁及其《归潜志》的研究。宋德金的《刘祁与〈归潜志〉》（《史学月刊》1982 年第 3 期）一文对刘祁的生平和《归潜志》一书的内容、史料价值以及它所反映出来的作者思想等问题做了简要的论述。田志勇的《〈归潜志〉史料价值述评》（《江苏大学学报》1998 年第 2 期）一文从三个方面概述本书的主要内容及其真实性与可靠性，并着重分析了此书对研究金末社会历史所具有的重要史料价值。吴凤霞的《〈归潜志〉史论的内涵与意旨》（《安徽史学》2007 年第 3 期）认为其史论着眼于文治的视角，反思了金代兴亡的原因，探讨了士风与国祚之间的关系，也反映了作者对新皇朝文治的希冀，具有明显的政治意义。姚晓飞的《金代文学批评家刘祁风格论刍议——以〈归潜志〉为中心》（《内蒙古大学学报》2011 年第 1 期）认为该书集中体现了刘祁的诗学思想，其具体内涵包括诗贵"含蓄"功夫、尚"实录"精神、发其心所欲言等三方面，此种风格思想形成的原因是"兵连祸结"的社会形势和"以唐人为法"的诗学背景。白显鹏的《行身立志 卓尔不群——论金代文人刘祁〈归潜志〉士人群体品评的价值取向》（《东北师大学报》2011 年第 1 期）一文认为刘祁的《归潜志》不仅具有重要的史料价值，而且在对金代中后期士人群体的记述与品评中也体现出作者的价值取向。这些价值观念的内涵，既承袭了以儒家思想为核心的中原文化因素，也融入了贞刚任气的北方地域文化品格，对研究金代文学与文化具有重要的认识价值。王峤的《〈遗山文集〉与〈归潜志〉史料价值比较研究》（《赤峰学院学报》2015 年第 3 期）从史料学角度入手，对两本书中所记载的金代人物、金代事物、诗歌史料价值进行了比较研究，认为从史料价值看，前者大于后者。杨玉娟的《金代文人刘祁文学成就探微》（《兰台世界》2015 年第 12 期）认为在金元时期刘从益、刘祁、刘郁父子三个人蜚声文坛，他们三人在文坛的地位可与宋代的三苏相媲美。

此外还有孙进己、支运亭主编的《中国北方各族人物传·辽金卷》和穆鸿利、陈国良主编的《中国北方各族人物传·元代卷》（辽海出版社 1993 年），汇集了金元时期北方各族人物百余人的生平和英雄事迹，其中涉及山西的有金元文豪元好问，元杂剧和散曲的代表人物关汉卿、白朴、郑光祖和金代山西籍著名画家姚拟、白贲等。此外，周腊生所著《辽金元状元奇谈·辽金元状元榜》（北京紫禁城出版社，2000 年）一书统计金代科考取士 15 000 人，远远超过了辽代，其中状元 61 名、位至三品以上的 11 名，这些亦大多超过了辽。61 名状元中，山西籍的有杨云翼、王泽、李献能、郑时昌、孙九鼎等 17 名，占 46 名有明确籍贯和姓名状元的 36.96%，而金代状元的文学修养远在辽、元之上，很多人不仅政治军事才能卓越，在朝廷中位居高位，而且又是杰出的文学家、画家，文学素养极高。而元代由于资料不全，知道籍贯的山西状元仅一人。金元时期，山西涌现出了许多著名的政治家、文学家、戏剧家等一批对后世影响深远的历史人物，史学界对这些人物的研究占据了金元山西百年史的一个很重要的方面。

（二）关于文学戏曲

在文学诗歌方面，金元时期名家辈出，诗歌文学、诸宫调、元杂剧等艺术的繁盛引起了学术界的极大兴趣，著作与论文的数量和质量在金元史研究中最为突出，而河东山西文学戏曲所展示的卓越成就也随之反映在其中。著作方面，20 世纪 30 年代，吴梅的《辽金元文学史》（商务印书馆 1934 年）一书言"夷考金有中夏，代历十纪，享国百二

十年，期间文人学士，何虑数百"。50 年代，胡忌的《宋金杂剧考》
（中华书局 1959 年）则对金朝的文学进行了研究。此外，周惠泉的
《金代文学发凡》和《金代文学论》（东北大学出版社，1994 年）、张
晶《辽金诗史》（东北大学出版社，1994 年）和《辽金元诗歌史论》
（吉林教育出版社，1995 年）、胡传志《金代文学研究》（安徽大学出
版社，2000 年）、赵维江《金元词论稿》（中国社会科学出版社，
2000 年）、薛瑞兆《宋金戏曲史稿》（生活·读书·新知三联书店，
2005 年）等专著都对金代戏曲、文学以及文学家进行了全面系统的解
析，其中对山西籍的文学家、戏曲家颇多赞美之词。《山西文学大系：
宋辽金文学》（山西人民出版社，2005 年）一书概述了宋辽金时期山
西文学的发展成就，并精选这一时期山西籍作家的代表作品加以题解、
注释，以反映当时山西文学的概貌。

论文方面更是极大丰富。王志华的《山西金元名家词选注》（《晋
中师专学报》1987 年第 1 期）认为金元词受两宋影响，历代重视不够，
编写《金元名家词选注》一书，兹先选录从未为人所注释过的金元山
西作家词数首，略加疏解。王万志的《略论金代山西文人与地域文学
的发展及原因》（《史学集刊》2009 年第 2 期）认为山西地域文学在金
末迎来鼎盛局面主要有三方面因素：一是中原文化重心的北移，二是
"壬辰北渡"时期山西士人的回归，三是金末山西文人的忠国意识与使
命感。田同旭的《论元杂剧四大活动中心的形成与金元汉人世侯之关
系》（《南京师范大学文学院学报》2003 年第 3 期）一文认为在北方战
火纷飞的时代，元杂剧四大活动中心平阳、真定、东平等地奇迹般地
孕育发展，并流传到大都而走向兴盛发达，其形成的原因是多方面的，
金元汉人世侯对其世袭领地的统治，使社会相对安定繁荣，中原文化

也得到相应保护和发展，无疑是一个重要原因。学术界不可忽视金元汉人世侯对元杂剧兴盛发达所做出的历史贡献。徐子方的《辽金元文学与文人境遇》（《民族文学研究》2003年第1期）一文以金元时期元好问、关汉卿、白朴、郑光祖等出现的众多具有代表性的文学大家为例，认为辽金元三代文学成就的高低决定于统治范围的广狭、拥有文士的多寡和敢于打破传统积极创新与否。统治者在开疆拓土问题上所表现的根本性不同，实际上从侧面反映出他们各自不同的宇宙观和生活态度。金统治者在潜意识中对中原汉文化的倾慕崇拜导致了自身文化上的自卑情结，创新缺乏原动力。而蒙古统治者由于对其他民族的长期征服形成的特有自信和优越感，执行了一条模糊儒学独尊地位的政策，传统规范被削弱了应有的约束力。文人在受到前所未有的不公正待遇之同时获得了补偿——思想解放和文学创新的机会。戏曲方面，山西师范大学戏曲文物研究所编的《宋金元戏曲文物图论》（山西人民出版社，1987年）对宋金元戏曲演出诸方面的历史发展、各阶段的艺术特征及形成发展原因等进行了探讨。

（三）关于宗教

金元时期山西地区的宗教经历了恢复、兴盛和衰落三个发展阶段。其中全真道作为金代山西地区道教的主流，在金末时期获得了重大发展。因此金元时期山西的宗教一直是史学界研究的热点。姚从吾的《金元全真教的民族思想与救世思想》（《治史杂志》1939年第2期）、杨晓国的《金元时期全真教在山西活动探索》（《晋阳学刊》2004年第4期），分别论述了金元时期全真教龙门派利用战争期间广大平民盼望和平的社会心态，在山西迅速扩大，道观林立，成为当时北方全真教势力最为庞大的一个区域。元末，全真教衰落，却给山西遗留下了一批像永乐宫和龙山石窟这样的全真教文化遗产。王万志的《金代山西宗教文化简论》（《牡丹江大学学报》2009 年第 2 期）认为金代山西地区的宗教文化取得了一定的成就，并呈现出一定的发展特征和地域特色，主要体现在佛教、全真道和宗教艺术等三个方面。曹飞的《万寿宫历史渊源考——金元真大道教宫观在山西的孤例》（《山西师大学报》2004 年第 1 期）通过对庙内遗存至今的 19 通碑刻的研究，大致勾勒出了万寿宫的变迁史，并对万寿宫的宗教功能转化及派系源流做了必要的梳理与考证，进而揭示出该庙与金元时期盛极一时的真大道教派之间的关系，指出了万寿宫是至今为止在山西发现的真大道教宫观的唯一遗存。而陈垣编纂的《道家金石略》（文物出版社 1988 年）是一部大型的道教碑刻资料集，其中金元部分数量最多，是研究金元全真派、正一派道教的重要资料。

（四）关于壁画、砖雕

结合考古发现讨论金元时期的文化更是这一时期的特色。山西地区金元两代的名刹、寺观建筑、墓葬壁画、砖雕艺术在一定程度上表现出金元时期少数民族文化和北方文化相融合的特色。

周国雄《山西洪洞明应王殿戏曲壁画新探》（《华南师范大学学报》1985 年第 3 期）认为这幅戏曲壁画反映了元杂剧舞台上的一瞬间动作，不愧为一幅"戏中还有戏，百看都不腻"的艺术珍品。

田建文《侯马乔村金元墓》（《文物》1996 年第 3 期）认为山西侯马等地发现的戏曲砖雕装饰，为研究戏曲史提供了实物材料。延保全的《晋南金元墓葬中的一朵奇葩——戏曲、乐舞砖雕》（《文史知识》

1996 年第 4 期) 一文通过对 20 世纪 50 年代以来在晋南地区发现的大量金元墓葬中的戏曲乐舞砖雕的考察，为金院本和元杂剧的研究提供了难得的可视形象资料，从中反映出当时河东山西的社会发展、民众心态、民族风俗等情况。马金花的《山西金代壁画墓初步研究》（《文物》2002 年第 5 期）就山西地区现已发现的金代壁画墓作一初步研究，使大家更为全面地了解山西地区的金代墓葬。郭志勇的《山西地区元代壁画墓葬的考古学研究》（《史志学刊》2015 年第 3 期）通过梳理山西地区元代壁画墓，从墓葬形制、壁画布局和题材、随葬品等方面进行了考古学的观察和探讨。元代壁画墓常见的长方形或方形砖石墓，壁画题材主要有墓主人并坐图、日常生活图、孝行故事图、宗教题材图、宇宙星辰图、题榜类等。山西地区的元墓是当时社会的一个缩影，从侧面反映出了元代山西社会主流文化——蒙汉文化的交流融合。此外还有陶富海的《山西襄汾县的四座金元时期墓葬》（《文物》1988 年第 12 期）、王银田的《大同市南郊金代壁画墓》（《文物》1992 年第 4 期）和《山西大同市辽代军节度使许从赟夫妇壁画墓》（《文物》2005 年第 8 期）、商彤流的《山西平定宋、金壁画墓简报》（《文物》1996 第 5 期）和《山西繁峙南关村金代壁画墓发掘简报》（《文物》2015 年第 1 期）。除壁画外，还有邓爱纪《临汾发现的元代银锭铜范》（《文物》1994 年第 5 期），对 1990 年山西省临汾市发现的一银锭铜范的年代、质地以及形状等进行了描述和考证。

四、政治军事研究

在山西金元史的研究领域中，政治军事一直是学术界关注的主要方面，其中包括有政权、军事机构设置、城市建设、汉人世侯等方面的内容。

关于汉人世侯。金元之际的汉人世侯是个颇受人们关注的课题，有关山西汉人世侯方面的问题，迄今尚未得到系统的研究，成果主要是体现在论文方面。何之的《金末元初的汉人地主武装问题》（《内蒙古大学学报》1978 年第 1 期）、瞿大风的《金元之际山西的汉人世侯》（《蒙古学信息》1999 第 2 期），就山西汉人世侯的身世、降附、作战与统治的地区及其地位和作用，以及与蒙古宗亲的关系等问题做了初步的探讨。赵文坦《金元之际汉人世侯的兴起与政治动向》（《南开学报》2000 年第 6 期）一文对河东山西闫珍、杜丰、靳和等汉人世侯兴起的时代背景和家庭出身做了一一介绍，分析了他们起家的动机与蒙金的战争形势和政策有很大关系。

关于政治军事。田萌的《金代山西的镇》（《忻州师范学院学报》2008 年第 3 期）一文认为金代是今山西境内镇的繁荣和发展的重要时期。这些镇并不具备真正意义上的经济的突破，其繁荣仅仅表现在数量上的增多，其中绝大多数都是由宋代关、寨改建而来，军事职能突出。安介生的论文《"山西"源流新探》（《晋阳学刊》1997 年第 2 期）在较全面地搜集并分析文献中"山西"名号记载的基础上，探讨从秦汉至元这一称谓内涵的演变，特别强调辽金时期一种全新的"山西"概念的出现，试图廓清"山西"成为政区名称的真正历史渊源。王社教的《辽宋金元时期山西地区城镇体系和规模演变》（《陕西师范大学学报》2003 年第 4 期）认为辽宋金元时期山西地区城镇的发展大致经过了宋金时期的快速发展和元代的衰落调整两个阶段，发展水平是比较落后的。宋金时期的快速发展实际上是一种畸形的发展，城镇数量的增加不是因为社会经济的发展引发商品流通的需求增长所致，大多是出于军事或税收的需要而设。石维娜《辽金西京大同的军事地位》（《山西大同大学学报》2011年第2期）一文认为作为辽金王朝的重要政治、军事和文化中心，西京大同的历史在某种程度上也是契丹和女真民族封建化的历史以及中国中古时代民族融合进程的反映。

关于政区地理、城市。首推张纪仲所著《山西历史政区地理》（山西古籍出版社，2005年）一书，对自原始社会以来山西的行政建置沿革概况进行了系统的分析和研究，其中对金元时期山西的行政建制和地理分布做了详细的叙述，并且辅以表格加以说明。张正明的《古代运城的创建和发展》（《晋阳学刊》1985年第5期）一文，认为山西运城是元末兴建，明清时代发展起来的一座盐业专城，探讨了它的兴建、发展和变化的历史，对于认识我国封建社会后期城市的特点颇有助益。孟繁仁的《宋元时期的锦绣太原城》（《晋阳学刊》2001年第6期）一文记录了宋元时期并州太原城城池的修建、街坊布局和文化遗存，不论从规模和内容上都表现出明显、强烈的地方历史、文化特色，再度成为北方黄土高原大地上的一颗璀璨明珠。乔新华的《从武到文宋元时期山西地域角色变化及其原因探讨（《山西大学学报》2008年第2期）通过分析山西区域社会在宋元时期历史发展的若干特点，考察宋金之际山西地域角色的转变，并探讨这种转变的原因。在传统宏大叙事的通史叙述中，宋代是以文化繁荣而著称于世的，金元两朝则由于是落后的少数民族政权入主中原，先进的中原社会呈现停滞甚至倒退。但如果具体考察山西在宋金元时期的历史发展脉络，我们看到，正是在金元两朝，其经济文化呈现了前所未有的繁荣。

相对于山西其他断代史来说，尤其是明清以来的历史，金元史研究略显沉寂。究其原因，传统文献的短少，缺乏新史料的重大发现，是制约金元史研究的两大"瓶颈"。但是经过几代学者的不懈努力，20 世纪以来的山西金元史研究仍然取得了引人注目的成绩。在此笔者不揣浅薄，试着总结一下这百年来金元史研究的特点。

梁启超倡导"新史学"之后，金史研究逐渐从传统史学向近代史学过渡。但总的来说，著作为数不多，专门致力于山西金元史研究的学者也并不多。从中华人民共和国成立直至"文化大革命"，应该是金元史研究的发展阶段。金元史研究者把研究的领域进一步扩展，诸如文学、考古等领域，都有人进行更深一步的研究，但研究热点并不集中，学术专著也出版较少。自改革开放至今，是金元史研究的繁盛阶段。通过上述对百年来，尤其是改革开放以来山西金元史研究的综述，可以看出，学者们把金元史的研究推上了一个新的层次，在研究领域上、专著上、文章的数量和质量上，都远远地超越了前面。

虽然研究取得了可喜的成绩，但也存在一些不足，主要表现在以下几个方面：首先是个案研究过多，一定程度忽略了整体的全面的研究；其次是研究领域仍稍嫌狭窄，多数学者的注意力仍然主要集中于金元时期的手工业和文学人物方面的具体研究，其实农业经济、宗教、哲学等研究等还有许多方面应该加以重视，并且要深入下去，这样才能较为全面地反映出金元时期山西发展的面貌；最后，对已有成果不能及时吸收，仍然停留在普及性的介绍层面，在许多研究热点上缺乏理论创新。在现有研究的基础上，我们最好能更多地关注在当时历史条件下所表现出的功能以及对于金元时期山西政治、经济、教育、宗教、价值观念、伦理观念、知识结构、审美趣味、士人心态、民间习俗等方面所发生的实际影响。这些应该是今后研究的重点，以前的一些文章在某些方面其实也有所涉及，但在多数情况下还流于空泛，还应更加细致、深入。

　　这里大致对金史研究的百年历程进行了一个简单的回顾，由于作者能力有限，难免挂一漏万，不过大致上仍可以看到，经过百年不懈的努力，金元史研究正逐渐从宋史研究的附属位置摆脱出来，使金元两朝成为可以与宋朝等量齐观的王朝。而有关山西地区的金元史研究在逐渐摸索中也形成了自己的治学方法，即不囿于传统史料，逐渐发展出以考古、考证紧密结合的自身研究路径。学术无止境，在学者们的共同努力下，相信 21 世纪的金元史研究一定会有更多更好的成果出现。

百年晋商研究回顾与展望

高春平

晋商是明清时期称雄于国内外商界 500 年之久的强大商业集团。明朝洪武三年（1370）三月，明政府根据山西行省的建议实施"开中法"政策，山西商人抓住这一历史机遇，利用靠近北部九大边防重镇中的宣府、大同、延绥、山西四镇的有利地理位置，在长城一带数十万兵马驻扎的军事消费市场经营粮食、盐业、黑豆、棉布、草料、丝绸、茶叶、潞绸、铁器之类军属用品，崛起于国内商界。明中叶，随着商品货币经济的发展，尤其是白银的广泛流通使用，晋商将商业市场由黄河流域的北部边镇拓展到长江流域和珠江三角洲，史称"足迹半天下""凡是有麻雀的地方就有山西商人"，先后垄断了明代中国北部边镇市场的粮食、铁器、盐业、丝绸、棉布和清代全国的茶叶、当铺、账局、票号等市场。他们的商贸活动将山西变成了"海内最富"，使省会太原和晋东南的泽州、潞安、晋南的平阳、蒲州以及后起的晋中祁县、太谷、平遥变成了纵横南北的商业网络中心、南来北往各种货物川流不息的物流中心、汇通天下的金融中心以及富商大贾交流信息、交友会客、荟萃人才的聚散中心。

进入清代，由于国内统一市场的形成，内蒙古、西北边疆地区的开发，晋商获得长足发展，到道光初年就已实现了商业资本向金融资本的飞跃，首创票号，进入鼎盛阶段。晋商财力之雄厚、活动地域之广阔、经营商品之众多、管理制度之严密，在国内外商界首屈一指。晋商汇通天下、货通天下、足迹遍天下，纵横欧亚数万里，开辟了南起福建武夷山、汉口，中经河南赊旗镇，穿越太行山，经太原，过大同，沿东口（张家口）、西口（杀虎口）北上归化（今呼和浩特市）、库伦（今乌兰巴托）、恰克图、伊尔库斯克，直抵莫斯科、欧洲的万里国际贸易通道——茶叶之路。进而在商贸业（商号、店铺、作坊）、物流业（船帮、驼帮、车帮、货栈）、金融服务业（票号、钱庄、账局、印局、会馆、旅店、饭铺、镖局）等诸多三产服务行业创造了前所未有的辉煌，积累了数千亿银两的巨额资本。明清晋商不仅占领中国各大商业贸易城镇市场、主要交通要道，而且远涉印度、俄罗斯、中亚、朝鲜、日本、东南亚等国家和地区，成为堪与威尼斯、犹太商人媲美的国际商人，在中国封建社会后期国计民生，尤其是商贸流通、推进城镇化方面发挥了极其重要的推进作用。

国内外对晋商的研究一直十分重视。总的来讲，百余年间明清晋商的研究大致可分为民国时期、中华人民共和国成立前 30 年、改革开放以来三个时期若干阶段。

一、民 国 时 期

从 19 世纪二三十年代到中华人民共和国成立前为明清晋商研究的早期阶段。

早在清末民初，也就是 19 世纪末到 20 世纪二三十年代，晋商的

经营之道、管理模式、创新业绩就引起海内外有识之士的关注，成果
迭出，出现晋商研究的第一次高潮。首先是当年亲身经历目睹票号兴
衰的掌柜经理们痛心疾首的回忆思考，最具代表性的是李宏龄的《山
西票商成败记》《同舟忠告》和卫聚贤《山西票号史》、陈其田《山西
票庄考略》。其次是一些经济学家和历史学家对山西商人深入研究，在
《大公报》《东方杂志》《银行杂志》《中央银行月报》发表了一批高水平
研究著作和文章，代表性的有陈其田《山西票庄考略》、马寅初《吾国
银行业历史上之色彩》、范椿年《山西票号之组织及沿革》。第三是西
方及日本学者的研究。如英国传教士艾约瑟的《中国银行与物价》、日
本岸根吉的《清国商业总览》。俄国、日本学者对晋商关注较早。1892
年，俄国探险家阿·马·波兹德涅耶夫来华考察后出版两卷本《蒙古及
蒙古人》，书中以考察日记的形式记述晋商在张家口、归化、多伦诺
尔、科布多、库伦等城市的商贸活动及其对城市繁荣的作用。

二、中华人民共和国成立到改革开放初

中华人民共和国成立后对晋商与票号研究更加重视。20世纪50年
代到"文化大革命"前，对明清晋商的研究尚未引起国内学界的足够
重视，仅有少数学者开始关注，例如傅衣凌先生所著《明清时代商人
及商业资本》可谓是当时对明清商人历史研究的发轫之作。《山西文
史资料》发表一批史料性回忆文章，但是日本学者此时对明清晋商的
研究比较关注，如佐伯富等先后发表《山西商人发展的原因》《山西
商人的起源与沿革》《清代的山西商人》等论文，特别是山西财经学
院和山西省人民银行合作的《山西票号史料》初稿的整理尽管由于

"文化大革命"的发生一度中断，但为后来的研究奠定了坚实的基础。

进入20世纪80年代，明清晋商研究已在国内学界引起一定重视，并形成初步繁荣景象。韦庆远、吴奇衍《清代著名皇商范氏的兴衰》，商鸿逵《清代皇商介休范家》，李华《试论清前期的山西帮商人》《清代山西平阳商人亢百万》，日本学者佐伯富、小野和子先后发表《山西商人的起源与沿革》《清代的山西商人》《山西商人与张居正》等，都在学界引起一定反响，尤其是寺田隆信多年研究完成的《山西商人研究》一书，1972年在日本出版，给国内明清晋商研究带来一定的冲击。接着张正明、道丰、孙耀、阎守诚将寺田隆信《山西商人研究》译成中文出版。此后《明清晋商资料选编》《山西商人的生财之道》《山西工商业史拾掇》《晚清钱庄和票号考略》《在中堂———乔家大院》《乔家经商之道》《晋商兴衰史》《祁县渠家》等一批学术专著出版。进入20世纪90年代，《山西商人及其历史启示》一文，被时任中共山西省委书记王茂林批示，并要求全省干部研读，汲取经验，改进工作，进而推动了明清晋商研究工作，使之迈入了一个新的繁荣时期。此时期出版专著有《中国十大商帮》《山西票号史》《票商兴衰史》《商路漫漫五百年》《山西票号综览》《平遥票号商》《晋商经营与文化》《晋商史料与研究》《山西商人与梆子戏》《十大古都商业史略》等。尤其令人注意的是，日本学者滨下武志、新加坡学者李焯然等编著了《山西票号资料·书简篇》；山西财经学院从20世纪60年代就着手编著的《山西票号史料》，历经坎坷，终于在1990年正式出版。这两部资料集的出版，为山西票号的深入研究创造了条件。从20世纪90年代末期到21世纪初，尽管仍有一些有关明清晋商的研究著作问世，但都是不做深入研究仅是改头换面的一些著作的上市，也让读者觉得所读作品都有似曾相识之感，这种炒旧饭，实际上是学术界的一种浮躁风气在作怪。近几年，这种现象有所扭转，一些有质量、有深度的明清晋商研究著作相继问世，也就是说明清晋商研究又进入了一个新阶段。

1978 年改革开放后，晋商和票号研究再掀高潮，而且不断升温，到 20 世纪 80 年代末 90 年代初越来越受到社会各界重视，学术会议交流空前活跃，研究成果接二连三涌现。《山西票号史料》《山西票号研究集》（第一、二、三集）、《山西外贸志》《山西金融志》《山西商人研究》《山西票号史》《中国十大商帮》《明清晋商资料选编》《晋商研究》《晋商与中国近代金融》陆续出版发行。《清代著名皇商范氏的兴衰》《清代晋商的发展、性质及其历史地位》等文引起很大反响。尤其是张正明《晋商兴衰史》和孔祥毅、高春平各自《晋商学》的出版，有力地推动了晋商研究向纵深的发展。1991 年山西省社科院张正明和山西财经学院孔祥毅合写的 18 000 字的《山西商人及其历史启示》一文，受到中共山西省委的高度重视，在全省干部群众中和学术界产生极大的反响，对改变当时"山西经济落后是因为山西人一向闭关自守"的认识起到了很大的促进作用，标志着晋商研究进入一个新阶段。此后，每年都有研究晋商的著作论文发表出版，在学术研究的推动下，晋商研究从学界走向社会，晋商文化节、社火节、摄影展、旅游观光等都产生了巨大的经济社会效益。2004 年春节，七集《晋商》专题政论片的隆重推出，使晋商研究叫响全国。舆论普遍认为这是山西改革开放以来在全国做得最成功的一次宣传，改变了国内许多人对山西和山西人的看法。此外，由张海瀛、张正明、黄鉴晖、高春平合著，香港中华书局出版，台湾万象书局再版的《金融集团——山西商帮》受到海外金融专家和学者的高度重视。李留澜和高春平主编的 3 卷本《晋商案例研究》及《晋商研究新论》《潞商文化探究》等书引起社会各界好评。特别是 2005 年 8 月在晋祠召开的晋商国际学术讨论会在晋祠召开、2006 年 45 集电视剧《乔家大院》和 2009 年初 50 集电视剧《走西口》的热播，均使晋商热遍全国。此外，文学影视作品《昌晋源票号》、话剧《立秋》、舞剧《一把酸枣》《粉墨春秋》的推出，再掀晋商研究新高潮。全省形成以山西社科院张正明、高春平为代表的晋商文化研究团队和以山西财大黄鉴辉、孔祥毅、葛贤慧为代表的票号金融研究团队，以及后起的山西大学经济管理学院的晋商团队。三支研究队伍各有特色，在全国支撑起山西晋商研究的大厦。

总体上看，中华人民共和国成立后对晋商的研究大致又分为四个阶段。

第一阶段：20 世纪 50~60 年代初，这一阶段的研究主要还是以"经院式"研究为主。傅衣凌先生所著《明清时代商人及其商业资本》可谓是当时对明清商人研究的发轫之作。1961 年 5 月 22 日，《光明日报》发表了署名杨荣晖的文章《山西票号的性质与作用》，产生很大影响。但这个时期最重要的成果是山西财经学院金融系和中国人民银行山西省分行部分学者整理出的 100 余万字的《山西票号史料》，可惜由于"文化大革命"开始而被迫中断，但晋商票号研究毕竟有了第一本史料性的专业工具书，标志着晋商研究重新开始起步，晋商研究受到国内外学者的高度关注。

第二阶段：20 世纪 70~90 年代前期。从 1974 年开始为配合中国社科院近代史所《中华民国史》的研究，中国人民银行山西省分行和山西财经学院合作于 1980 年出版了《阎锡山和山西省银行》。1986 年，孔祥毅教授《近代史上的山西商人与商业资本》的发表，推动了晋商研究的进一步深化。1989 年，山西著名学者张正明、葛贤慧、高春平、薛慧林等编撰的《明清晋商资料选编》及其相关成果出版刊行。1990 年，山西人民出版社终于正式出版了《山西票号史料》，为晋商研究的进一步深入提供了宝贵的资料。

1993 年，中国商业史学会组织全国高校和科研单位数十名专家学者编著的《中国十大商帮》由安徽黄山书社出版发行。该书对明清中国商帮史的研究具有划时代的意义。从此，十大商帮叫响全国，相关研究蓬勃开展，并很快引起港台和海外学界的高度关注和重视。香港中华书局不惜巨资买走版权，并以原班人马为基础，将每帮内容充实后各自独立出书，共出版 10 卷。不久，台湾万象书局也将该书再版发行。另外两部具有影响的专著是原山西财经学院著名专家黄鉴晖先生的《山西票号史》，山西师范大学史若民先生的《票商兴衰史》，至此晋商研究结束了"经院"研究阶段，开始走向整个山西理论界，晋商研究有了新的突破。

第三阶段：20 世纪 90 年代后期到 2005 年。1993 年在理论界和金融界推动下成立的晋商文化研究会和 1995 年正式成立的原山西财经学院晋商与金融史研究中心，尤其是省委宣传部整合省城晋商文化研究资源，依托省社科院成立了晋商文化研究中心，标志着晋商研究步入了有组织、有计划整体推进的新阶段。

这一阶段，晋商研究从书斋走向社会，由少数专家学者到干部群众，由学术研究到晋商大院旅游开发均取得了丰硕成果，出现了可喜的局面。具有代表性的是孔祥毅教授的《金融贸易史论》和《百年金融制度变迁与金融协调发展》（国家哲学社会科学基金项目）、中国商业史学会明清商业史专业委员会的《明清商业史研究》《中国十大商帮》、张正明研究员的《晋商兴衰史》和《晋商与经营文化》、王尚义等的《明清晋商与货币金融史略》、李希曾主编的《晋商史料与研究》、穆雯英主编的《晋商史料研究》等。

三、改革开放以后

晋商作为中国著名的十大商帮之首，其活动曾对中国近代商业贸易和财政金融发生过重要作用，特别是进入改革开放新时期，伴随着社会主义市场经济体制的建立和不断完善，晋商研究不断升温。从 20 世纪 80 年代开始，对晋商的研究逐步加强，出现了一批有一定影响的论文和著作。张正明的《清代晋商的股俸制》（《中国社会经济史研究》1989 年第 1 期），高春平的《明清晋商股份制浅析》（载《明清商业史研究》，中国财政出版社，1998 年第 1 辑），就清代晋商股俸制的内容、由来、作用进行了研究，认为其产生时间不晚于清道光初年，它的前身为明代晋商的劳资朋合营利形式。这种股俸制虽仍未脱离封建经济的范畴，但起到了促进资本集中、促进改善经营方式、促进清代商业和金融发展的作用，是当时一项具有一定进步意义的商业资本经营制度。张正明的《明清时期晋帮商人》（《文史研究》1989 年第 12 期），对明清晋商做了较为系统的论述。高春平的《明清晋商兴起的诸种因素》（《商业职工》1990 年第 1 期），认为明清晋商兴起除了得益于当时朝廷要加强边境军需供应和发展边贸，国家比较安定，以及山西地处边塞这些天时地利条件之外，晋商的不畏艰苦、开拓进取、诚信经商这些因素，也是一个十分重要的原因。他的《论明清商帮》（《学术论丛》2007 年第 6 期）也对明清各商帮进行了探讨。雒春普的《山西票号的金融创新》（《晋阳学刊》2001 年第 5 期，人大复印资料《经济史》2002 年第 1 期）认为由山西商人创始的山西票号，以汇兑为主兼营存放款，集银行业的三大业务——存、放、汇于一身，并使之进一步完善，堪称中国金融业发展史上一个重要的里程碑，一度因此而有过"执中国金融之牛耳"的辉煌。山西票号之于中国金融发展史上的重要作用在于开汇兑业务之先河，在于实施网络式经营，在于使存、放、汇三大业务有机结合，在于促进了高利贷资本向借贷资本的转化。雒春普的《晋商渠本翘与山西保晋矿务公司》（《经济问题》2007 年第 2 期），客观地评述了渠本翘在保晋护矿中的作用。高春平《中国古代信用票据飞钱、交子、会票、票号的发展演变》（《经济问题》2007 年第 1 期）、《山西银号》（《晋阳学刊》2007 年第 4 期）也分别对中国古代的各种信用票据和山西银号进行了深入探讨。张梅梅的《论清代晋商对俄贸易》（《农业考古》1997 年第 4 期）、《论清代晋商在恰克图对俄茶叶贸易》（载《明清商业史研究》，中国财政经济出版社，1998 年），对晋商对俄贸易的概况进行了论述。宋丽莉《晋商程化鹏对海外茶叶贸易市场的开发》（《经济问题》2007 年第 4 期）则对晋商程化鹏对海外茶叶贸易市场的开发进行了深入的个案分析。对于晋商的衰落，孙丽萍的《明清山西官商一体家族浅议》（《晋阳学刊》1996 年第 6 期）认为山西官商一体家族的形成与发展，是当时社会环境的必然产物。晋商捐官是为了更好地保护自己的商业，朝廷则为了通过捐输增加财政收入。官商一体化使晋商与朝廷和官僚的结合日益加深，这虽然在一定程度上给晋商带来了利益，却为自己走向衰亡带来了隐患。景占魁、冯素梅的《晋商衰落原因的历史反思》（《晋阳学刊》2001 年第 4 期）通过对清朝后期国家政治、经济、科技等状况的考察，认为整个清王朝的腐败从而导致的国运日衰，晋商与朝廷和官僚的结托以及晋商不谙时势、固守自封，是晋商衰落的三个主要原因。此外，孙丽萍的《论晋商的人生价值观》（《晋阳学刊》2001 年第 4 期），《晋商对中国建筑文化与戏曲文化的贡献》（《光明日报》2005 年 12 月 20 日），《解读晋商文化的新尝试》（合作者宋丽莉，《太原晚报》2006 年 6 月 2 日），《晋商大院的历史审视》（合作者冯素梅，2006 年 7 月"中国·祁县晋商文化论坛"论文评选一等奖），张正明的《试论明清晋商文化》（《史学集刊》1997 年第 2 期），高春平《乔家大院与晋商》（《学术论丛》2006 年第 4 期）对晋商的人生价值观、晋商文化的内涵、晋商大院建筑风格及文化、晋商对戏曲文化的贡献等进行了论述。高春平《诚信晋商赢天下》（《人民论坛》2006 年第 3 期）、宋丽莉《诚信义利铸商魂》（《光明日报》2005 年 12 月 6 日），则对晋商的诚信精神进行了探讨。刘晓丽《晋商家族的女性》（《山西煤炭干部管理学院学报》2005 年第 1 期）则以晋商家庭中的女性为切入点，从不同层面、不同角度地对晋商进行更加丰富、深入的研究。2005 年 8 月第三届晋商国际学术研讨会召开，孙丽萍《晋商国际研讨会综述》（署名晋俪，合作者宋丽莉，《光明日报》2005 年 10 月 18 日）对本次会议做了精辟的综述，在国内外产生了较大的影响。

与此同时，还出版了一批晋商研究的史料汇编与著作。

在资料汇编方面，主要成果为张正明、薛慧林等人编辑的《明清晋商资料选编》（山西人民出版社，1987 年），全书分社会背景、晋商活动范围、经营方式、会馆碑刻、资料积累等五个类别，汇集了自明初到清末之间文献中关于晋商的记载和史料。

有关晋商的研究著作，主要有：

张正明、邓泉编著《平遥票号商》（山西古籍出版社，1997 年），对平遥票号的概况及几个有代表性的票号的历史，做了论述与介绍。

张正明、葛贤慧著《明清山西商人研究》（香港欧亚经济出版社，1993 年）在以往研究的基础上，进一步详细深入地对明清时期山西商人的活动历史进行了论述。

张正明著《晋商兴衰史》（山西古籍出版社，1995 年）则是其对晋商研究的一个总结。这部著作不但从客观上对晋商兴衰的历史轨迹作了概括，而且在中观和微观上，从不同角度和层面对晋商兴衰的原因进行了分析，是有关晋商研究领域中的一个突出成果。

张海瀛、张正明、黄鉴辉、高春平主编的《山西商帮》（香港中华书局，1995 年），对山西商帮中以地域和行业形成的商帮的主要活动、各自的地域特点、经营特征等问题，进行了详尽阐述。

董继斌、景占魁主编的《晋商与中国近代金融》（山西人民出版社，2002 年），景占魁、孙丽萍、高春平、孙晋浩、冯素梅、苑琳等参加撰写，从晋商与近代中国金融这一新的视角出发，将晋商与金融活动相结合，论述了晋商及其金融发生发展的历史，晋商及其票号在中国近代金融中的地位、作用和影响，晋商及其金融由盛而衰的变化与原因，认为晋商与中国近代金融的活动是在中国近代社会正处于一种大动荡、大变化，由旧到新不断嬗变演进这样一种时代背景下展开的。晋商因受中国传统文化的影响与西方文化的冲击，其活动所产生的作用和影响既有积极先进的一面，也有消极落后的一面。只有把晋商及其金融活动与中国当时的国势、国运密切联系起来考察，才能对其兴衰的原因做出深入的分析，并得出客观的评价。这一研究成果填补了晋商与中国近代金融这一研究领域的空白。本书获 2004 年第四届山西省社会科学优秀成果三等奖。

孙丽萍、高春平主编的《晋商研究新论》（山西人民出版社，2005 年）为历史所晋商研究的阶段性成果汇总，以历史所科研人员2005 年在晋商研究方面的新论新说为主，同时收录了过去几年曾发表过的数篇晋商研究的文章，几位曾在历史所工作过的专家学者的文章也收录在内，通过专题论文集的方式向大众展示了历史所多年来的晋商研究成果。本书所收录文章既有对晋商研究领域曾经关注的重要问题和细节问题进行的更加广泛深入的探索，更有以往学术界未曾注意的新问题，从新的视角对晋商研究产生的新突破。张正明《明清晋商与徽商之比较》、赵俊明《明清晋商与陕西商人》都试图从比较研究的角度，从经营之道、管理制度、兴衰历史、文化理念等方面，考察明清时期晋商与其他地方商帮之异同，揭示其发展的共性与个性。孙丽萍《论明清晋商对中国社会进步与发展的贡献》认为中国社会发展到 14世纪前后，经济活动对社会进程的影响日趋明显，商人对中国社会的影响力整体上升。山西商人通过他们的商业经营和金融活动，树立了优秀中国商人的形象，提高了商人在传统社会中的地位。并且晋商的活动增进了地区间的联系，扩大了国内外贸易，对中国经济、社会、文化的发展以及近代一些城镇的兴起和繁荣起了一定的推动和促进作用。孙丽萍、冯素梅、宋丽莉《晋商与汇票辨析》对票号的缘起，各种专门票据如汇票、飞钱、交子等进行了辨析，考察了它们之间存在的联系和区别，明确了晋商与汇票之间的关系。高春平《试论晋商的金融创新》从两权分离、转账结算、钱市交易、票据贴现、首创密押五个方面，探讨了晋商在金融业经营管理方面的创新。雒春普《山西票号两次撤庄风潮的缘起及其影响》对太平天国战争及第二次鸦片战争所导致的山西票号的两次撤庄风潮进行深入探讨，指出撤庄风潮影响所及，就外部而言，是致使"汇兑不通，金融死滞，失业人群增加"；从票号自身来看，则由此进入一个发展的新阶段，其一，相对于通汇地区的大幅度减少，汇兑额却只是略有下降，资本实现了相对的集中；其二，撤建并举，在撤庄风潮中票号实现了两个转移，一是由交通枢纽向边远城镇转移，二是由中心城市向沿海新兴工业城市转移；其三，票号开始承担京、协饷汇兑，参与国家财政金融活动。雒春普《试论山西票号在中国金融发展史上的作用》、孙晋浩《山西票号创建原因解析》在不同层面对山西票号的兴衰历史与作用进行了探讨。刘晓丽《从家庭和教育看晋商家族的女性》、宋丽莉《明代家族制与晋商》从家族家庭的角度考察了晋商及其家庭成员。冯素梅《晋商常家宅院建筑文化内涵浅释》以常家大院为突破点，考释了晋商大院的建筑文化内涵。张正明《明清晋商的人才理念与人才战略》、孙丽萍《论晋商的人生价值观》、降大任《质疑〈抱愧山西〉》、成新文《民国时期太原地区的商俗》，都从不同角度突破了传统晋商研究的范畴，对晋商进行了更加细致的探讨。

《晋商巨擘》（山西经济出版社，2005 年）由三晋文化研究会常氏儒商专业委员会、晋中市史志研究院负责编纂，它包含了晋商研究、常氏家族研究两大部分，汇集了目前晋商研究的众多成果，以及有关晋商榆次常家的老照片、一手史料和常氏后人的回忆性文章等资料，有着较高的理论水平和史料价值。孙丽萍、高春平、雒春普、刘晓丽、冯素梅、宋丽莉等多名科研人员研究论文入选其中。

张正明、孙丽萍、白雷主编《中国晋商研究》（人民出版社 2006年）为 2005 年 8 月在山西太原召开的晋商国际研讨会论文集，会议有英国、美国、日本以及中国内地、香港、台湾学者参加，书中的一些文章以新视角、新理论研究晋商，突破了晋商研究的已有模式，标志着晋商研究又有了新的发展。该书在晋商研究领域有较大影响，北京大学经济学教授梁小民《小民话晋商》等书作为参考书目，张正明、孙丽萍、高春平、刘晓丽、宋丽莉、王勇红等多名科研人员研究论文入选其中。

孙丽萍《天下晋商——明清山西商人五百年》（山西人民出版社，2006年）为"回望山西"丛书之一，该丛书列为"山西建设文化强省文库"重点图书，是山西省"建设山西文化强省"的标志性和枢纽性文化工作。丛书以山西风情、文化等多方面内容为背景，为以图书形式成规模地推动山西文化走向全国树立了文化品牌。《天下晋商——明清山西商人五百年》全书分八个部分，"海内最富"解释了晋商财富之谜；"晋商成帮"介绍了晋商作为天下闻名的商帮的兴起原因和组织形式；"商海搏击"描述了晋商在商海中创造财富神话的历史轨迹；"会说蒙语俄语的商人"揭示了晋商成功的某种秘诀即善于利用语言工具为经营提供便利；"诚信晋商"宣扬了晋商诚信经营、以义取利的高贵品质；"汇通天下"审视了曾在中国金融史上执牛耳百年的晋商之山西票号的辉煌，阐释了票号的汇兑途径和管理制度，兼论山西票号的衰败；"晋商家园"展现了晋商大族生活和精神家园的深宅大院的图景，以及身处其中的富商巨贾们的生活方式；"明清晋商与中国社会"论证了晋商为封建国家和地方社会的经济、文化所做的贡献。晋商在明清作为一个商帮辉煌了500年，赢得了"海内最富"的美誉，也给后人留下了丰厚的精神财富。本书是对晋商的一次全面解读，还闻名天下的晋商以本来面目。

　　李留澜、高春平主编的 3 卷本《晋商案例研究》（中华书局，2007 年），雒春普、宋丽莉、赵俊明、王勇红、董永刚参与编著，全书100 万字。古代晋商以其诚信及先进管理制度让现代人折服；在新时期，也有一批晋商取得成功。为系统总结研究新旧晋商成功之道，《晋商案例研究》汇集了 100 个晋商成功案例，借鉴美国哈佛商学院 MBA 案例教研法，在传统晋商研究方法中另辟蹊径，对百名左右新旧晋商、中外商人进行研究比较，总结晋商成功的创业经营管理之道，挖掘票号防范风险内控机制，剖析晋商与欧美商人、犹太商人的异同及从业经验教训。本书在实地调研的基础上，对大量史料和数据进行了甄别和分析，并采用相关经济理论、模块图表等对晋商案例进行了分析研究。本书获山西省社科联 2007 年度优秀成果"百部（篇）工程"一等奖，且成为部分高等院校的辅助教材。

　　此外，所内专家数次被邀请演讲与访谈。作为晋商研究专家，孙丽萍与郑孝燮、张正明在 2002 年 12 月 14 日及 21 日中央电视台 10 套的《家园》两期节目中，作为嘉宾参与访谈；孙丽萍于 2006 年 10 月 19 日在北京人民大会堂及华润会议酒店举办的三百人会议"欧中国际发展暨 2006 百年晋商合作峰会论坛"上做了题为"晋商精神与全球一体化"的演讲；高春平《晋商·海内最富》（《山西日报》2004 年 2 月 3 日；高春平在山西电视台《记者调查》栏目就《乔家大院谈晋商文化》（2006 年 3 月 3 日）接受专访。

　　高春平专著《晋商学》是一部以唯物史观为指导，涉及经济、社会、文化、管理、市场、城镇、建筑等诸多领域，运用历史学、经济学、金融学、社会学等学科的知识和方法，对晋商进行全方位系统研究的一部原创性力作。全书从中国古代河东盐的产销与晋商的起源、先秦到汉唐宋元的山西商业、山西古代的商品生产、开中法与晋帮商人的崛起与发展、晋商活跃的十大市场、十大集镇、票号诞生的重大意义、票号的组织架构与业务运营模式、票号严明的制度及其用人之道、票号在竞争和风险中曲折发展、票号鼎盛的标志与衰落原因、明清晋帮商人的历史地位与影响诸方面翔实地论述了晋商的全貌，既突出了对明清时期晋商的研究，又拓宽了晋商研究的视野和范畴。提出了晋商源于河东盐池、晋商乔家在包头的粮食期货交易是中国最早的粮食期货贸易、日本军国主义侵华是晋商衰亡的罪魁祸首等富有独到见解的观点，从而对传统的晋商票号亡于清末民初的观点提出不同看法。本书是作者 20 多年坐冷板凳潜心研究晋商的心血结晶。

刘建生等主编出版了《晋商研究》《明清晋商制度变迁研究》《山西典商研究》诸书，试图借鉴西方经济学理论对中国传统晋商进行研究，但不少观点明显有削足适履之缺憾。

高春平主编《新晋商案例研究》第 1、2 辑，对山西省改革开放以来涌现的新晋商代表人物首次进行了挖掘研究。

高春平主持的 2010 年院重点课题"晋商与明清中小城镇研究"系统探究明清晋商对包头、河口、运城、平遥、碛口等黄河中游中小城镇发展的推动作用；深入剖析民谚"先有复盛公，后有包头城；先有晋益老，后有西宁城；先有曹家号，后有朝阳县"的真实程度和实际效用；深入分析晋商促进城镇经济、社会、文化发展的作用与辐射带动功能；实地考察明清山西平阳、泽潞，平遥、祁县、太谷，河曲、保德、右玉等县农村剩余劳动力转移的数量、方式以及从事金融业（票号、银号、钱庄）、运输业（驼帮、马帮、车帮）、物流业（客店、商铺、货栈）带动三产兴盛状况；还从人口学、经济学、生态学角度，认识晋商与城镇发展演变的本质特征，从而对明清时期晋商与黄河中游一批中小城镇的兴衰根源，移民对城镇发展的作用与影响得出理性的结论。

孙丽萍、王勇红主持的"晋商与京杭大运河"课题通过研究明清时期活动在京杭大运河流域的山西商人的商业活动，对晋商在运河沿线城镇经商活动的构成及内容进行深入细致的考察，从而理清晋商由区域性商人团体发展成全国性大商帮的演进过程，拓展了晋商的研究领域。研究晋商与京杭大运河的关系，要弄清明清时期的山西商人是如何到运河沿线的城镇经商的，廓清山西商人在运河沿线的生产经营情况及晋商在运河上的长途贩运活动。这些问题研究的深化定能促进经济地理学的发展。

赵俊明承担的《明清晋商投资社会公益事业及其启示》为山西省哲学社会科学"十一五"规划 2009 年度课题，该课题主要从社会教育、社会赈济、地方公共建设和维护地方治安四个方面对明清晋商投资社会公益事业进行了探讨，并综合运用田野调查、社会学、心理学等方法系统分析晋商投资社会公益事业的具体目的和影响，对明清晋商这些投资社会公益事业的行为进行系统研究，进一步拓展和深化晋商研究的领域，并填补了区域慈善事业史研究中的一些空白。

高春平《晋商的财富源于他们的思想》（《北京日报》2011 年 9 月 19 日《学术札记》版）认为晋商的财富大半是思想的产物。晋商的诚信、山西商人走西口，大都充满了责任感，是一份高贵的创业精神和改变家庭与亲人生活质量的可贵使命感。成大商者必有大德。在当前的市场环境里，许多人被"金钱拜物教"迷心，众多行业爆出潜规则，原因便在于诚信缺失与价值观偏离。2011 年 9 月 29 日《光明日报》主办的《文摘报》转载。

高春平《东方银行两巨头的竞争方略》，载暨南大学历史系编《明清时期珠江三角洲区域经济史研究》，广东人民出版社 2011 年版。该文是作者应暨南大学历史系、东莞市委宣传部之邀参加"明清时期珠江三角洲区域经济史研究"学术会议提交的论文。论述了中国第一家票号日昇昌与"蔚"字五联号在竞争中发展壮大的起因、经过及双方在人才、市场、业务、管理、营业网点设置等方面的激烈竞争情况，阐明了双方在 19 世纪国内市场竞争中如何成为票号典型代表和东方银行巨头的时代背景和高明的经营策略及实现双赢的道理。

高春平《西口移民论》（载《西口文化论衡》，中国社会出版社，2010 年）认为中国历史上明清时期的山西人"走西口"与山东人"闯关东"、江浙闽广沿海地区人民"下南洋"一样，是中国历史上三次大规模的民间自发移民潮之一。对当时社会、经济、文化、习俗、民族融合均产生了重大而深远的影响。但系统而深入地对"走西口"进行研究的学术成果还不多。进入 21 世纪，随着晋商和西口文化研究热的兴起，人们对西口文化现象越来越关注。2006 年 8 月，在山西省右玉县召开"晋商与西口文化论坛"，与会学者对"西口"的定义、内涵、商道、民歌、垦殖、关税、驿站、驻防、旅游等进行了初步的探讨与交流。其后，王泽民同志出版了《杀虎口与中国北部边疆》一书，对杀虎口在中国古代军事上的重要地位、作用，清代杀虎口垦务局，《走西口》民歌的传播等进行了较深入的研究。但目前，国内对西口移民的研究仍有待深入发掘。

为配合太原首届世界晋商大会的召开，高春平在《环球人物》2012 年第 8 期《晋商特刊》上发表 11 篇文章，分别为《大盛魁 清代最大旅蒙商号》《巾帼女豪马夫人》《晋商算学大师王文素》《晋商稳占国际市场》《介休侯家的盛衰之路》《雷履泰创办中国第一家票号》《毛鸿翙在日升昌隔壁开票号》《晋商代表乔致庸》《票号改革家李宏龄》《旅俄巨商牛允宽》《高钰学徒出身的票号总经理》)。

王勇红《论白银资本对明清山西经济发展的影响——以河东盐业为例》(《运城学院学报》2011年第1期)认为河东盐池在中国古代是重要的食盐产区,所产食盐销往山西、河南和陕西的100多个州县。通过河东盐的销售,山西地区相对于河南、陕西形成了地区间的"贸易顺差",由此导致白银长期流入山西,山西地区的白银存量持续增加。白银流入促进了明清山西的经济发展,也是明清晋商辉煌发展的重要原因。

王勇红《论河东盐文化在当代的作用》(《中国名城》2011年第8期)认为山西省的运城市、临汾市、河南省的三门峡市和陕西省的渭南市共同构成了晋陕豫三省边缘黄河金三角区域的核心地区,是以山西省运城市为中心的区域经济圈。通过研究河东盐文化的内涵、河东盐的开发历史和历史上河东盐的行销地域范围,剖析了河东盐文化在促进晋陕豫黄河金三角区域经济文化一体化发展进程中的作用。

陕劲松《慈禧西溃 晋商得利》(《文史月刊》2010年第5期)认为在庚子事变中,山西晋商以诚信至上和团结一致在全国乃至全球产生了巨大的影响,获得了良好的声誉。落魄的慈禧、光绪一路西逃,途经山西,短短的53天,与财力雄厚、享誉海内外的晋商不得不有了千丝万缕的联系。在风雨飘摇的混乱年代,在国力窘困、民生凋敝的时期,慈禧一行的逃亡,给山西商人与朝廷的密切接触提供了一个难得的机会,也给清末举步维艰的山西票号的发展,提供了一个小小的机遇,更给有头脑、有眼光的贾继英提供了一个发挥潜力、展示拳脚的空间。

由李中元任编委会主任，高春平牵头，历史所赵俊明、王勇红、李冰及山西大学外语系同人参加的重点课题《国外珍藏的晋商资料选编》，现已翻译俄文晋商资料 8 万余字，整理日本收藏的票号资料 10 万余字。该书 2013 年由商务印书馆出版发行，为广大晋商研究者开阔视野，深入研究晋商提供了十分难得的第一手珍贵资料和图片。

从另一方面看，这一阶段晋商研究出现转变，即理论研究与社会经济紧密结合，20 世纪 80~90 年代以来，随着晋商博物馆、票号博物馆、民俗博物馆在晋中的相继成立，旅游产业蔚然兴起。在晋中地委的竭力推动下，晋商研究走出书斋、走向社会，晋商文化成为当地经济的重要推动力，经过近 10 年的发展，晋中已经形成以晋商王家、乔家、渠家、常家、曹家大院为主体的晋商大院品牌，旅游产业越做越大，吸引了海内外数以百万计的游客前来观光旅游。

关于山西地方经济史的研究。张正明的《古代河东盐池天日晒盐法的形成及发展》（《盐业史研究》1986 年第 1 期）认为河东盐池晒盐技术约萌芽于南北朝时期，基本形成于唐代，到宋、明、清各代又有所提高，池盐质量也高，直至乾隆时容水入池而遭破坏，使效果大减，并认为全世界利用天日晒盐以河东盐池为最早，所以如此，又与其独特地理环境及水利工程建设有着密切关系。他的《清代河东盐课摊归地丁试析》（《山西师范学院学报》1982 年第 3 期）探讨了清代中期河东盐课征收方式转变的背景及影响。他的《古代运城的创建与发展》（《晋阳学刊》1990 年第 2 期）对运城这一盐业专城的建立、发展过程作了系统考察，并着重论述了明后期，特别是清代时期该城在各方面发生的变化，指出中国封建社会后期城市的发展与西欧有不同的特点，即不是工商业发展的产物，而是封建国家机器的一个组成部分。他的《山西工商业史拾掇》（山西人民出版社，1987 年）以行业分题，分别对山西的煤炭业、制盐业、制酒业、制醋业、明清晋商、大德通票号等方面的状况及历史演变做了论述。景占魁的《近代山西煤炭产销运简述》（《基地建设研究》1988 年第 5 期）认为近代山西煤炭的生产与销售很不协调，往往产大于销。造成这种状况的原因，主要是运输上的严重阻碍以及外国资本对中国煤炭市场的控制。《旧中国山西经济的运行特点》（《集体经济》1989 年第 5 期）通过对辛亥革命以来山西经济运行轨迹的考察，认为山西经济在这期间两起两落，民族资本起步早、基础好，但发展缓慢，而官僚资本却迅速发展，在工业上，重工业畸重，轻工业畸轻，是其运行的几个主要特点。《试论山西民族资本主义工业的几个特点》（《经济问题》1983 年第 2 期）、《论抗战爆发前的山西民族工业》（《学术论丛》2000 年第 1 期），就山西民族工业的一些问题进行了探讨。《抗战爆发前五年山西经济发展的原因及影响》（《学术论丛》1997 年第 4 期）论述了抗战爆发前五年即 1932 年至 1937 年期间山西农业、工矿业、铁路交通、商业贸易、金融等建设的进展概况，并分析认为，这五年山西经济能有大的发展，主要原因是山西社会环境比较安定，当局对经济建设有足够的认识并采取了相应的积极措施，山西经济的发展对于改变山西落后面貌，并为中华人民共和国成立后经济的继续发展奠定了基础。此外，李吉等人编写的《山西经济史纲要》（山西人民出版社，1993 年），比较系统地论述了山西自古代至民国时期经济发展变化的历史。

四、晋商学的提出和构建

1997 年 10 月，原山西财经学院晋商研究中心筹办了中国商业史学会明清商业史专业委员会成立大会暨学术讨论会。在成立大会上，孔祥毅教授以"挖掘历史资料，引深晋商学研究"为题，发表重要讲话，正式向学界公开倡议建立晋商学，以此引申晋商的研究工作，得到了与会的著名经济史专家吴承明、方行等老前辈和当时的中国商业史学会会长胡平，副会长王相钦、张正明等专家的一致赞同。

世纪之交的十多年间，晋商研究硕果累累，在许多研究领域取得了重大突破，大家认为建立一个完整体系晋商学的机会和条件已经逐渐成熟。从 2000 年起，山西省社科院历史研究所高春平研究员就开始了晋商学资料的整理和初稿的编撰工作。

五、晋商的诚信问题

晋商是明清时期称雄于国内外商界 500 年之久的强大商业集团。尽管晋商在历史上不乏极个别贪利失信之徒，但作为中国十大商帮之首的著名群体，其讲究诚信是众所周知和受到商界公认的。

公元 14 世纪中叶，山西商人借助明政府实施"开中法"政策的历史机遇，利用靠近北部边防重镇的有利地理位置，推着满载粮食的木轱辘小车，在长城一带数十万兵马驻扎的军事消费市场经营食盐、粮米、棉布、铁器之类军需民用品，崛起于国内商界。进入清代，由于国内统一市场的形成，边疆地区的开发，晋商获得长足发展，到道光初年实现了商业资本向金融资本的飞跃，首创票号，进入鼎盛阶段。其财力之雄厚、活动地域之广阔、经营商品之众多、管理制度之严密，在国内商界首屈一指，成为足迹遍天下，纵横欧亚数万里，堪与意大利威尼斯商人媲美，在中国封建社会后期国计民生中发挥了重要作用的著名商人。

明代就有人称赞晋商："富室之称雄者，江南则推新安，江北则推山右。"山右即指山西商人，而且其富超过以徽州府为中心的新安商人。近代思想家、文化巨擘梁启超在评说山西商人的经营之道和制胜法宝时更是浓墨重彩写下"晋商笃守信用"六个大字。

诚然，晋商成功的因素和经验不少。除了大家熟知的节俭吃苦、精于管理、敢冒风险、开拓进取外，"诚实守信""信誉至上"是成就晋商辉煌的重要法宝。正是由于一代又一代的山西商人执着地践行"诚信第一"的准则，才使晋商在激烈的商海搏击中能不断地抓住商机，拓展市场，发展壮大。完全可以说，诚信是晋商之魂，是晋商足迹遍天下，票号汇通天下，且能长久兴盛的奥秘所在。原国家商业部部长、中国商业史学会会长胡平认为，山西商人诚信为本，这是它经营的核心理念，是晋商兴盛的原因。

(一) 诚信晋商

晋商在中国封建社会后期数百年的经商实践中，一直奉行"诚信为本"，长期坚持按"信誉第一"的宗旨从事经营活动。

诚信为本，利以义制。在道德观念上，山西商人主张道德为先、利以义制，认为经商虽以营利为目的，凡事则以道德信义为根基，提倡生财有道、见利思义，反对唯利是图、不择手段。明代著名商人王文显把从商 40 年的经验总结为："善贾者，处财货之场，而修高明之行。"另一位商人樊现以自己的亲身体会教育子弟说："谁说公道难信呢？我南至江淮，北尽边塞，贸易之际，人以欺诈为计，我却不欺，因此，我的生意日兴，而他们很快衰败。"清初八大皇商之一，介休人范永斗也正是由于明朝末年"与辽东通货财，久著信义"而受到清政府垂青，长期包揽对日本的洋铜贸易。正是由于晋商注重道德信誉，把诚信不欺作为经商长久取胜的秘诀，因而市场越拓越宽，生意日渐兴隆，利润逐年递增，终于在当时众商林立的市场浪潮中发展壮大为国内外商界瞩目的著名商人团体。

信仰对一个人、一个团体，甚至于一个阶层至关重要。尽管三国时的关公平生既不经商又非豪门巨贾，更没有范蠡、管仲的经商理论或实践经验可资效仿和借鉴，可是晋商尊奉关公，崇尚信义，不仅在店铺悬挂关公画像，而且在全国各通都大邑兴建的山西会馆中供奉关公，唱三国题材、赞颂忠义的戏曲，把关公奉为财神，进行偶像崇拜。原因恰恰是关公具有中华民族"信义昭著""言必忠信"的传统美德，是山西人讲诚信、守诺言、重信义的典范。故而晋商以"信义"来团结同人、凝聚同乡，摈弃见利忘义、背信弃义的商业欺诈行为，赢得人们信赖，收到了取信于社会的良好效果。

产销环节，严格把关。信誉和质量是商家成败兴衰的关键。晋商非常注重商号的信誉和产品质量，绝不掺假售劣，宁吃小亏，也要保证质量信誉。例如，祁县乔家在包头开设的复盛公商号，做生意以诚信为本，不图非法利润，在用户中信誉很高，人皆争购其商品。有一次，复盛油坊从包头运大批胡麻油到山西销售，经手伙友为贪图厚利，竟在油中掺假，掌柜发现后，立即另行换装，以纯净好油运出，尽管商号暂时亏点，但信誉无价，近悦远来，复字号所销之油成为人们长期信得过的商品，生意更加兴隆。电视剧《乔家大院》中对此有生动形象的反映。

当时晋商进货一定会到最好的地方去采购。老字号太谷广升远药店，严把原料关，制作定坤丹的人参非"高丽""老山"不选，茸非"黄毛""青茸"不用，故而信誉著于海内外，至今数百年不衰。瑞隆裕商号进砂锅，一定要去平定。磨香油原料只选平遥的芝麻，因为平遥的芝麻个大、皮薄，油质好，出油率高。为保证茶叶质量，晋商还在福建武夷山、湖南羊楼司产茶地方雇人生产砖茶，然后精心包装，通过车船与骆驼转运到蒙古、俄罗斯售卖。

诚信互济，劳资双赢。晋商在选择合作伙伴方面十分慎重，不随便建立盟友关系，但一经确认对方信用可靠，便与之发生业务交往关系，且不轻易拆台挤兑，而是同舟共济。即便对方中途因市场变化暂时亏损，一般也不轻易催逼欠债，不诉诸官司，而是从中吸取教训，共渡难关。如榆次常氏天亨玉商号掌柜王盛林在财东将要破产时，曾向盟友大盛魁商号借银三四万两，又让财东把天亨玉的资本全部抽走，另换字号名为天亨永，照常靠借贷营业，未发生倒账。1929年大盛魁商号发生危机时，王盛林认为本号受过大盛魁的帮助，不能过河拆桥，不顾别人的反对，毅然设法从经济和业务上支持大盛魁，帮其渡过难关。

晋商东家与伙计的人际关系处理较好，伙计对待主人十分忠诚，合股经营非常成功。明代人沈思孝在《晋录》中写道：平阳、泽、潞，富商大贾甲天下，非数十万不称富。他们以品行相交，其合伙经商者，名曰伙计。一人出本，众伙共而商之。虽不发誓但绝无私藏。祖父以子母利息借贷于人而中途死亡，贷者放弃已数十年，子孙出生并知道祖先负债后，必定要勤劳苦作还清所贷。因此，那些资本富厚的人，争着要这些人做伙计，"谓其不忘死岂肯背生也"。所以有无资本都可以合伙做生意。只要伙计干得好、重诚信，没有银两也可顶身股，年终账期同样参与分红。这样一来，既能调动员工的积极性，又协调了劳资矛盾。

（二）失信惩治机制

在中国封建社会，没有银行法、公司法、反不正当竞争法等约束不法奸商的行为。于是在资金周转清算环节上，晋商形成了父债子还、夫债妻还，一诺千金，信守契约，凭商业信用交易的惯例，实行标期结算、违规惩戒，并创立商号信誉注册登记办法，有效地防范了金融风险。雍正时，河南赊旗镇有的商家为图暴利偷换戥秤，市面度量混乱不一，晋商招集全行商贾在山西会馆公议秤足 16 两，依天平为准，其后不得私自更换戥秤，违者罚戏三台。再犯者，举秤送官府究治。为了防止有的商号赖账拖欠进而产生债务纠纷，晋商在长期实践经验基础上，建立了定期赊购结账的"标期"制度。例如，平遥的春标期为农历三月二十五，夏标期为六月二十八，秋标期为九月二十九，冬标期为十二月初十。在赊货时定明结算期，不能隔年。票号、钱庄的贷款收回，也按标期约定。凡赊购标期货物的商号，如到期不付款，叫作"顶标"，"顶标"商号经理人姓名、籍贯要在汇兑行业登记，一经登记，便失去信用，各商家便与其断绝业务往来关系，以后就不能或很难买到标期赊购货物。"顶标"是一种严明的失信惩罚制度，对商家来说关系到自身的信用与生存，它有效地加快了资金的周转速度，维护了市场秩序，保证了汇兑信用，一定程度上防范了呆账、死账与三角债的发生，减少了金融风险，深受商家欢迎。

(三) 中外评介

晋商笃守诚信数百年，得到社会各界的公认，在工商业界声誉极高。明清时期的一些经济学家、政府官员，甚至于一般老百姓对于晋商的诚信是有很高评价的。早在道光年间就有人说：千金纸票，交银于此，取银于彼，从无坑骗。到了咸丰时，江南河道总督杨以增讲：各省银号汇兑银两，盈千累万，"竟以一纸为凭者，信也"。近代外交家，中国首任驻英法公使郭嵩焘对晋商做过中肯评价：中国商贾一向称道山陕商人，山陕人之智术不能望江浙，其推算不能及江西湖广，而世守商贾之业，"惟心朴而实也"。

1843 年上海开埠后，中外客商云集，外国银行纷纷而来。到 20 世纪初，上海很快发展成为远东商贸金融中心。票号、钱庄、外资银行一度在上海呈鼎足之势。起先，外国洋行要采买中国内地土特产品必依靠票号在全国的汇兑网络，因此，票号与钱庄、外国银行常发生一些业务往来关系。每个票号都和四五个基础牢固信誉好的钱庄订立往来合同，常把游资交给钱庄保管，需用时随时提取。有时票号也将闲余款子存放外国银行。因此，当时上海汇丰银行的一位经理曾对晋商的信用程度给予这样的评价："二十五年来汇丰与山西商人做了大量的交易，数目达几亿两，但没有遇到一个骗人的中国人。"山西商人的信誉使外国人心服口服。

1900 年，八国联军攻占北京，京诚许多王公贵族随着慈禧、光绪帝仓皇西逃，他们来不及收拾家中的金银细软，随身携带的只有山西票号的存折。一到山西，这些人纷纷跑到票号兑换银两。在这种情形下，山西票号按情理完全可以向北京来的储户说明京城分号在战乱中银库被劫，损失惨重，甚至连账簿都被烧的难处，等总号重新清理账目后再行兑付。但是，以日昇昌为首的山西票号没有推延，只要储户拿出存银的折子，不管面额多大，一律立刻兑现。他们不惜以甘冒风险的惊人之举再次向世人昭示了信义在票号业中至高无上的地位。

风险过后必然伴随着更多的机遇，带来更大的收益。

战乱一结束，当山西票号在北京的分号重新开业时，不但普通老百姓纷纷将多年辛劳积蓄的银两放心大胆地存入票号，甚至清政府也将一笔又一笔大额官银、军饷交给票号汇兑、收存。诚信经营给票号带来了巨额利润。京号经理李宏龄在《山西票商成败记》中十分感慨地说：此后信用益彰，即使洋行售货，"首推票商银券最足取信"，票号分庄遍于通国，名誉著于全球。

（四）商人追逐利润与晋商诚信的关系

信誉第一，顾客至上。开店铺、做生意、设货栈、创票号，赚取钱财利润无可非议，关键是不能靠巧取豪夺、坑害欺骗顾客，更不能违法犯罪。晋商在具体的经营过程中十分注重维护信誉和市场交易秩序，甚至宁可亏本，也不食言失信。旅蒙商大盛魁在蒙古做生意时，多方面满足牧民要求，不仅送货上门，深入帐篷，还要求员工懂蒙语、会针灸，并针对牧民牲畜多、银钱少的实际，发展了春季赊货，秋后用羊算账等多种灵活销售方式。结合长期实践，晋商总结推广了许多商谚，诸如"诚招天下客，义纳八方财""销货无诀窍，信誉第一条""买卖不成仁义在""称平斗满尺满足"等，这类商业谚语至今仍是商界至理名言。

市场经济是信用经济。借鉴晋商的诚信经营理念和做法对我们今天构建道德为支撑、产权为基础、法律为保障的社会信用体系意义重大。现代的知识经济下，信用缺失必然造成社会经济网络和链条紊乱、失调乃至断裂。当前，面对入世后全球经济一体化的格局，如果思想不解放、观念不开放，缺乏诚信和创新，就难与世贸组织接轨，更难以在国际市场上维持竞争力。因此各级政府和社会中介机构要把大开放、大发展、大招商落实到实际工作和行动中，尽快建立和完善政府、企业、个人的征信档案及失信惩罚机制，弘扬晋商文化，共铸诚信社会。

六、晋商与欧美商人及国内宁波商人、徽商的不同

在世界商业史上，晋商是堪与犹太商人、威尼斯商人媲美的国际商人。当西方商人创办跨国商团母子公司时，晋商创立了与他们很相似的总分号制度。晋商与欧美商人主要的不同在三方面：一是资本的原始积累不同。晋商的原始积累是建立在诚信冒险的基础上，不断开拓市场，靠小本辛苦经营逐渐滚雪球发展壮大挣来的。这与英国商人靠海外掠夺、圈地运动、贩卖鸦片，美国商人靠贩卖黑奴、驱赶土著印第安人的血腥积累行为是完全不同的。二是生存发展基础和环境不同。晋商是在明清专制政局，半封建半殖民地社会这样的不良社会环境机体内，伴随着有限的商品货币经济艰难曲折发展起来的，没有近代工业做后盾，而欧美商人是在资产阶级革命成功开辟道路，工业革命勃兴的优良环境下迅猛发展的。三是法律地位和贸易方式不同。西方商人受到政府和法律的强有力保护，海外子公司都是独立法人，对

外贸易不仅倾销商品，而且进行资本输出。而晋商在受到俄国等外商欺骗发生商业纠纷时根本得不到政府的保护和支持，分号也没有法人地位，对外贸易只能输出茶叶、丝绸之类土特产品，根本谈不上资本输出。

明清时期国内兴起晋商、徽商、山东、陕西、福建、广东、宁波、龙游、洞庭、江右十大商帮。晋商和徽商、江浙商人的不同主要有三：一是观念不同。晋商重商甚于科考，崇尚关公，形成学而优则商，子弟俊秀者多入贸易之途，至中材之下方读书应试。而徽商则是儒商并重，尊奉理学，把读书科举看得很重，对文化教育高度重视。二是经营不同。晋商多以远距离长途贸易和票号、钱庄、典当、账局为主，而江浙商则以钱庄、银楼、洋行买办、服务行业居多。三是消费方式不同。晋商利润主要消费于捐官盖房买土地、纳妻妾、抽大烟，形成官僚、地主、商人三位一体的社会富贵阶层，投资于近代工矿企业的也有，但不多。江浙商人经营的钱庄，是票号的出纳，但善于借鸡生蛋，学习洋人，充当买办，利润主要投资于民族中小企业，这也是江浙财团后来居上，取代晋商金融霸主地位，操纵中华人民共和国成立前中国经济金融命脉的一个重要原因。2007年，我们去欧洲考察商业时，在巴黎、罗马看到数百家温州商人开设的中餐馆。

票号不仅铸就了晋商的辉煌，而且培养了大批金融人才。票号在清末民初清政府垮台，外国银行和国内新式银行挤压，各地乱兵抢掠，存款逼提放款难收形成的挤兑风潮中大批倒闭。除了外部这些客观原因，高春平认为自身主观原因很重要。清末平遥、祁县、太谷总号经理观念保守，抱残守拙，对时世潮流昧于了解，又不接受北京分号经理李宏龄等人的正确建议，坐失改组股份制银行、入盟清朝户部银行

（中国银行）、加入交通银行等新式民营银行的一系列机遇。当时《大公报》社论和南北几十家分号都曾写信给总号，痛陈业务之艰，改组银行之势在必行，近代思想家梁启超莅临在京晋商举办的欢迎会演讲，亲自宣传当时世界经济发展潮流趋势和银行在欧美日本经济发展中的重要地位与作用，均未奏效。票号败落后，那些经理和员工在当时都属很难得的高素质专业人才，所以有的被新式银行聘用为经理，如贾继英等人，有的担任钱庄、银号的掌柜会计，有的在京津、上海、汉口银行充任业务骨干，也有不少胆小的回晋中老家种地或做小买卖，还有个别外地分号掌柜见时局动荡，便向东家谎称亏赔，甚至于用毒酒害杀伙计，然后卷款他走，当时称这种现象叫"坑东（家）杀伙（计）"。

耐人寻味的是，明清晋商研究随着社会的需要终于走出了书斋。如近年文艺界推出的以晋商为题材的话剧《立秋》、舞剧《一把酸枣》、电视剧《乔家大院》、京剧《走西口》等在社会上产生了极大反响。那么，为什么明清晋商会引起学术界、文化界、企业界、政界等社会的广泛关注呢？高春平以为其因有三：一是明清晋商不同于历代之晋商，其时已成为极有势力之地方商人集团，并在经营管理（两权分离、身股制）等方面有所创新，可谓是中国封建社会后期新因素的一种反映，因此史学界必然对此予以相当的注意；二是晋商的开放、诚信、创新精神，对于改革开放的当今社会，有着继承发扬之必要；三是历史是面镜子，晋商的成败经验教训对当今社会发展有着借鉴价值与启迪作用。

既然如此，晋商研究就需要深入、细致研究下去，需要从个案着手，由点到面，由面到点，纵向、横向多方位研究。由山西省社会科学院院长、研究员李留澜，历史研究所所长、研究员高春平主编的《晋商案例研究》就是在此思路下编著的一本力作。

随着社会主义市场经济的建立，为了满足社会对商业人才的迫切需求，许多高校设立了商学院系，且有不少院系开展了 MBA 教学课程。商学是一门实用性很强的学科，除基础知识外，多采用案例教学。由于是新兴学科，案例教学在教材选择和编撰上向西方同类学科借鉴乃至移植是不可避免的，这样一来固然有"他山之石，可以攻玉"之用，但也有一个明显的不足，那就是缺少中国风格和中国纹理，对于教与学来说都不免有一种隔膜，总感到有些不甚对路，不甚解渴。《晋商案例研究》恰好可以填补这样的不足。晋商是中国商业史上的一座奇峰、一座宝藏，此书的编撰以多年晋商研究的成果为基础，且在资料占有上又有新的拓展，可以说是依照实战需要原则对精选原料的又一次提纯。就内容而言，其中国风格和中国纹理无疑是浓郁的和清晰的；就形式而言，编者有意借鉴了哈佛大学、清华大学等院校教材的体例和结构，这无疑可以使现代教学更易于接受。其中可能还存在着这样那样的不足，但无论如何都是把晋商研究推向更加适合社会实际需要的一种十分可贵的尝试。

《晋商案例研究》共分三卷，卷下设篇，又分别为诚信篇、义利篇、人才篇、政策篇、经营管理篇、创新篇、票号银号篇、名老字号篇、市场营销篇、决策管理篇。如此分类甚便于读者一目了然按照喜好查阅。从全书来看，虽为个案组成，又都互有联系，而成一整体。可谓分中有合、合中有分，从而更利读者深入了解晋商之内涵，同时注意了深入浅出、通俗易懂、可读性强。这既是一部实用性很强的可资借鉴的教材，又是一部严肃的史学著作。

七、晋商的研究方法

晋商学是一门覆盖面很广的学科，涉及历史学、经济学、社会学、金融学、统计学、管理学众多学科领域。因此，研究方法的掌握极其关键。

（1）必须以马克思主义唯物史观的理论和方法做指导，本着存史、求真、务实的科学态度，深入细致地研究探讨。否则就会堕入五里云雾，甚至被一些假象、表象迷惑，得出不符合历史真实，甚至荒谬的观点。

（2）既要借鉴西方经济学的有关理论和方法，又不能简单地生搬硬套，教条地照抄照搬。西方经济学中的数量统计、博弈理论、信息不对称、边际效用理论等都可以供晋商研究借鉴，但要注意必须在吃透晋商史实的前提基础上，否则就会出现削足适履甚至错误的笑话。比如，有的人将边际效用递减理论套在票号的利润收益分析上，结果得出到光绪年间票号的分红越来越少这样完全与史实不符的偏颇观点。

（3）实地考察调研走访法。晋商在全国各地遗存的会馆、宅院、碑刻、档案等第一手资料不少，因此要深入研究，离不开实地考察和走访，比如在晋中、北京、天津、汉口、库伦、恰克图等地遗存大量实物，必须在原始资料的发掘上下功夫。

（4）文献考订法。晋商研究的成果著作不断涌现，通过学习前人已有的研究成果也是一种方法，但必须注意考证，不能完全抄袭，比如，乔家在包头的复盛公商号改广盛公的时间，近年出版的许多书都没说清楚。只有黄鉴晖先生说在嘉庆年间，大体上不错。高春平研究员根据走访包头市的张贵先生和查看内蒙古大学所藏山西乔家在包头的借钱契约，发现复盛公改广盛公的时间在嘉庆十八年（1813）到二十四年（1819）之间。

山西省社科院高春平研究员认为当前晋商研究应从三方面着手：一是提倡科学务实、严谨治学的马克思主义唯物辩证观点和学风，在史料的发掘、整理、钻研方面下功夫；二是抢救资料，省政府应投资尽快尽早把散落在日本的票号史料和全国各地的晋商会馆的残存资料实物收集回来，这是山西的宝贵财富；三是要结合山西改革开放、观念更新、特色城镇建设、商贸流通、旅游开发、新晋商崛起等做进一步深入的研究，在经营管理制度及用人机制上探真知，在中外商人和国内同时期各帮商人比较研究中吸取经验教训，力争重商兴国，拓展商业文明，服务于兴晋富民和中国特色的社会主义市场经济。

附：近百年内有关晋商研究的论文论著表

题　目	作　者	期　刊	时　间
《山西商办保晋矿务公司广告》		《大公报》	1908 年 4 月 1 日
《调查张家口用及库伦之商务状况》		《商务官报》	1909(7)
《票商顾全大局》		《新闻报》	1912 年 8 月 16 日
《记山西之票号》	君　实	《东方杂志》	1917 年 6 月
《记山西票号》		《上海银行周报》	78 号
《山西票庄盛衰之调查》		《中外经济周刊》	19 号,民国十四年（1925）
《山西票号之兴替史》	范椿年	《钱业月报》	1926 年 3 月
《山西票号盛衰之始末》	陆国香	《中行月报》	1932 年 11 月
《山西票号之组织及沿革》	范椿年	《中央银行月报》	1935 年 1 月
《山西之当质业》	陆国香	《民族》	1936 年
《山西票号之今昔》	陆国香	《民族》	1936 年 3 月
《山西票号之起源》	卫聚贤	《中央银行月报》	1935 年 6 月
《山西票庄在今昔经济上之地位》	秦省如	《钱业月报》	1935 年 7 月
《山西省之金融业》	蒋学楷	《银行周报》	1936 年 6 月
《近代中国社会结构与山西票号》	侯兆麟	《中山文化教育馆季刊》	1936 年 10 月
《山西票号的性质与作用》	杨荣晖	《光明日报》	1961 年 5 月 22 日
《山西晋泰官钱局从开办到停业》	康承庭	《山西文史资料》	1963(5)
《祁县乔家在包头的复字号》	刘静山	《山西文史资料》	1963(6)
《河东兴业钱局》	段子荣 许衣如	《山西文史资料》	1963(8)
《晋中第一家票号——日昇昌》	冀孔瑞	《山西文史资料》	1964(10)

(续表)

《祁县悦来当》	王定南	《山西文史资料》	1964(10)
《孔祥熙的山西裕华银行志略》	子祥口述	《山西文史资料》	1964(11)
《介休侯家和蔚字号》	冀孔瑞	《山西文史资料》	1964(11)
《票号和钱庄的起源》		《中国金融》	1979(7)
《山西票号史话(一)》	孔祥毅	《山西日报》	1980 年 1 月 21 日
《山西票号史话(二)》	孔祥毅	《山西日报》	1980 年 1 月 28 日
《山西票号史话(三)》	孔祥毅	《山西日报》	1980 年 2 月 8 日
《山西票号史话(四)》	孔祥毅	《山西日报》	1980 年 2 月 22 日
《山西票号史话(五)》	孔祥毅	《山西日报》	1980 年 3 月 3 日
《山西票号史话(六)》	孔祥毅	《山西日报》	1980 年 3 月 24 日
《山西商人的研究》	（日）寺田隆信	《山西大学学报》	1980(3)
《晋绥地方铁路银号始末》	米量轩 曲宪南	《山西文史资料》	1981(16)
《太谷曹家商业资本兴衰记》	聂昌麟	《山西文史资料》	1981(20)
《对〈孔祥熙的山西裕华银行志略〉一文的订正》	贾香亭	《山西文史资料》	1982(24)
《太原土货商场纪略》	续承明	《山西文史资料》	1982(24)
《浅议山西票号》	郝建贵	《经济问题》	1982(4)
《日本东北大学寺田隆相讲授在我院部分教师座谈会上谈山西商人之研究》	陈凤翔口述，郭玉琳整理	《山西财经学院学报》	1982(5)
《学术动态：山西票号学术讨论会在太原举行》	金科言	《历史研究》	1982(5)
《山西票号、上海钱庄的性质的历史地位》	洪葭管	《金融研究》	1982(8)
《山西票号学术讨论会纪要》		《经济问题》	1982(10)
《也谈山西票号、上海钱庄的性质的历史地位——与洪葭管同志讨论》	黄鉴晖	《金融研究》	1983(1)

(续表)

《略论山西票号、上海钱庄的性质和历史地位》	洪葭管	《近代史研究》	1983(2)
《山西票号的经营特点》	李高楼 郝建贵	《上海金融研究》	1983(2)
《山西商人发展的原因》	(日)佐佰富著, 张正明译	《晋阳学刊》	1983(2)
《论清代山西驼帮的对俄贸易》	庞义才 渠绍森	《晋阳学刊》	1983(4)
《大德通票号始末记》	郝建贵	《山西文史资料》	1983(29)
《大盛魁印票庄简介》	吕洛青	《山西文史资料》	1983(29)
《山西票号简介》	荣榀瑶	《财贸经济资料》	1984(1)
《山西票号与清政府的勾结》	孔祥毅	《中国社会经济史研究》	1984(3)
《中国早期的银行——帐局》	黄鉴晖	《山西财经学院学报》	1984(6)
《旅蒙商大盛魁》		《内蒙文史资料》	1984(12)
《祁县复恒当从业亲历记》	段占高	《山西文史资料》	1984(34)
《清代北方最大的通事行——大盛魁》	孔祥毅	《山西文史资料》	1984(34)
《新绛县的航运业与铁货业》	任永昌 杨作梅	《山西文史资料》	1984(34)
《对山西票号倒闭及大德通(恒)幸存的一点看法》	力 可	《山西金融》	1985(1)
《顾炎武、傅山与票号无关》	师育谦	《晋阳学刊》	1985(1)
《山西票号产生的历史背景和条件》	黄鉴晖	《山西金融》	1985(1)
《清初京师商业会票》	汪宗义 刘 宣	《文献》	1985(2)
《十九世纪后半期中国票号业的发展》	张国辉	《历史研究》	1985(2)
《试论明清时期晋商的崛起》	渠绍森	《财经贸易》	1985(2)
《清代的茶叶商路》	张正明	《光明日报》	1985年3月6日
《山西票号资本的特征》	黄鉴晖	《山西金融》	1985(4)

（续表）

《山西商人的历史性质》	（日）寺田隆信著，李凭译	《山西地方志通讯》	1985（4）
《山西票号的银股和身股》	黄鉴晖	《山西金融》	1985（4）
《票号是清政府的国家银行吗?》	力可	《山西金融》	1985（4）
《二十世纪初期的中国钱庄和票号》	张国辉	《中国经济史研究》	1986（1）
《清末晋商衰落浅析》	渠绍森	《财经贸易》	1986（3）
《山西票号何时有》	郝建贵	《山西地方志通讯》	1986（6）
《山西票号与金融市场》	郝建贵	《山西金融》	1986（10）
《山西票号在中国历史上兴盛之奥秘》	郝建贵	《财经贸易》	1986（11）
《山西票号发生年代及其性质的一点想法》	孙慧	《财经研究》	1987（1）
《清初商用会票与商品经济的发展》	黄鉴晖	《文献》	1987（1）
《清代时期的山西商人》	刘文智	《天津社会科学》	1987（3）
《清代帐局初探》	黄鉴晖	《历史研究》	1987（4）
《明清山西俊秀之士何以弃仕从商》	赵汝泳	《山西大学学报》（哲学社会科学版）	1987（4）
《山西商人的经营术》	赵汝泳	《山西财经学院学报》	1987（4）
《清代前期的钱庄和票号》	张国辉	《中国社会经济史研究》	1987（4）
《山西商人的独特经营艺术》	赵汝泳	《经济问题》	1987（6）
《忆公兴顺和积杂货庄》	周波臣	《山西文史资料》	1987（49）
《祁县乔家堡"在中堂"简介》	胡育先 武殿琦	《山西文史资料》	1987（49）
《曲沃乾育昶药店》	段士朴	《山西文史资料》	1987（49）
《上党票号记略》	李国庆	《山西文史资料》	1987（49）
《文人经营的北京干鲜果行》	岳守椿	《山西文史资料》	1987（49）

（续表）

《对〈文人经营的北京干鲜果行〉一文更正》	岳守椿	《山西文史资料》	1987(51)
《清代晋商的发展、性质及其历史地位》	秦佩珩	《贵州财经学院学报》	1988(2)
《山西票号的经营管理》	侯安平	《山西财经学院学报》	1988(2)
《鸦片战争前后天津票号的兴起与发展》	刘民山	《天津史志》	1988(3)
《吉林省票号研究》	梁继先	《金融学刊》	1988(4)
《祁县广和当》	段达海等	《山西文史资料》	1988(58)
《太原商会史略》	任步魁	《山西文史资料》	1989(63)
《清代晋商的股俸制》	张正明	《中国社会经济史研究》	1989(1)
《晋商对山西文化的影响》	赵汝泳	《陕西教育学院学报》	1989(2)
《晋商在外贸中的地位和作用》	赵汝泳	《晋阳学刊》	1989(5)
《清代晋商之盐商和票号的再探讨》	秦佩珩	《郑州大学学报》（哲社版）	1989(5)
《明清时期的晋帮商人》	张正明	《文史研究》	1989(12)
《论云南近代票号》	李　可	《云南金融》	1990(1)
《晋商与三晋文化》	赵汝泳	《山西大学师范学院学报》	1990(2)
《概说山西票号之兴衰》	李士恒	《上海工业大学经济管理学院汇刊》	1990(5)
《山西商人及其历史启示》	孔祥毅 张正明	《山西日报》	1991年11月18、19日
《明清山西商人概论》	张正明	《中国经济史研究》	1992(1)
《近代中国资金清算之枢纽——票号与钱庄》	王爱民	《山西财经学院学报》	1992(1)
《论明清晋帮商人的特点》	高春平	《山西经济管理学院学报》	1992(2)
《明清的山西商人》	（日）佐佰富著，邵继勇译	《山西经济管理学院学报》	1992(2)
《试论明清山西商人崛起的原因》	刘建生等	《山西经济管理学院学报》	1992(2)
《试析大德通票号新占市场的四大原则》	阎应福	《山西财经学院学报》	1993(1)

(续表)

《晋商地名谈：先有复字号后有包头城》	田树茂 田中义	《太原师专学报》	1993(2)
《晋商王文素及其〈新集通证古今算学宝鉴〉》	张正明 高春平	《晋阳学刊》	1994(1)
《旧上海的票号业》	钱 薇	《上海修志向导》	1994(2)
《晋商巡览(上)》	高春平	《当代山西商会》	1994(2)
《民初晋商在无极》	刘宗诚	《沧桑》	1994(2)
《清代山西商人和边地贸易》	葛贤慧	《山西财经学院学报》	1994(2)
《试论明清晋商的商业活动趋向》	张民服	《中国史研究》	1994(2)
《山西人经商术》	孔祥毅 张正明	《文史精华》	1994(3)
《山西票号兴衰史话》	赵汝泳 赵为民	《乡土文学》	1994(3)
《试论辛亥革命与山西票号的衰亡》	史若民	《学术论丛》	1994(4)
《再现百年票号风采——评介〈票商兴衰史〉》	姚会元	《中国社会经济史研究》	1994(4)
《一部书写近代山西金融业的史书：黄鉴晖先生的〈山西票号史〉评介》		《农村金融研究》	1994(12)
《一代晋商电视连续剧十分风光：评九集〈昌晋源票号〉》	顾云卿	《文汇电影时报》	1994年10月15日
《乡下祖父悲欢曲：电视剧〈昌晋源票号〉一解》	杜 高	《文艺报》	1994年11月26日
《新视野与新发展：从〈情满珠江〉到〈昌晋源票号〉》	刘扬体	《文艺报》	1994年12月17日
《电视晋军又树起一面旗帜：电视连续剧〈昌晋源票号〉研讨》	高 巍	《光明日报》	1994年12月29日
《晋商王文素及其〈新集通证古今算学宝鉴〉》	高春平	《当代山西商会》	1994(2)
《试论晋商的历史地位和作用》	刘建生 刘鹏生	《山西大学学报》 (哲学社会科学版)	1995(2)
《试论开发旅游资源 创办"晋商文化博物馆"》	刘建生 刘鹏生 周跃武	《生产力研究》	1995(3)
《略论近世晋商家族的伦理道德教育》	王喜旺	《太原师专学报》	1995(3)
《三晋文化的艺术魅力——关于〈昌晋源票号〉的美学价值断想》	崔洪勋	《文艺理论与批评》	1995(3)

（续表）

《主旋律创作的谐和音：电视连续剧〈昌晋源票号〉研讨会综述》		《中国电视》	1995（3）
《自强不息晋商梦》	邹平实	《企业活力》	1995（4）
《晋商探源》	邱文选	《晋阳学刊》	1995（4）
《晋商的理财文化》	费孝通	《读书》	1995（5）
《论明中期边庄纳粮制的解体》	高春平	《学术论丛》	1995（5）
《票号业在北京的兴衰》	司马城	《北京金融》	1995（9）
《〈昌晋源票号〉、〈东方商人〉比较谈》	彭加瑾	《中国电视》	1995（10）
《从晋商争占市场的气概看山西商人的前景》	张巩德	《文史研究》	1996（1—2）
《从历史广角析晋商》	赵荣达	《文史研究》	1996（1—2）
《辉煌后的反思：晋商走向衰败若干原因分析》	王明星	《文史研究》	1996（1—2）
《晋商史料与研究》	郭裕怀	《文史研究》	1996（1—2）
《晋商是最早的期货经纪人》	郝汝梅 高远平	《文史研究》	1996（1—2）
《晋商晚期西北出口商务》	渠绍淼	《文史研究》	1996（1—2）
《票号管理制度分析与借鉴》	周丽萍	《文史研究》	1996（1—2）
《平遥票号在晋商中的地位和作用》	刘志杰	《文史研究》	1996（1—2）
《我所了解的家志诚信票号》	文绣口述 董维平整理	《文史研究》	1996（1—2）
《实行公司化重组，再创新晋商业绩》	刘克恭等	《探讨》	1996（2）
《〈晋商兴衰史〉评介》	吴慧	《中国经济史研究》	1996（3）
《从渠家大院看晋商的衰落》	渠川	《文史研究》	1996（3—4）
《胡平同志在晋商学术研讨会上发表重要讲话并做专题报告》	张全盛	《文史研究》	1996（3—4）
《晋商启示录》	孙静兰 关键	《文史研究》	1996（3—4）
《晋商文化研究的五年步履》	晋商文化研究会	《文史研究》	1996（3—4）

(续表)

《晋商在晋剧形成中的历史功绩》	寒 声	《文史研究》	1996(3—4)
《晋商中裂变出的民族资产阶级代表人物:宋继宗》	常士晔	《文史研究》	1996(3—4)
《努力创造出超越前人的业绩:在第二节全国晋商学术研讨会上的发言》	范堆相	《文史研究》	1996(3—4)
《浅议晋商与晋商文化,兼谈晋南太平帮的兴衰史》	邱文选	《文史研究》	1996(3—4)
《试论明清晋商文化(提纲)》	张正明	《文史研究》	1996(3—4)
《在第二届全国晋商学术研讨会上的发言》	王楚光	《文史研究》	1996(3—4)
《在第二届全国晋商学术研讨会上的致词》	郭裕怀	《文史研究》	1996(3—4)
《重商观念营垒的内部裂变:小说〈金魔〉、〈昌晋源票号〉的历史承载力》	华而实	《文史研究》	1996(3—4)
《试论晋商的封建性》	刘建生 刘鹏生	《清史研究》	1996(4)
《一个商业劲旅的历史启示录:〈晋商兴衰史〉》	宋元强	《中国社会科学》	1996(4)
《当铺、票号和钱庄》	陈先枢	《商业经济论坛》	1996(4)
《晋商的崛起与发展》	王明星 丁孝智	《山西经济管理学院学报》	1996(4)
《〈金瓶梅〉与晋商》	刘 泽 石巨文	《山西大学学报》(哲学社会科学版)	1996(4)
《明清山西官商一体家族浅议》	孙丽萍	《晋阳学刊》	1996(6)
《晋商中裂变出来的宋继宗》	常士晔	《中国方城》	1996(6)
《晋商在晋剧形成中的历史功绩》	寒 声	《史粹新观》	1996
《论明中期边庄纳粮制的解体——兼与刘淼先生商榷》	高春平	《学术研究》	1996(9)
《优秀传统文化融贯于商业经营中:晋商文化初探》	张正明	《人民日报》	1997 年 1 月 18 日
《近世晋商家族的经商理财教育》	王喜旺	《文史研究》	1997(1)
《晋商与茶文明》	渠绍淼	《文史研究》	1997(1)

（续表）

《山西商人的经商伦理道德初探》	张辉、白金	《前进》	1997(1)
《茶叶——晋商与国际贸易的纽带》	刘建生 刘鹏生	《文史研究》	1997(1)
《从晋商巨族二百年辉煌看现代企业成功的途径》	武 斌	《北方经济》	1997(1)
《对〈晋商与湘茶〉一文的补白》	宁书贤	《山西文史资料》	1997(2)
《初议历史地理环境中晋商的兴衰》	佘可文	《人文地理》	1997(2)
《试从历史的广角析晋商》	赵荣达	《理论探索》	1997(2)
《试论明清晋商文化》	张正明	《史学集刊》	1997(2)
《晋商与西北茶叶贸易》	陶德臣	《安徽史学》	1997(3)
《谈谈票号的衰亡的问题》	鲍莉虹 鲍 炜	《中山大学研究生学刊》(社科版)	1997(3)
《晋商在明清时期茶叶贸易中的杰出贡献》	杨 力 王庆华	《农业考古》	1997(4)
《清代晋商的对俄茶叶贸易》	张正明 张梅梅	《农业考古》	1997(4)
《开拓意识与清代晋商的兴衰》	王乃德 翟相卫	《史志研究》	1997(4)
《从山西票号的衰亡探析企业的经营与制度创新》	刘可为	《管理世界》	1997(4)
《晋商:一个被遗忘的话题》	北 草	《环球企业家》	1997(4)
《浅议山西票号经营之道的借鉴作用》	史飞霞 李 梅	《财金贸易》	1997(5)
《晋商经济遗构与传统文化氛围——古城平遥建设特色见述》	祁今燕	《城乡建设》	1997(5)
《试论晋商精神与传统文化》	何乃光 郑 宪	《中央社会主义学院学报》	1997(5)
《游壶口领略晋商风采》	许小根	《沧桑》	1997(5)
《从晋商的辉煌说到现代企业成功的途径》	武 斌	《五月风》	1997(5)
《晋商宅院余话录》	孙 钊	《山西文化》	1997(5)

(续表)

《晋商大军中的交城毛皮业》	解光启	《沧桑》	1997(6)
《明清时期晋商文化的特点》	周敬飞	《中国工商管理研究》	1997(6)
《蔚字号票号》	侯清柏	《沧桑》	1997(6)
《挖掘晋商文化遗产，推动晋中旅游发展》	山西晋中地委等	《山西旅游》	1997(S)
《从晋商徽商看国史脉络》	李一蠡	《炎黄春秋》	1998(1)
《明清晋商股份制浅析》	高春平 岳巧兰	《学术论丛》	1998(2)
《论票号与钱庄在中国近代资金清算中之作用》	王爱民	《经济问题》	1998(3)
《谛听往日的声息：大型摄影画册〈晋商城宅〉读后》	庞沁文	《新闻出版报》	1998年3月24日
《"陆陈帮"及其相关问题》	梁四宝	《山西大学学报》（哲学社会科学版）	1998(4)
《山西票号始创年代初探》	杨文忠 杨永丽	《文史月刊》	1998(5)
《晋商溯源(下)》	邱文选	《交流时报》	1998(5)
《晋商新魂美特好》	原艳萍 田 德	《改革先声》	1998(5)
《乔世杰与宝丰隆票号》	侯清柏	《沧桑》	1998(6)
《山西票号改组银行的有利条件》	王小鸽	《沧桑》	1998(6)
《晋商巨贾渠源浈》	邓丰产	《沧桑》	1998(6)
《晋商新秀——访祁县百货大楼经理贾素梅》	张志中 王明阳	《改革先声》	1998(6)
《晋商文化现象一瞥》	郭红铁	《山西文化》	1998(6)
《掘开富饶的黄土地——弘扬晋商文化迎接山西经济面临的新挑战》	常锦全 曹 红	《财经贸易》	1998(11)
《明清晋商"东掌制度"的利弊分析》	王小鸽	《太原师范专科学校学报》	1999(1)
《王文素与他的〈新集通证古今算学宝鉴〉》	高春平	《财会纵横》	1999(1)
《论永乐时期的开中法》	高春平 韩春芳	《大同高等专科学校学报》	1999(1)
《明清晋商与犹太商人比较》	张正明	《学术论丛》	1999(1)

(续表)

《晋商民居建筑文化》	高宇波	《太原理工大学学报》	1999(1)
《山西票号:金融史上的奇观》	孙 明	《21世纪》	1999(2)
《晋商兴衰探究》	张 余	《民间文化》	1999(2)
《山西票号的衰亡与亚洲金融危机的对比与结论》	任荣伟 韩顺平	《山西大学师范学院学报》	1999(2)
《商业人才的选拔培养与明清晋商的成功》	王小鸽	《山西青年管理干部学院学报》	1999(3)
《山西票号鼻祖——"日升昌记"纸币》	傅为群	《中国钱币》	1999(3)
《明清时代边地贸易与对外贸易中的晋商》	邵继勇	《南开学报》(哲社版)	1999(3)
《平遥票号对办好现代股份制商业银行的启示》	李印波	《金融教学与研究》	1999(4)
《晋商文化与晋商建筑》	高宇波 傅 鹏	《中外建筑》	1999(4)
《明清山西商人形象论》	欧 人	《商业经济研究》	1999(6)
《票号没有该组成银行的主观原因探析》	王小鸽	《学术论丛》	1999(6)
《旦角"睡不着"——〈晋商与梆子戏角儿〉之一》	毛守仁	《都市》	1999(6)
《山西大院文化摭谈》	孙丽萍	《沧桑》	1996(6)
《试论票号与清政府的关系》	李俊峰	《历史教学》	1999(8)
《晋商文化与晋商建筑》	高宇波	《建筑学报》	1999(9)
《"日升昌"票号启示录》	黄玉杰	《农业发展与金融》	1999(12)
《论山西票号在中国近代金融史的历史地位》	王子善	《学术论丛》	2000(1)
《明清山西商人经营风格论析》	欧 人	《商业研究》	2000(1)
《提升晋商文化品位 开发山西旅游精品——关于晋商文化旅游区的内涵及如何开发的战略构想》	肖先华	《山西旅游》	2000(1)
《政策加地理是明清晋商成功的重要因素》	王小鸽	《太原师专学报》	2000(1)
《晋文化内涵探源》	宋宝群 肖先华	《山西广播电视大学学报》	2000(1)

（续表）

《山西票号对现代金融风险防范的启示》	《山西票号对现代金融风险防范的启示》课题组	《金融与市场》	2000(3)
《1883 年金融危机中的票号与钱庄(上)》	孔祥毅	《山西财经大学学报》	2000(3)
《1883 年金融危机中的票号与钱庄(下)》	孔祥毅	《山西财经大学学报》	2000(4)
《晋商股体制及其对现实的指导意义》	程素仁 程雪云	《北京商学院学报》	2000(4)
《晋商惨败沉思录》	张全盛 马小玲	《沧桑》	2000(4)
《晋商文化旅游区开发战略设想》	赵 平	《太原大学学报》	2000(4)
《试析早期晋商资本运营中的制度创新》	梁四宝	《生产力研究》	2000(5)
《明清晋商与儒家思想》	许瑞凤	《学术论丛》	2000(6)
《世纪末的反思:晋商批评》	刘庭玉	《山西文史资料》	2000(6)
《革命不是激进主义的产物——兼论晋商衰败的历史原因》	李华荣	《山西高等学校社会科学学报》	2000(12)
《晋商巨贾曹润堂及其诗作》	程素仁 程雪云	《晋中师专学报》	2000(S)
《晋商股份制的经济学分析》	梁四宝 刘鹏生	《生产力研究》	2001(1)
《论"晋商"的开拓精神、经营方略与文化内涵》	艾 斐	《晋阳学刊》	2001(1)
《试论孔子在中国商业发展史上的重要意义》	陈丽琳	《市场与发展》	2001(1)
《晚清晋商与茶文化》	李三谋 张 卫	《清史研究》	2001(1)
《晋商的成功之道对出版企业改革与发展的借鉴》	柔 之	《出版经济》	2001(1)
《晋商故里的一颗璀璨明珠——记山西榆次经济技术开发区》	武旭光	《发现》	2001(1)
《由徽商、晋商看京商》	周小翔	《北京联合大学学报》	2001(1)
《明清时期山西人口迁徙与晋商的兴起》	梁四宝 武芳梅	《中国社会经济史研究》	2001(2)

《晋商在世界经济史上的位置及其败落的几点思考》	赵荣达	《沧桑》	2001(2)
《浅谈晋商与移民之关系》	刘玉太	《史志研究》	2001(2)
《晋商茶道冠古今》	杨 力	《农业考古》	2001(2)
《明清时期山西人口迁徙与晋商的兴起》	梁四宝 武芳梅	《财贸研究》	2001(3)
《从明清山西商人看现代企业管理经营》	罗朝华 贾彩彦	《山西财经大学学报》	2001(3)
《论晋商的人生价值观》	孙丽萍	《晋阳学刊》	2001(4)
《明清官商一体化加速的原因》	孙丽萍	《江苏行政学院学报》	2001(4)
《晋商衰落原因的历史反思》	景占魁 冯素梅	《晋阳学刊》	2001(4)
《浅议"晋商学"的研究方法》	刘建生 刘卓珺	《山西财经大学学报》(高等教育版)	2001(4)
《晋商消费性支出对现代民营企业发展的启示》	刘建生 燕红忠	《生产力研究》	2001(4)
《试论晋商的金融创新》	高春平	《晋阳学刊》	2001(4)
《明清晋商商业伦理精神探论》	欧 人	《现代财经》	2001(4)
《山西票号业的金融创新》	雒春普	《晋阳学刊》	2001(5)
《晋商票号与现代企业制度》	张奎胜	《北京经济瞭望》	2001(5)
《晋商票号与现代企业制度》	张奎胜	《当代经理人》	2001(5)
《晋商兴衰为什么》	张泽一	《中国商人》	2001(6)
《换个角度看晋商》	林 柏 刘建生	《山西日报》	2001年8月15日
《晋商衰败的社会文化因素》	关志强	《文史月刊》	2001(9)
《晋商望族的一通"戒烟碑"》	郭齐文	《文史月刊》	2001(12)
《山西票号对我国国有银行应对入世的启示》	张岑遥	《现代经济信息》	2001(12)

(续表)

《用"本地人"——钟朋荣评析晋商的用人策略》	钟朋荣	《企业管理》	2001(12)
《解读晋商——孔祥毅教授访谈录》	郭学军 孔祥毅	《企业管理》	2001(12)
《汇通天下的山西票号》	魏卞梅	《沧桑》	2001(S2)
《晋商的"没奈何"》	绍 森	《沧桑》	2001(S2)
《晋商的发展及其辉煌》	张全盛	《沧桑》	2001(S2)
《晋商的衰落》	张全盛	《沧桑》	2001(S2)
《晋商的兴起》	张全盛	《沧桑》	2001(S2)
《晋商精神》	孔祥毅 张 正	《沧桑》	2001(S2)
《晋商与茶文化》	渠绍淼	《沧桑》	2001(S2)
《晋商与宫廷圣药》	山 汉	《沧桑》	2001(S2)
《晋商与建筑艺术》	郭齐文	《沧桑》	2001(S2)
《晋商与晋剧》	寒 声	《沧桑》	2001(S2)
《清朝山西商人之商路示意图》		《沧桑》	2001(S2)
《首创票号的雷履泰》	张 彰	《沧桑》	2001(S2)
《论明清时期官商一体化的作用和影响》	孙丽萍	《史林》	2002(1)
《明代晋商的类别》	宋丽莉 马玉山	《山西大学学报》(哲学社会科学版)	2002(1)
《对开发晋商大院文化旅游带的思考》	佘可文 张慧霞	《山西财经大学学报》	2002(1)
《论晋商与山西戏曲的关系》	刘建生 武芳梅	《晋中师范高等专科学校学报》	2002(1)
《晋商经营管理浅析》	冀满红 樊茂清	《沧桑》	2002(1)
《论晋商法律文化的特点》	何建华	《北京市政法管理干部学院学报》	2002(1)
《山西商人集团群体心态之浅析》	周以岗	《山西大学学报》(哲学社会科学版)	2002(1)

（续表）

《钱庄票号与银行并存的近代中国金融业:基于部分"自开商埠"所作分析》	杨天宏	《中华文化论坛》	2002(1)
《山西商人与教育》	孔祥毅	《晋中师专学报》	2002(1)
《文化、伦理与社会秩序:以山西票号为例》	杨艳红	《世界经济文汇》	2002(1)
《浅议晋商对经营者的选择和激励机制》	林 柏	《中共山西省委党校学报》	2002(2)
《晋商望族常氏家族的民居文化》	杨团明	《晋中师范高等专科学校学报》	2002(2)
《对票号兴起的经济学分析》	俞 骏	《生产力研究》	2002(2)
《"日升昌"成功之道的借鉴意义》	陈新中	《江苏企业管理》	2002(2)
《社会转型与晋商》	赵荣达	《晋中师专学报》	2002(2)
《与时俱进 开拓创新——从山西票号的兴衰看我行的改革与发展》	隋运生	《金融论坛》	2002(2)
《清代以来山西典商的发展及原因》	刘建生	《中国社会经济史研究》	2002(3)
《传统法律文化与山西票号的兴衰》	王继军、赵晓耕、刘涛	《山西大学学报》(哲学社会科学版)	2002(3)
《晋商不败(续完)》	介子平	《山西社会主义学院学报》	2002(3)
《晋商衰败的原因及历史反思》	李 玲	《晋中师院学报》	2002(3)
《20世纪初中国钱庄汇划制度和汇划公单收付情形考察》	林地焕	《历史教学》	2002(3)
《晋商辉煌微探》	张建忠	《晋中师专学报》	2002(3)
《鸦片战争后的清代钱庄》	樊继福	《陕西师范大学学报》(哲社版)	2002(3)
《晋商世界、近代风云、个体生命——〈白银谷〉人物形象系列论析》	傅书华	《当代作家评论》	2002(3)
《晋商有何管理经验》		《江苏市场经济》	2002(3)
《山西票号激励制度解读》	李 勇	《会计研究》	2002(3)
《山西商人走向衰败的原因分析》	王明星	《中国社会经济史研究》	2002(3)

(续表)

《晋商与传统文化》	刘建生 燕红忠	《晋阳学刊》	2002(4)
《浅析明清时代晋商的人力资源会计思想与实践》	张卫东	《太原大学学报》	2002(4)
《清代晋商股份制新探》	林 柏	《生产力研究》	2002(4)
《晋商与北部市场开发》	高春平 田晓红 高小平	《晋阳学刊》	2002(4)
《山西省晋商文化研究会简介》		《生产力研究》	2002(4)
《晋西黄河古渡碛口镇商业试论》	高文艳	《太原教育学院学报》	2002(4)
《从山西票号看我国历史上的股权激励制度》	李 勇	《会计之友》	2002(4)
《江右商帮与晋商的差异及其主要特征》	梁四宝 燕红忠	《生产力研究》	2002(4)
《晋商诚实信用法律文化特点研究》	王继军 何建华	《理论探索》	2002(4)
《山西票号的内部股权制》	张聪林 张春菊	《现代商业银行》	2002(4)
《明清晋商兴衰的关键》	任雪梅 沈 乔	《太原教育学院学报》	2002(4)
《晋商向近代资产者蜕变的问题》	张正明	《晋阳学刊》	2002(5)
《浅析明清以来山西典商的特点》	刘建生 王瑞芬	《山西大学学报》 (哲学社会科学版)	2002(5)
《从票号和钱庄的兴衰看传统金融组织的自我改造》	杨立宏 唐 宇	《财经政法资讯》	2002(5)
《山西票号与社会信用》	王劲松	《山西档案》	2002(5)
《探求晋商衰败之谜》	梁小民	《读书》	2002(5)
《晋商巨子的墓志铭》	桑道之	《沧桑》	2002(5)
《旧京山山西商人与干鲜果行》	崔普权	《商业文化》	2002(5)
《论晋商企业文化》	乔 南	《晋阳学刊》	2002(6)
《晋商与中国近代金融》	董继斌	《晋阳学刊》	2002(6)
《儒商文化与现代企业制度——晋商昌盛500余年探析及启示》	张增强	《山西财经大学学报》	2002(6)

（续表）

《山西商人对中国商业革命的贡献》	孔祥毅	《山西财经大学学报》	2002(6)
《山西票号中前期顺利经营的制度性因素》	李永福	《山西高等学校社会科学学报》	2002(6)
《山西商人资本性质初探》	黄鉴晖	《山西财经大学学报》	2002(6)
《成一：第一位展示晋商秘密的作家》	李国光	《山西老年》	2002(7)
《晋商的财经思想探析》	王友生	《商业时代》	2002(7)
《山西票号与中国商业革命》	孔祥毅	《金融研究》	2002(8)
《山西票号的密押与现代货币的防伪——渊源、发展与比较》	王　森	《金融研究》	2002(8)
《从晋商信用分析当前企业的信用危机》	刘建生 任志江	《山西统计》	2002(9)
《晋商的理财思想探析》	王友生	《财会月刊》	2002(9)
《山西票号壬子九十年祭》	孔祥毅	《中国国情国力》	2002(9)
《山西商人研究领域的新进展——〈晋商研究评介〉》	卫兴华	《高校理论战线》	2002(10)
《说古论今晋商人力资本的激励机制》	王友生	《中国电力企业管理》	2002(10)
《晋商票号与保险改革》	王东原 王　坚	《中国保险》	2002(10)
《晋商,尽显一代风流》	廖宗亮	《金融经济》	2002(10)
《平遥古城探晋商》	魏书传	《金融经济》	2002(10)
《平遥票号：金融史上的绝唱》	郭一先	《金融经济》	2002(10)
《山西票号国际学术研讨会观点综述》	李　萱 王光华	《经济学动态》	2002(10)
《诚信经营看晋商》	张奎胜	《当代经理人》	2002(11)
《从山西票号激励制度看企业股权激励制度设计》	管　洲	《时代工商》	2002(11)
《晋商及票号管理制度对保险公司改革的启示》	王东原	《保险研究》	2002(11)
《晋商票号两权分离的制度安排及启示》	陈进行	《中国经贸导刊》	2002(21)

(续表)

《晋商兴衰历史考察》	刘鹏生 李 冬	《中国地方志》	2003(S1)
《晋商与徽商经营管理之比较——传统文化在商业运营中的作用》	刘鹏生 燕红忠 刘建生	《沧桑》	2003(1)
《近代以来的社会变迁与晋商的衰落——官商结合的经济学分析》	刘建生 燕红忠	《山西大学学报》（哲学社会科学版）	2003(1)
《西部呼吸新票号资本——中国黄土高坡育成大资本的历史考察》	姚会元	《中南财经政法大学学报》	2003(1)
《山西票号组织制度探微》	李瑞芳	《许昌学院学报》	2003(1)
《新晋商文化从这里开创——记山西太原贵都集团》	丰 文	《税收与企业》	2003(1)
《晋商及其对现代经济的几点作用》	刘建生 燕红忠	《税收与企业》	2003(1)
《没有巨大而成功的商业作品不是好商人——原肇先生访谈录》		《经济理论与经济管理》	2003(1)
《晋商近代化转型的原因探析》	刘建生 任志江	《税收与企业》	2003(2)
《平遥票号与商业规则》	朱小平	《企业文化》	2003(2)
《经营条件的改变与山西票号的创建——晋商首创票号之原因》	孙晋浩	《沧桑》	2003(3)
《陈醋老酒造晋商》		《求学》	2003(3)
《山西商人近代化转型失败的经济学分析》	刘建生 任志江	《经济问题》	2003(3)
《晋商的理财思想探析》	王友生	《上海会计》	2003(3)
《明清时期山西市镇与晋商活动简析》	刘建生 武芳梅	《税收与企业》	2003(3)
《清代晋中商人何以雄中称雄》	赵荣达	《晋中师范高等专科学校学报》	2003(4)
《晋商开拓创新精神对现代企业的启示》	刘建生 燕红忠	《税收与企业》	2003(4)
《晋商商业伦理道德的形成、基本规范与价值》	周玉萍、廖启云、武杰	《生产力研究》	2003(6)
《德威并举 义利相济——山西票号管理中的中国传统文化》	梁平汉	《文史杂志》	2003(6)
《镖局、标期、标利与中国北方社会信用》	孔祥毅	《金融研究》	2004(1)

《企业委代关系中的非正式约束分析——以山西票号为个案的研究》	贾彩彦	《山西财经大学学报》	2004(1)
《晋商妇婚姻生活初探》	韩晓莉	《山西大学学报》（哲学社会科学版）	2004(2)
《试析清代晋帮茶商经营方式、利润和绩效》	刘建生 吴丽敏	《中国经济史研究》	2004(3)
《晋商制度系统的开放性与制度配置》	丰若非 刘建生	《山西大学学报》（哲学社会科学版）	2004(4)
《明清山西商业教育摭论》	柴国珍	《太原师范学院学报》（社会科学版）	2004(4)
《晋商研究的制度分析方法》	刘鹏生 王云爱 刘建生	《经济问题》	2004(7)
《山西票号是如何调度资金和规避风险的？》	成诚	《杭州金融研修学院学报》	2004(11)
《清代晋中奢靡之风述略》	殷俊玲	《清史研究》	2005(1)
《晋商学徒制习俗礼仪初考》	殷俊玲	《山西大学学报》（哲学社会科学版）	2005(1)
《浅谈晋商与粮食贸易》	常平凡、贺来星、庞素梅、杜建林	《山西农业大学学报》	2005(1)
《论明清时期晋中的中小商人》	高春平	《晋阳学刊》	2005(2)
《乾隆年间河东盐商经营贸易额的估算》	王勇红 刘建生	《盐业史研究》	2005(2)
《清代晋帮茶商与湖南安化茶产业发展》	梁四宝 吴丽敏	《中国经济史研究》	2005(2)
《晋商会馆、公所与近代山西商会》	张正明	《晋阳学刊》	2005(2)
《晋商垄断恰克图贸易的历史成因》	李永福	《太原理工大学学报》（社会科学版）	2005(4)
《山西票号的风险控制及其现实意义》	孔祥毅 张亚兰	《金融研究》	2005(4)
《诚信晋商与信用山西》	高权德 高春平	《晋商研究新论》	山西人民出版社，2005 年
《对晋商劳动力激励制度的两点思考》	林柏	《晋阳学刊》	2005(6)
《关于晋商文化研究的几点思考——兼谈晋商在北京的经营活动》	葛贤慧	《北京市财贸管理干部学院学报》	2006(1)

(续表)

《基于晋商实践的信用起源与维持机制》	燕红忠 李 东	《经济问题》	2006(2)
《晋商诚信赢天下》	高春平	《人民论坛》	2006(3)
《晋商文化之法价值探微》	赵肖筠	《山西大学学报》（哲学社会科学版）	2006(4)
《明清晋商与传统法律文化论纲》	张 钧	《山西大学学报》（哲学社会科学版）	2006(4)
《也谈山西商人兴起的地理条件》	郭士忠	《太原师范学院学报》（社会科学版）	2006(6)
《试论晋商信用的历史制度分析模式》	刘建生 石 惠	《山西大学学报》（哲学社会科学版）	2006(6)
《晋商经营中的门面文化》	刘润民 刘素林	《生产力研究》	2006(8)
《对晋商股份制产生动因的探讨》	林 柏 刘建生	《生产力研究》	2006(10)
《不完全信息和不确定性及信用的生成机制研究——以明清晋商为例》	刘建生 张新龙	《经济问题》	2006(12)
《论中国古代信用票据飞钱、交子、会票、票号的发展演变》	高春平	《经济问题》	2007(1)
《晋商渠本翘与山西保晋矿务公司》	雒春普	《经济问题》	2007(2)
《晋商制度变迁——一个分析框架》	王云爱	《山西财经大学学报》	2007(2)
《晋商在清代金融业的地位和作用分析》	黄鉴晖	《经济问题》	2007(4)
《晋商股份制中的"内部人控制"现象探析》	丰若非	《山西大学学报》（哲学社会科学版）	2007(4)
《晋商程化鹏对海外茶叶贸易市场的开拓》	宋丽莉	《经济问题》	2007(4)
《资源禀赋与晋商的茶叶贸易》	成艳萍	《山西大学学报》（哲学社会科学版）	2007(4)
《晋商股份制中的"内部人控制"现象探析》	丰若非	《山西大学学报》（哲学社会科学版）	2007(4)
《明清地域性商帮的传媒属性：以晋商为例》	张宪平	《山西大学学报》（哲学社会科学版）	2007(4)
《论山西银号——兼谈日本军国主义侵华是晋商衰亡的直接原因》	高春平	《晋阳学刊》	2007(5)
《山西票号资本与利润总量之估计》	燕红忠	《山西大学学报》（哲学社会科学版）	2007(6)

（续表）

《产权与激励机制视角下的晋陕商帮》	石 涛 李志芳	《山西大学学报》 （哲学社会科学版）	2007(6)
《晋商信用制度启示》	燕红忠 刘建生	《经济问题》	2007(11)
《晋商营销思想研究》	吕彦儒 王华丽	《经济问题》	2007(12)
《晋商与宁波商人比较》	许 静	《科技情报开发与经济》	2007(33)
《为晋商研究奠定坚实基础》	孙丽萍	《山西政协报》	2007年7月13日
《晋商研究领域的里程碑》	赵政民	《山西政协报》	2007年7月13日
《推动晋商研究深入发展》	行 龙	《山西政协报》	2007年7月13日
《晋商研究对经济发展具有积极作用》	孔祥毅	《山西政协报》	2007年7月13日
《挖掘晋文化遗产 服务经济社会发展》	刘泽民	《山西政协报》	2007年7月13日
《碑刻对晋商研究具有重要价值》	王勇红	《山西政协报》	2007年7月13日
《把〈晋商史料全览·晋中卷〉编写成优质出版物》	王时杰	《山西政协报》	2007年7月13日
《深入挖掘晋商史料 大力弘扬晋商精神》	田建兵 孙永红	《山西政协报》	2007年7月13日
《潞商是晋商的重要支脉》	宋丽莉	《山西政协报》	2007年7月13日
《〈晋商史料全览〉丰富了社会史研究》	王守恩	《山西政协报》	2007年7月13日
《浅谈明清潞商与区域环境的相互影响》	宋丽莉 张正明	《山西大学学报》 （哲学社会科学版）	2008(1)
《祁帮票商长盛不衰原因之分析》	李山岗、 柳崇正	《晋中学院学报》	2008(1)
《晋商家族企业经营方式对晋商兴衰的影响》	张立生	《忻州师范学院学报》	2008(1)
《国际经济一体化视角下的明清晋商》	成艳萍	《中国经济史研究》	2008(2)
《清代山西商人行商地域范围研究》	乔 南	《晋阳学刊》	2008(2)
《论晋商的错账更正方法》	张丽云 郭 睿	《会计之友》	2008(2)上
《晋商的社会价值与责任——以中国近现代历史的考察范围》	李永福	《太原理工大学学报》	2008(2)

(续表)

《晋商源头探析》	刘合心	《经济问题》	2008(2)
《清代盐商朱立基案》	张 舒	《沧桑》	2008(2)
《汾酒商人转型研究》	孔祥毅	《山西财经大学学报》	2008(3)
《清代晋商茶叶贸易定量分析——以嘉庆朝为例》	石 涛 李志芳	《经济问题》	2008(4)
《晋商创办票号的非生物环境简论》	王永亮	《山西财经大学学报》	2008(4)
《从晋商研究中看金融学科理论的缺陷》	黄鉴晖	《山西财经大学学报》(高等教育版)	2008(4)
《略论明清晋徽商人才选拔制度与绩效》	石 涛 孔庆新	《山西大学学报》(哲学社会科学版)	2008(5)
《明清晋商巨贾的人格结构研究》	杨继平、郑建君、冯昊	《山西大学学报》(哲学社会科学版)	2008(5)
《明清晋商的历史地位与会计成就》	赵丽生	《会计之友》	2008(5)上
《晋商股份制中信用关系的经济学解析》	丰若非 刘建生	《经济问题》	2008(6)
《晋商连锁经营模式与启示》	张亚兰 李晓静	《生产力研究》	2008(22)
《晋商人身股制度的现代经济学分析与启示》	李小娟	《生产力研究》	2008(22)
《传统金融机构管理体系的现代解读——评〈山西票号经营管理体制研究〉》	马国英 石 涛	《中国经济史研究》	2009(3)
《明代潞绸业的兴盛与管理》	高春平	《晋中学院学报》	2009(4)
《山西票号会计风险防范及启示》	洪荭、余畅	《财会通讯》	2009(4)
《张库商道之兴衰》	高春平	《中国名城》	2009(5)
《山西票号的组织与管理制度及其启示》	安 翔	《现代财经》	2009(8)
《基于信息经济学的视角浅论山西票号员工的管理及培养》	周建波	《开发研究》	2010(10)
《论山西票号企业管理制度对我国银行业的启示》	侯曦华 王瑛芳	《法制与社会》	2010(10)
《晋商财富,源于他们的思想》	高春平	《北京日报》	2011 年 9 月 19 日

（续表）

《刍议山西票号经营管理制度的形成环境》	王 渊	《经济问题》	2011(11)
《山西票号的人力资源管理及其对现代银行的借鉴意义》	杜丽娟	《东方企业文化》	2011(20)
《风险管理在山西票号与上海钱庄中的应用及启示》	徐涵镒	《财会研究》	2012(1)
《从山西票号看金融风险的控制》	林 楠 王红富	《时代金融》	2012(36)
《山西票号经营管理模式比较研究》	刘战武	《辽宁行政学院学报》	2013(2)
《山西票号财务管理制度探微》	周旭峰	《中国市场》	2013(6)
《近代上海钱庄与山西票号——转账结算与记账货币单位制度比较研究》	师冰洁	《中国证券期货》	2013(7)
《从山西票号看企业全面风险管理》	黄 多	《会计之友》	2013(16)
《山西商人及其历史启示》	孔祥毅 张正明	《山西文史资料》	第82辑
《从商品经济发展中考察山西票号的起源》	黄鉴晖	《山西文史资料》	第86辑
《大德恒票号述略》	曹恩荣	《山西文史资料》	第86辑
《德兴昌钱庄史料》	梅 卿	《山西文史资料》	第86辑
《会元银号的变迁》	郝建贵 李俊文	《山西文史资料》	第86辑
《解放前的太原银钱业》	任贯五	《山西文史资料》	第86辑
《民国时期新绛县的钱庄》	王宝山	《山西文史资料》	第86辑
《祁县亿中恒钱庄》	段镇、李春茂、郝建贵	《山西文史资料》	第86辑
《山西票号之组织及沿革》	范椿年	《山西文史资料》	第86辑
《通盛银行的几件往事》	郝建贵	《山西文史资料》	第86辑
《略述民国时期盂县的钱庄当铺》	王尔昌	《山西文史资料》	第96辑

(续表)

《晋商与湘茶》	宁书贤	《山西文史资料》	第 106 辑
《祁县的茶庄》	吕洛青	《山西文史资料》	第 110 辑
《包头的钱行业》	渠自安	《内蒙古文史资料》	第 33 辑
《归化城的六陈行》	贾汉卿	《内蒙古文史资料》	第 39 辑
《论山西票号的起源与性质》	黄鉴晖	《山西票号研究集》	第 1 辑
《清朝的兴起和山西商人》	（日）佐佰富	《社会文化史》(1)《中国史研究》(第 2 期)	
《清代塞外的山西商人》	（日）佐佰富	《东方学会创立二十五周年纪念东方学论集》《中国史研究》(第 3 期)	
《清代山西商人》	（日）佐佰富	《史林》第 60 期 1 号《中国史研究》(第 3 期)	
《清代山西商人和内蒙古》	（日）佐佰富	《藤原弘道先生古稀纪念史学佛教学论集》《中国史研究》(第 3 期)	
《山西汇兑业票号的起源及其变迁》	（日）西山荣久	《东亚经济研究》	第 11 期 1 号
《山西商人的起源和发展史》	（日）佐佰富	《东方学》	
《山西商人范毓馪一族的家谱和事迹》	（日）松浦章	《史泉》	第 52 号
《从明代盐政看政商互动得失》	高春平	《人民论坛》	2014(8)
《论开中盐法的演变与明中后期边镇纳粮体制的瓦解——明政府放权让利与利益集团垄断盐业市场的考察》	高春平	《晋商研究》	经济管理出版社，2015 年
《山西与丝绸之路——兼论山西在"一带一路"发展战略中的地位对策》	高春平	《经济问题》	2015(4)
《晋商率先开拓万里茶路研究》	高春平	《经济问题》	2017(2)

近百年来对山西传教史的研究概述

李卫民

这里说的传教史，是指基督教在山西的传播历史。关于基督教，目前有广义和狭义的基督教之分，本文所说的基督教取其广义，即包括天主教和新教两部分。近百年来，则是指民国期间和中华人民共和国成立之后。本文是学术评述文章，以对学术成果的介绍为主，兼做评论、阐述，并总结相关经验及不足。

一

历史学的研究，史料是基础，本文先从史料谈起。

关于近代山西传教史、教案史的重要参考资料，最重要的，当属台湾"中央研究院"近代史研究所编的《教务教案档》，这是晚晴总理衙门的关于传教、教案的档案，另外一部，则是由福建师范大学与中国第一历史档案馆联合编纂的《清末教案》资料集，这部资料集的前三集是军机处档案，对《教务教案档》是很重要的补充。无论是《教务教案档》，还是《清末教案》，其中都有不少篇幅涉及山西，研究者应当重视。乔志强先生编纂的《义和团在山西地区史料》（山西人民出版社，1980 年），篇幅不大，却是由乔先生多年辛勤收集，包括了北京中国第一历史档案馆的一些未刊史料和山西地方文献资料，多是首次公之于世，且不仅仅限于义和团史料，也有一些关于晚清山西传教史的内容，这部资料集的价值是不容小视的。此外，乔志强先生校点的《退想斋日记》，是一部重要的晚清民国文献，这是乔先生根据山西太原人刘大鹏的日记选编整理而成，起自 1891 年，终于 1942 年，刘大鹏的日记，记载详尽，其中多处涉及传教士、教民，对义和团运动前后的情形也有说明，这部日记，为研究者结合山西地方社会发展实况来分析传教、义和团等重大历史问题，提供了重要资料。此书近年颇受中国近现代史研究界重视。

张先清、赵蕊娟编的《中国地方志基督教史料辑要》一书是近年出版的一部大部头基督教史料集，书中有山西省的专题内容。这一部分，篇幅不大，但是包含一部作者不详的清末抄本《吉县乡土志》，与乔志强编纂的《义和团在山西地区史料》相比，张先清也从民国六年（1917）铅印本《临县志》、民国十二年（1923）铅印本《临晋县志》等书中摘选资料，不过，与乔志强的关注重点不同，张先清择选资料的侧重点，是基督宗教（包括天主教和新教）在各地的传播。从张先清等辑录的内容来看，各地县志关于基督教的内容，虽为数不多，但是作者的态度比较严谨，大多进行了考察、核实，能够提供教堂、教徒的具体数字，有一定参考价值。

美国的马士、宓亨利的《远东国际关系史》初版于 1928 年，是中国近代史研究名著，其中有多处涉及基督教在山西的传播史。该书记载了一些严重事件，如 1869 年法国公使罗淑亚来山西"研究传教的问题"，罗淑亚在太原遇刺，险些丧命。此外，该书对山西的义和团运动也有记述，两位作者详细记述了多位外国传教士被害的经过以及当时在山西遇难的外国人的人数，这部书对当时的山西巡抚毓贤持严厉批判的态度。

《中国十八省府》一书的作者美国地理学家威廉·埃德加·盖洛是一位旅行家，"具有教会的背景"，根据盖洛著作译者沈弘等人的推测，盖洛来华考察可能并未学通汉语，但是他依赖助手、翻译等人的帮助，查阅了一些中国资料，对中国各地的历史与现状有了一定了解，在《中国十八省府》中，有专门一章名为《太原府》，盖洛不仅记叙了他在太原府的见闻，还根据他搜集的资料叙述了 1900 年义和团运动期间，太原的 45 名传教士被杀的过程，盖洛对时任山西巡抚毓贤以及恩铭等人进行了指责。令人不解的是，盖洛对传教士在山西的活动并未做更多介绍。

美国人罗斯所著的《变化中的中国人》一书对近代山西传教史有较多介绍。罗斯 1910 年来到山西太原，罗斯指出，很多传教士深入到山西农村，不少传教士甚至脱下原来的衣装，穿上中国衣服去接近普通的山西农民，罗斯比较细致地介绍了这些传教士的工作、生活，他还介绍了传教士们的经费来源。罗斯的介绍比较详细，有一定的参考价值。

二

关于研究成果，先谈国内学者的研究，再分析国外学者的研究。

徐宗泽的《中国天主教传教史概论》，初版于 1938 年，是民国基督教史研究的一部名著。此书为山西传教史提供不少资料，该书最后一章《附录 中国圣教掌故拾零》中有一则《山西开教之高一志》，介绍山西天主教传教之起始。高一志自 1625 年至 1640 年间在绛州、蒲州、太原等地传教，先后发展教徒近 4000 人，他还创立了育婴院。1634 年发生旱灾时，高一志还投入到救灾中。关于清代前期、中期的山西传教史，徐宗泽介绍，在乾隆五十年（1785），各省搜捕教士，山西的马吉主教被抓，解付京城。1840 年之后，传教合法化、公开化，罗马教皇在山西设立了代牧主教区。1924 年，在上海举行全国主教会议，将全国教区划分为十七大区域，山西为第五区域。随着传教事业的推开，本土主教的数量也在增加。1926 年，罗马教皇在罗马大堂亲自任命"第一批六位中国主教"，其中就有山西汾阳陈国砥主教。研究山西传教史，徐宗泽的这部书确实不容忽视。

赵树好的《教案与晚清社会》是初版于 2001 年的近代教案研究专著。此书有多处涉及近代山西传教史。譬如，引发重大关注的绛州教堂归还案，此案牵涉面较广，法国传教士、法国驻华公使，绛州地方士绅、山西巡抚、总理衙门，各方势力都牵扯进来，事件过程也是一波三折，赵树好还特别强调，由于此事反复交涉，最后连法国驻华公使也催教士赶紧结案。赵树好对这一案件的分析，对读者了解山西教案的复杂过程有一定帮助。在该书第三章《社会问题与晚清教案》中提到近代山西（1840 年到 1911 年间）发生灾荒数量较多，其间，山西发生教案 90 起。赵树好的分析似乎不够详尽，但是他的观点还是值得重视的。《教案与晚清社会》的最后一部分是附录，《附录》的第一部分《影响晚清社会的百起重大教案纪略》，其中 1961 年山西绛州还堂案、1900 年山西太原教案、1900 年山西潞城教案、1900 年山西口外七厅教案等，这些内容为山西教案的进一步探索提供了良好基础。

近年，赵树好又有新作《晚清教案交涉研究》，此书涉及山西教案的内容不多，其中第四章《清政府教案政策与地方官执行中的错位》中提到，1901 年山西巡抚岑春煊等人上奏，军机处因之发布上谕，针对"直隶、山西一带教民往往殴打乡民，勒索银钱"，上谕要求"持平办理，速为了解"。[①]

郝平的《丁戊奇荒：光绪初年山西灾荒与救济研究》中第六章《饥荒中的外部援助》的第一节《外国救济》专门介绍了外国传教士在山西参与救灾的事宜。根据郝平的记述，英国传教士李提摩太等人在光绪三年（1877）到达山西，在山西官方允准之后，投入到救灾工作中，与李提摩太一起参加救灾的传教士还有韦理、李修善、德治安等。以李提摩太为主的传教士还将山西的灾情广为宣布，在英国引发大量关注，筹集了不少善款。郝平还分析了传教士们的具体救灾方式，即"一是在不同时期，给饥荒最严重地区散发足够的银钱，以使人们能维系到秋天庄稼收割之时；二是与官方提供的救济交替进行，轮流提供补助"[②]。郝平还指出，传教士的救灾行动赢得了一些地方士绅、农民的好评。郝平的研究，内容较丰富，论断比较平实。

著名历史学家乔志强的专题文集《辛亥革命前的十年》有多篇文章涉及近代山西传教史、义和团史。此书头一篇《论辛亥革命前十年农民的革命斗争》，对义和团运动之后、辛亥革命之前这 10 年间农民运动的概况有所梳理，其特别对此一时期山西的农民斗争列举较多，

---

① 赵树好：《晚清教案交涉研究》，人民出版社，2014 年，第 98 页。

② 郝平：《丁戊奇荒：光绪初年山西灾荒与救济研究》，北京大学出版社，2012 年，第221 页。

其所总结的农民革命斗争的具体内容，第一项即是"反教会压迫斗争"，这是乔先生自创的历史名词，他认为，"教案"一词尚不够准确，特别是"从我国历史上，人民群众对外国宗教并不是一概都反对"，而"反对教会的压迫"这一名称则意义更加清晰。①应该承认，乔先生的学术探究是非常深入的。此处，乔先生列举了1905年7月山西绛州人民反教会起义。该书中的另外一篇重要论文《辛亥革命前后山西农民的革命斗争》对义和团运动失败后的山西乡村教案有较多阐述。乔先生指出，义和团运动虽然失败，但是山西省内的"反教会压迫斗争"仍在持续，他列举了1901年高平县牛文炳领导的农民起义，这支起义军甚至攻入县衙，"将被押的义和团首领贾黑汉等六人救出"，"又到'洋教士'处示威，将其住过房屋捣毁"。②另外，乔先生还详述了1906年发生在山西左云县的由范敖等人领导的反教会压迫斗争，根据乔先生的详细记述，此次斗争中，参加起义的群众与当地传教士一度对峙，形势非常紧张。另外，《从〈潜园琐记〉看义和团》一文，利用地方文献，对山西义和团的兴起、特点有较为细致的描述，乔先生指出，山西义和团的兴起与山东有较大区别，山西义和团的影响也是相当大的，参与的人数很多，甚至一些地主也加入其中。在《关于山西义和团运动的几个问题》一文中，乔先生不仅对山西义和团运动做了全面评价，更值得注意的是，乔先生还对明清时期山西传教史做了简要叙述，其中也多有近代以来山西境内的教务纠纷乃至教案，构成一篇近代山西教案简史。《〈辛丑条约〉后地方赔款之一例》也很值得关注，乔先生

---

① 乔志强:《辛亥革命前的十年》,山西教育出版社,1991年,第6页。
② 乔志强:《辛亥革命前的十年》,山西教育出版社,1991年,第102页。

在此文中详细列举了《辛丑条约》签订之后，山西承担的赔款，这项研究，似无第二人做过。乔志强先生为写作这些论文，不仅赴北京中国第一历史档案馆查档，还费力搜集地方文献资料，写作之时，大量举证，文章的说服力很强，他的这些文章是近代山西传教史、教案史研究的重要收获。

行龙、赵英霞的文章《从迎神赛社看近代山西民教冲突》（《义和团运动一百周年国际学术研讨会论文集》，山东大学出版社，2002 年），这是一篇分析比较深入的社会史研究论文。此文从迎神赛社切入，分析民间大型民俗娱乐活动中，由于教民不再出资分摊，造成基层民教矛盾激化，而且此一矛盾在晚清期间长期存在，该文还分析了"教民"形成的原因，作者将其归纳为三种类型，这篇文章还对义和团运动之后民间迎神赛会的发展走向做了分析。行龙、赵英霞的文章，视角独特，分析细致，结论比较有说服力。王守恩的《山西义和团运动的特点》（《义和团运动一百周年国际学术研讨会论文集》，山东大学出版社，2002 年），提出了一些新的看法，他认为，晚清时期山西民教矛盾比较和缓，后来在山西发生大规模的义和团运动，主要是由于毓贤等人的煽动，山西义和团的发展并未越出官方的控制范围，再加上山西比较封闭，地方百姓对外来传教士有较多误解，山西义和团的杀戮更为严重。王守恩的文章并非无懈可击，但是，他的分析确实比较深入，其结论值得重视。

山西大学的成立与来晋传教士有直接的关系。《山西大学史稿1902~1984》（山西人民出版社，1987 年）对山西大学的创建有较为详尽的介绍，突出了李提摩太等外国传教士的积极活动，也明确指出当时山西士绅也积极行动，维护主权，对外国传教士在校内传教坚决抵制，最终，传教士创办的中西大学堂并入山西大学堂，而且中西大学堂的一切设备在 10 年之后全归山西省所有。当时的山西大学堂，分为两部分，传授西学和传授中学的，分别两处。

台湾学者陈银昆的《清季民教冲突的量化分析（1860~1899)》（台湾商务印书馆，1991 年）是近代传教史领域的一部名著，此书以量化分析见长，有很多表格，陈银昆将 1860 年至 1899 年划分为三个阶段，即 1860 至 1874、1875 至 1884、1885 至 1899，根据陈银昆的统计，山西的教案逐渐在减少，还可以看出，在县以下的区域，教案发生量较大，而在省、州两级；教案发生较少。总体而言，山西的教徒数量在增加，但教案数量却并不是很多。

张子荣对近现代山西传教史的研究也值得注意，他的《山西基督教会社会事业述略》，内容较全面，对近代以来天主教、新教教会在山西举办的社会事业有较为详尽的说明。关于救灾，除过丁戊奇荒，张子荣对传教士参与 1901 年汾阳旱灾、1920 年山西旱灾、1926 年吉县灾害等，都做了详细介绍，特别是有关传教士在救灾过程中还主持修建了平辽公路、汾军公路、汾太公路等重大基建工程的内容是值得重视的。此外，关于传教士在山西举办的"慈幼"事业，张子荣主要介绍了民国以来的一些发展概况，如瑞典圣洁会在山阴县开办的育婴堂、美国神召会在徐沟开办孤儿院等等。张子荣还介绍了近现代山西基督教医疗事业的开展，这部分的内容比较丰富，无论是在晚清期间的情形，还是在民国期间的发展，张子荣的介绍都比较详尽，他还绘制图表多幅，更加一目了然。对于山西基督教会开展的教育事业，除山西大学堂之外，张子荣还介绍了铭贤学院的情况。另外，对于教会在山西开办的中等、初等教育，如铭贤中学、普爱中学等，该文都做了一些介绍。张子荣此文内容较全面，叙述平实，有较大的参考价值。还应该注意到，张子荣另有一篇《山西基督教宗派述略》对近现代来晋传教士的活动有较多介绍，他特别指出了对山西社会影响较大的几个教派主要有"内地会系统的英国内地会、瑞典圣法会、瑞华会，浸礼宗的英国浸礼会、美国友爱会，公理宗的美国公理会，以及基督教青年会和真耶稣教会"[1]。张子荣对这些教派的传教区域、代表性传教士、重要活动等都做了简要介绍，具有较大的参考价值。

刘安荣的硕士学位论文《基督教的传播与山西社会早期近代化》也是内容较丰富的研究成果之一。刘安荣和她的导师王守恩一样，在开展了一段时间的资料搜集之后，连声感慨："对基督教在山西传播的状况，只有初步研究。"[2]在前人劳作的基础上，刘安荣对基督教在山西的传播做了进一步的梳理，列出多幅表格，提供了很多具体数字，她还对山西普通民众接受基督教的途径做出研究，将传教士发展教徒的方式归纳了六种，并都做出了说明。在这篇学位论文中，刘安荣对基督教传播给近现代山西社会发展带来的冲击做了解析，肯定了不少传教士在农业、戒毒、教育等方面所做的贡献。对传教士在医疗卫生方面的贡献，刘安荣也有比较详尽的说明。刘安荣认为，传教士对山西社会的近代化是做出了一定贡献的。

李传斌的专著《条约特权制度下的医疗事业：基督教在华医疗事业研究（1835~1937）》中也有关于山西地区基督教会医疗事业的内容。根据李传斌的记述，近代第 1 位来晋的医疗传教士是萧菲德，他

---

① 《三晋文化论丛》第一辑，1994年，第 158 页。

② 刘安荣此文可从"读秀网"下载。

在 1880 年进入山西。在义和团运动期间，山西教会医疗事业遭受严重挫折。这部书对进入民国以后山西教会医院的数量变化、本土化趋势都有简要介绍。李传斌对山西民众对西医的态度变化也做了勾勒，这是比较引人关注的内容。通观全书，关于山西的内容分量不大，远远少于关于东南沿海的介绍。

李传斌的另外一部专著《基督教与近代中国的不平等条约》通论晚清民国期间中国传教事业与条约制度之间的关系，不过此书只有极少部分涉及山西，约略提到李提摩太为促进在山西的宣教事业倡议筹组一个委员会以便与中国政府交涉。

徐继畬是近代山西的重要历史人物，中外历史学家对他都很关注。早在 1844 年英国的施美夫主教来华考察，在福州见过徐继畬，他称赞徐继畬"思想解放"。①当代美国历史学家德雷克（德雷克是他的英文名字的中文音译，他的中文名字是龙夫威）的《徐继畬及其〈瀛寰志略〉》是一部重要著作，德雷克特别注意到了晚年徐继畬的宗教态度，他的解析比较细致，指出徐继畬对天主教的评价比较低，但是，徐继畬对新教的印象较好，原因是"徐继畬与新教徒在中国沿海有过接触，他对新教徒著作的兴趣以及信仰新教的国家的强盛"都造成徐继畬对新教没有太多恶感。②德雷克的分析很值得重视。他注意到了晚年的徐继畬对中国古代经典著作仍非常关注，对八股文的研究也没有停止，但是这并未妨碍徐继畬的开放观念。对中国近代人物的思想观念的研

---

① ［英］施美夫：《五口通商城市游记》，温时幸，译，北京图书馆出版社，2007 年，第294 页。

② ［美］德雷克：《徐继畬及其〈瀛寰志略〉》，任复兴，译，文津出版社，1990 年，第141 页。

究，目前还缺乏高质量的研究成果，德雷克的研究确实比较深入。此后，德雷克另撰写《徐继畬与美国：一种特殊关系》，在此文中，德雷克详细介绍了美国传教士裨治文、雅裨理、卫廉士等人与徐继畬的交往，深入阐述了徐继畬开放思想的特点，①该文是《徐继畬与〈瀛寰志略〉》一书中有关徐继畬思想特点的论述的深化。

戚其章先生是中国近代史研究大家，他曾写过一篇《如何评价义和团运动期间的毓贤》。毓贤是义和团期间引人瞩目的政治人物，引发的争议极多。戚先生搜集大量资料，围绕很多既有观点做了大量辨析，他认为，对毓贤不应一概而论，须具体分析其言行、作为，毓贤对义和团的态度确实"比较开明"，"起到了一定的保护作用"，而且他还顶住外国政府、传教士的压力，坚持持平办理教案，"非常难能可贵"，但是，毓贤的排外思想也比较严重，有些主张也没有多少道理，有人认为他"误国"，也确有道理。戚先生明确指出，不应该简单肯定毓贤。②

三

通过上面的详细解析，已可以看出，基督教在山西的传播、发展及其多方面影响，已有国内外的研究者做了不少研究，在有些方面取得了不少扎实的进展。随着时间的推移，多位研究者前赴后继，近现代天主教、新教的各教派、各差会所派来山西的传教士，进入山西各县市的传教士的人数、姓名、大致的活动经过已基本水落石出，传教

---

① 任复兴主编：《徐继畬与东西方文化交流》，中国社会科学出版社，1993年。
② 此文刊发于戚其章文集《晚清史治要》，中华书局，2007年。

士发展教徒的方式也基本得到明确，关于传教士举办的各种社会事业及其作用，也得到了越来越客观的评述。在山西传教史上，毓贤与山西义和团的发展，是一大关键问题，中外学者就此已做了很多考辨、论析，关于毓贤的评价，人们的看法已趋于一致，对山西义和团的发展，也有一些高质量成果问世。近年来，民国年间的山西基督教史研究取得了更多突破。

当然，近现代山西基督教史研究还存在一些问题，亟待解决的，大致有以下几个方面。

首先，应进一步整理相关史料。历史学是实证学科，巧妇难为无米之炊，史料的扩充有助于历史学研究的深化。就近现代山西传教史、教案史、义和团史而论，目前的史料仍有必要进一步扩充。目前，类似《退想斋日记》《潜园琐记》这样的地方文人的日记、文集，仍有待进一步挖掘，地方文人的作品缺乏使传教史的研究不易具体化。另外，来晋传教士很多，但是，关于山西传教的国外档案、回忆、新闻报道，目前还很罕见，导致对很多传教士的研究难以深入开展。还有，考虑到近现代传教史是去今未远的学科，有必要开展口述历史工作，搜集更多知情者的回忆，刘安荣对此已有相关实践，但是需要更多人参与。

其次，要树立严肃的学风。历史学研究水平提高，要靠较长时间的积累，逐步深化认识，这正是乔志强等前辈学者走过的道路，乔先生的《辛亥革命前的十年》，至今读来仍给人以重大启发，即是明证。但是现在看来，此种扎实的成果并不多见，学者应该取法先贤，奉献出更多过硬的成果。

再次，要开阔视野，加强国际合作。山西传教史本质上是一个国际化的学科，应该有较多的国际合作，中外学者多交流互助，方能得出更高水准的成果。

最后，应该强调山西学者当更加努力。现在，不少通论性著作，像顾长声、顾卫民的通论性传教著作，其中很少提到山西，陈银昆的著作中写到山西的内容也不多。改变此种情形，有待多方面努力，山西学者尤其应该奋勇争先，多多努力。

百年明清山西灾荒史研究回顾与展望

李 冰

中国是一个灾荒频发的国度，"灾荒之多，世罕其匹"①。可以说中华民族的历史就是中华民族的先民与自然灾害抗争的历史。近年来，由于灾害频发，社会史研究领域的扩大，灾害史已受到越来越多的关注。山西历史悠久，是中华民族的发祥地之一，中华民族的祖先尧、舜、禹都曾在山西建都，留下了活动痕迹，今天的山西仍保存着大量珍贵的地上文物与历史遗迹，成为山西丰富的旅游资源。然而历史上的山西却也是各种自然灾害频频光顾的地方，历代都有灾害发生，尤其是旱灾。至清代，这个中国历史上最后一个王朝，它所统治的 200 多年

① 邓云特：《中国救荒史》，北京出版社，1998 年，第 7 页。

横跨了两大中国历史灾害多发群发集中期——明清群发期、清末群
发期。①是中国历史上受自然灾害最频繁、最广泛的时期。在这一时期
中，中国各地自然灾害频发，清末山西更是爆发了惨绝人寰的"丁戊
奇荒"。近年来有关清代山西省灾荒史料整理和专题研究方面都有新的
突破，所以对此进行再梳理很有必要。本文将在前人研究的基础上，
从清代山西省灾荒史料整理和专题研究两方面进行讨论。

一、清代山西省灾荒史料整理

早在 20 世纪 60 年代，山西省人民委员会办公厅便先后编印了

---

① "灾害群发期"（宇宙期）的概念是由自然科学工作者首先提出的，他们在从事自然
灾害研究的过程中发现，在中国古代社会发展史上，有那么几个较长的时间段，表现出各
种自然灾害十分严重而频繁的现象，这种灾害呈多发、群发而持久的趋势，被称作"灾害群
发期"（宇宙期）。1963 年，地质学家王嘉荫教授在《中国地质史料》一书中对陨石、流陨、雨
土、地震等自然灾异，按 1 世纪为时段，进行频次统计。可见，陨石、流陨、雨土、地震等自然
灾异在 16、17 世纪均有明显的峰值，其间呈现出自然灾害十分严重而频繁的现象，如严重
低温、大旱、地震、洪水、蝗灾、瘟疫、饥荒等频频出现。后人建议称其为"嘉荫期"或"明清灾
害群发期"。1972 年，竺可桢发表《中国近五千年来气候变迁的初步研究》一文，指出，从公
元前约 3000 年到公元 1900 年近 5000 年中，我国共存在 4 个低温期，即公元前 1000 年、
公元 400 年、公元 1200 年和 1700 年。在公元 1400～1900 年这 500 年间，"我国最冷的期
间是 17 世纪，特别是以公元 1650～1700 年最冷。例如唐朝以来每年向政府进贡的江西省
的橘园和柑园，在公元 1654 和 1676 年的两次寒潮中，完全毁灭了。在这 50 年期内，太湖、
汉江和淮河均结冰四次，洞庭湖也结冰三次。鄱阳湖面积广大，位置靠南，也曾经结了冰。
我国的热带地区，在这半个世纪中，雪冰也极为频繁"。"明清宇宙期"被认证后，自然科学
工作者从宇宙天体及地球的方方面面进行综合研究，在研究过程中，还发现有夏禹灾害群
发期（公元前 4000 年前后）、两汉灾害群发期（公元前 200～公元 200）、清末自然灾害群发
期等。也就是说，在中国历史上存在四个较大的灾害群发期，按时代先后，现在一般称为
"夏禹宇宙期""两汉宇宙期""明清宇宙期""清末宇宙期"。这些发现，极大地推动了中国自
然灾害史的研究和发展。

《光绪三年年景录》及其续编（1961~1962 年），这两册资料集搜录了关于"丁戊奇荒"的部分史料，既包含方志、碑刻的记录，也有书信、歌谣，是关于此次灾荒的重要的史料集。至 20 世纪 80 年代，山西省文史馆编印《山西省近四百年自然灾害分县统计》（1983 年油印本），统计了地方志所记从明嘉靖初年至清宣统末年（1522~1912）近 400 年间各种自然灾害波及的县数以及发生的次数。张杰著《山西自然灾害年表》（山西地方志编纂委员会办公室，1988 年），也同样是以方志为主要史料来源，对山西灾荒史料的梳理。到 90 年代，山西省地震局编成《山西省地震历史资料汇编》（1991 年），该书记载了从远古（公元前 23 年）至 1986 年的山西的全部地震资料，清朝部分较为详细，还收录了很多文集、方志中的珍贵史料。《山西自然灾害》编辑委员会编写、山西科学教育出版社 1989 年出版的《山西自然灾害》总结研究了史料记载以来山西省发生的一系列自然灾害。刘庆桐主编、气象出版社 2005 年出版的《中国气象灾害大典·山西卷》较《山西自然灾害》更为详细，收集了自有文字记载以来古代的、近代的、现代的，在各种古迹、文物、碑刻、典籍、奏折等载体中记载的气象灾害（包括干旱、暴雨、热带气旋、大风、冰雹、寒潮、低温、霜冻、雪灾、雾灾、干热风、龙卷风、连阴雨、雷电、沙尘暴等灾害以及泥石流、森林火灾、大气污染等次生灾害），并包含自然（如树木年轮等）记载的山西天气气候变化规律与灾变，时间跨度截止到 2000 年，内容体现详今略古，把实用性放在第一位，以现代、近代、古代的顺序由近及远进行编排，是我国第一部全面反映山西气象灾害史的大型资料性工具书。

山西的碑刻资料丰富，现存的大量碑刻为我们了解灾荒中的民间社会提供了极为宝贵的资料。目前经过学者的不断努力，被陆续收集、整理、出版的相关著作主要有《明清山西碑刻资料选》《明清山西碑刻资料选续编》《平定碑刻文选》《高平金石志》《三晋石刻大全》等。①

　　同时，还有很大一部分资料是全国性的各个历史时期的灾害史料，其中包含了关于清朝山西灾害的内容，这些资料为我们进一步的研究提供了极大便利。李文海等主编的《近代中国灾荒史纪年》《近代中国灾荒纪年续编》，这两部书汇集了自 1840 到 1949 年有关灾荒的大量原始资料，但基本属于史料长编性质。②李文治编《中国近代农业史资料（1840~1911）》（第一辑）（生活·读书·新知三联书店，1957 年）搜集了部分关于山西灾荒的资料。中国气象研究所等编印了《华北、东北近五百年旱涝史料》根据史料记录，确定了大旱、旱、正常、涝、大涝五个等级的灾荒序列，并按地区逐年划分，进一步绘制出《华北、东北近五百年旱涝分布图》，可令读者更为直观地了解受灾范围与程度。"清代江河洪涝档案史料丛书"中的两册《清代海河滦河洪涝档案史料》《清代黄河流域洪涝档案史料》③，收录了关于山西各府州县洪涝的奏折，为我们了解清代山西的洪涝情况提供了宝贵的官方资料。

---

　　① 张正明、科大卫主编：《明清山西碑刻资料选》，山西人民出版社，2005 年。张正明、科大卫、王勇红主编：《明清山西碑刻资料选》（续一），山西古籍出版社，2007 年。张正明、科大卫、王勇红主编：《明清山西碑刻资料选》（续二），山西经济出版社，2009 年。《三晋石刻大全》到目前为止共出版 11 册，收录洪洞、灵石、寿阳、左权、盂县、灵丘、宁武、运城市盐湖区、曲沃、高平、侯马等 11 地数千通碑刻拓片，每篇碑文都附拓片图，便于读者校对。

　　② 李文海、刘仰东、夏明方等：《中国近代十大灾荒》，上海人民出版社，1994 年。

　　③ 水利水电科学研究院编：《清代海河滦河洪涝档案史料》，中华书局，1981 年。水利电力部水管司科技司、水利水电科学研究院编：《清代黄河流域洪涝档案史料》，中华书局，1993 年。

《清实录经济史资料（顺治—嘉庆朝）》①本书主要是对清代五朝实录中农业资料的整理，其中关于山西的灾荒资料也是可以利用的。此外还有中国社会科学院历史研究所资料编纂组编写的《中国历代自然灾害及历代盛世农业政策资料》②等也是从农业的角度来了解山西灾害史资料。在地震灾害研究方面，《清代地震档案史料》《明清宫藏地震档案》（上下卷）③收录了中国第一历史档案馆所藏的大量关于地震的档案资料，其中包含不少关于山西的地震史料。李文海、林敦奎、宫明、周源等通过对清宫档案、文集、笔记、书信、日记、地方志、碑文、报纸杂志的查阅，编成《近代中国灾荒纪年》（湖南教育出版社，1990年），是书采取编年体形式，辑录了1840~1911年全国各地发生的各类自然灾害史料，不仅对灾荒发生的时间、地点、受灾范围与程度进行详细介绍，也对灾民的生活状况、政府救灾措施及其弊端给予了说明。同时，《中国三千年气象记录总集》④第三、四册也采取分省编年的方式，记载了清朝各省的灾荒状况，史料价值一般。

此外，2010年《中国荒政书集成》的出版，无疑是近年来灾荒史学界的一大盛事，该丛书辑录了宋至清末出版的各类荒政著作，主要以稿本、初刻本或通行本为底本，并适当选编了一些散在的荒政论文。这些救荒文献，为人们了解历史时期特别是清代重大灾难的实况及其

① 陈振汉等编著：《清实录经济史资料（顺治—嘉庆朝）》，北京大学出版社，1989年。
② 中国社会科学院历史研究所资料编纂组编：《中国历代自然灾害及历代盛世农业政策资料》，农业出版社，1988年。
③ 国家档案局明清档案馆编：《清代地震档案史料》，中华书局，1959年。中国地震局、中国第一历史档案馆编：《明清宫藏地震档案》（上卷），地震出版社，2005年。北京市地震局、台北"中研院"历史语言研究所编：《明清宫藏地震档案》（下卷），地震出版社，2007年。
④ 张德二主编：《中国三千年气象记录总集》，凤凰出版社、江苏教育出版社，2004年。

对社会的影响提供了极为详尽的珍贵资料。该书中关于山西灾荒的宝贵资料有光绪十八年（1892）山西口外七厅旱灾的《晋饥编》、颁行于光绪二十六年（1900）的《山西赈捐章程》等，在极大程度上方便了学者的研究。

二、 明清山西灾荒史专题研究

（一）整体研究

整体性的研究是指对灾情、灾因、灾荒应对及灾荒造成的社会影响等进行研究，灾荒应对又分为备荒、救灾赈灾、赈济思想和宗教之间的关系。20 世纪 80 年代，陈存恭《山西省的灾荒（1860~1937)》（《近代中国农村经济史论文集》，台北，1988）在对清末民初山西灾害频度、广度、强度以及成灾原因介绍的基础上，进一步探讨了清政府与民国政府的救灾措施，认为从清末到民初，救灾逐步步入现代化，并强调对私人财产的尊重将会对救灾产生重要影响。李心纯《黄河流域与绿色文明——明代山西河北的农业生态环境研究》（人民出版社，1999 年）成为区域自然环境史研究的典范之一，书中对山西自然灾害与人地关系演变做了详细研究。张丽芬《明代山西灾荒研究》（西南大学 2006 年硕士学位论文）是综合性的明代灾荒研究论文，填补了山西明代综合性灾荒研究的空白。姚延玲《清代道咸同光时期的灾荒与救助——以山西省为例》（西北师范大学 2009 年硕士学位论文）对道咸同光时期山西频发的自然灾害与政府救助行为进行详细研究后，得出政府在灾荒救助中依然居于主导地位，但已呈现出衰颓化的趋势，而此时的民间义赈的兴起和外国传教士的赈灾活动弥补其不足，对当时及以后的社会救助事业都产生了深远的影响。

旱灾自古以来就是山西省的重要灾害之首。无论是在自然科学方面还是在社会科学方面都产生了丰硕成果。自然科学方面：张伟兵、史春生《区域场次特大旱灾划分标准与界定——以明清以来的山西省为例》（《气象与减灾研究》2007 年第 1 期）基于方志、清宫档案、民国报刊以及当代的水利、农业和气象资料，以明清以来的山西省为研究对象，探讨了省区性旱灾等级划分方法，在此基础上，提出了场次特大旱灾的概念。王佳、韩军青 《山西明清时期旱灾统计及区域特征分析》（《宁夏大学学报：自然科学版》2015 年 第 1 期）也是此类型的研究成果。

贾亚宾《清代山西旱灾加剧原因分析》（《兰台世界》2013 年第 21 期）认为清代山西旱灾除了受到小冰期与季风气候的叠加效应影响外，人口大幅增长、耕地没有明显增加、农田水利建设停滞导致的人地矛盾逐步突出也是山西旱灾逐步加重的原因。刘海涛《光绪十七年—十八年绥远地区灾荒的社会史分析》（内蒙古大学 2007 年硕士学位论文）中运用方志资料，论述了光绪十七年（1891）至十八年（1892）山西口外七厅大旱的成因、灾况、救治与影响，但遗憾的是，由于使用的资料过于单一，致使未能揭示此次灾荒的全貌。

蝗灾在中国历史上是除了水灾、旱灾以外的第三大灾害，对于以农立国的古代社会，蝗灾带来的破坏是巨大的。山西作为我国历史上蝗灾的高发区和重灾区之一，平均每 11 年就有 1 次蝗灾发生，且明清时期最盛。张青瑶《明代晋北蝗灾统计特征及灾情分析》（《干旱区资源与环境》，2009 年第 5 期）最先对明代区域性的蝗灾进行研究。王宏宇《山西历史蝗灾发生规律及灾情分析》（《科学之友：下》2012 年第

7 期）对公元前 129 年至 1911 年的 2040 年里山西蝗灾发生的频率、时间、空间等情况进行分析研究，得出蝗、旱灾害关系密切，是引发饥荒、瘟疫和社会动荡的重要因素之一。高策、邹文卿《清代山西的蝗灾规律及其防治技术》（《自然辩证法通讯》，2013 年第 4 期）采用以县为单位的灾害统计方法，对清代山西蝗灾史料进行整理和分析，研究清代山西蝗灾的时空分布特征，对清代山西官民总结出的一套较为科学实用的防治技术体系（掘杀蝗卵—捕杀蝗蝻—灭杀飞蝗）给予肯定。

山西地处山西地震带，由北向南主要由大同盆地、忻定盆地、太原盆地、临汾盆地、运城盆地等五大断陷盆地组成，历史上曾发生过多次大地震，仅明清时期就有 3 起 7 级以上的大地震：明天启六年（1626）灵丘地震，清朝康熙二十二年（1683）崞县（原平）地震，清朝康熙三十四年（1695）临汾地震。对于这些地震灾害的研究不多，主要有郝平的《大地震与明清山西乡村社会变迁》（人民出版社，2014 年），该书重复挖掘历史档案资料，对明清山西地震灾害情况加以分析研究，阐述了大地震后山西乡村社会的部分变化以及对社会发展变迁的作用和潜在影响。论文主要有郝平、董海鹏《嘉庆二十年平陆地震后的朝廷与地方官——以〈明清宫藏地震档案〉为中心》该论文展示了在清代成熟的赈灾体系实践中的一幅不同的权力运行画面。郝平、董海鹏《碑刻所见 1695 年临汾大地震》（《晋阳学刊》2011 年第 2 期）利用碑刻资料，介绍了康熙二十二年（1683）山西平阳府大地震的灾情、救灾善后等。

山西四季分明，霜雪灾害也时有发生，孟万忠《山西清代霜雪灾害的特点与周期规律研究》（《自然灾害学报》 2012 年 04 期）就是应用自然科学方法来研究山西清代霜雪灾害的特点与周期规律的。

各种自然灾害还带来了连锁反应，即疫病的发生。李孜沫《清代山西省疫灾地理规律与环境机理研究》（华中师范大学 2014 年硕士学位论文）对清代山西灾疫的频度、周期等进行分析研究，得出清代山西的 10 年疫灾指数与 10 年旱灾、水灾、蝗灾、地震、饥荒指数拟合度较高。多灾并发、疫区广大、灾情深重是这一时期的基本特征。

灾后赈济管理也是灾荒史的研究内容之一，这里面主要有刘翠溶《清代仓储制度稳定功能之检讨》（《经济论文》1980 年第 1 期）从平粜、出借、赈济三方面讨论了清朝常平、社、义三仓的社会稳定功能，其中涉及山西。魏丕信、王国斌等合著的《养民：中国 1650~1680 年间的义仓制度》（密歇根大学中国研究中心，1991 年），对乾隆时期山西常平仓、社仓、义仓的运行情况进行了探讨，在魏丕信看来，地方仓储制度是清廷实现养民目标的一个重要措施，清代前期的政府保证了仓储制度在不同地区、不同部门之间以及仓储制度与其他制度之间的高度协调。易言之，此期的政府有效地维持了庞大的仓储系统，表现出极高的效率，取得了令人惊叹的成就，反映了清代国家力量的强大。

段建宏、岳秀芝《明清晋东南社仓、义仓初探》（《唐都学刊》2010 年 03 期）主要是对晋东南社仓、义仓的设立、分布以及功能等方面进行了分析研究。岳秀芝的《清代晋东南社仓研究》（广西师范大学 2012 年硕士学位论文）通过对晋东南社仓的建立时间、空间、作用影响等方面的分析研究得出社仓的兴衰过程受清朝政治经济社会稳定与否的影响极大。王璋《乾隆朝山西义仓初探》（《历史档案》2012 年 3 期）以发展较为成熟的乾隆朝山西义仓为对象，对其制度设置、仓储规模、社会功效等进行研究。

张曦《清代山西灾害治理及现实意义初探》（《山西农业大学学报
（社会科学版）》2010 年第 1 期）通过回顾清代山西备荒救灾的措施，
以期对现代救灾提供借鉴。王璋《灾荒、制度、民生——清代山西灾
荒与地方社会经济研究》（南开大学 2012 年博士学位论文）再现当时
社会场景，置身其中，以期能够对各种关于灾荒的史实进行最接近历
史真实的解读，是一篇不可多得的山西灾荒赈济史研究论文。

作为官方赈济的补充，民间商人赈济行为在明清时期也是很多，
在这方面的研究主要有赵俊明的《明清晋商赈灾义举》（《山西青年·
新晋商》2008 年第 6 期）通过研究，强调晋商在救灾中的重要作用。
但是，朱浒在其《地方性流动及其超越——晚清义赈与近代中国的新
陈代谢》（中国人民大学出版社，2006 年）中认为晋商在救灾中发挥
的作用与其本身经济实力不成正比，二者观点孰是孰非，值得进一步
深探。

（二）分区研究

自然灾害的分区研究成果。德国的安维雅（Andrea Janku）著，
曹新宇、刘希付译《临汾方志传记中的灾害体验 1600~1900》（《清史
研究》2009 年第 1 期）选取临汾方志传记史料，从社会史、文化史层
面深入探索灾害史。张青瑶《清代晋北地区干旱灾害研究》（《干旱区
研究》2010 年第 2 期）等等，这些文章中都对于山西各地区的自然灾
害有些探讨。苏慧慧《山西汾河流域公元前 730 年至 2000 年旱涝灾害
研究》（陕西师范大学 2010 年硕士学位论文）与古帅等《明清时期汾
河中游洪涝灾害研究》（《干旱区资源与环境》2013 年 08 期）都是
通过对历史文献资料的搜集、整理和分析，对明清时期汾河地区旱涝

灾害的时空特征和形成原因进行了研究。

此外，以荒灾与流民之因果关系为切入点的研究有李心纯《从生态系统的角度透视明代流民现象——以黄河中下游流域的山西、河北为中心》（《中国历史地理论丛》1998 年第 3 期）、安介生《明代山西流民问题述论》（《历史地理》第十六辑）等。

灾荒与信仰之间存在着无法分割的牵绊，王佳、韩军青《清代山西旱灾与民间崇神习俗研究》（《科学之友》2012 年第 26 期）认为清代山西自然灾害频繁，其中旱灾最为严重，由于当时科学技术和生产力水平低下，造成人民对自然灾害的无奈与恐惧，因此，防灾避难的民间崇神习俗十分盛行。该文通过对山西中部盆地和东、西山区的调查研究，总结了各地旱灾发生的规律与崇神习俗的特点

女性在中国历史上处于弱势地位，荒年妇女买卖几乎成了常见的生存手段。王璋《灾荒中女性买卖初探——以清代山西为例》（《农业考古》2013 年第 6 期）一文就是少有的对灾荒中女性的研究文章之一。

三、"丁戊奇荒"研究

1876~1879 年，近代中国发生了一场惨绝人寰的特大灾荒，这次灾荒整整持续了 4 年之久，且覆盖面广，受灾地区主要包括山西、河南、陕西、直隶（今河北）、山东等北方五省，并涉及苏北、陇东和川北等地区，造成严重后果，饿死人口达 1000 万以上，是清朝"二百三十余年未见之凄惨、未闻之悲痛"。由于这次灾害以 1877 年、1878 年为主，而这两年的阴历干支纪年属丁丑、戊寅，所以后人称之为"丁戊奇荒"。"丁戊奇荒"因以山西和河南受灾最为严重，因此又被称为

"晋豫大荒"。对"丁戊奇荒"的研究，在中国近代灾荒史以及山西自然灾害史研究中占据重要地位，也是研究山西自然灾害的主要研究方向。

（一）整体史研究

这类研究是从社会史和灾害史的角度出发，跨省研究，把整个受灾区域作为研究对象，对受灾情形、赈济措施和善后事宜等各方面都做了详细的、综合性的研究，对灾害发生的原因和影响进行分析研究。研究这一专题最早的就是李文海等著的《灾荒与饥馑 1840~1919》（北京高等教育出版社，1991 年）、《中国近代十大荒灾》（上海人民出版社，1994 年）和刘仰东等著的《灾荒史话》（社会科学文献出版社，2000 年），这三部书将"丁戊奇荒"专列一专题予以较全面的讨论。朱凤祥等著《中国灾害通史·清代卷》（郑州大学出版社，2009 年）也对"丁戊奇荒"有一定论述。近期，郝平教授的《丁戊奇荒：光绪初年山西灾荒与救济研究》全方位地再现了山西地区的灾情时空分布特征和民生图景以及社会救济的动员和实施机制。在大灾面前，从中央到地方的各级政府、民间绅商、外国传教士，各种社会力量的救济行为、心态及其效果，均得以完整呈现。此外，还有数篇论文对此专门论述：最早概述"丁戊奇荒"的论文是赵矢元的《"丁戊奇荒"略述》（《学术月刊》1981 年第 2 期），该文较早较全面地概述了"丁戊奇荒"在各省的灾况，并且分析了这场灾荒的成因，即这场灾荒首先是自然现象反常引起的，但是清政府腐败、近代农业生产力的落后以及外国资本主义势力入侵都是加重灾情的社会原因。在此基础上作者得出结论，即没有强大的社会生产力，没有先进的科学技术，没有先进的社会制度，就不能从根本上摆脱自然灾害的威胁和袭击。王金香的《光绪初年北方五省灾荒述略》（《山西师范大学学报（社会科学版）》1991 年第 4 期）也从总体上论述了这次大旱的状况，并且分析了清政府在灾荒发生之后采取的包括赈银、赈粮在内的实物救灾措施，还分析了导致这场灾荒灾情严重的社会成因，包括晚清战乱频仍、水利失修、差徭繁重以及罂粟的大面积种植等因素。林敦奎《中国近代史上的"丁戊奇荒"》（《百科知识》1990 年第 12 期）从总体上论述该次大灾的状况及政府救灾措施，分析政府救灾措施不得力的原因，从而可以看到此时的清政府已走向衰亡的边缘。夏明方《也谈"丁戊奇荒"》一文则对此次大旱的灾况和社会原因做了进一步的论述，在灾况方面作者侧重于灾荒对华北社会的影响，阐述了灾荒导致的恶劣后果，并阐述了清政府荒政的败落及清政府官员腐败加重了灾情。董大中《光绪三年，那不堪回首的一页》（《文史月刊》2002 年第 10 期），通过介绍《光绪三四五年年荒论》等手稿，对光绪三年大旱的社会众生进行生动描述，为"丁戊奇荒"研究增加了新的生动资料。杨国强《"丁戊奇荒"：十九世纪后期中国的天灾与赈济》（《社会科学》2010 年第 3 期）一文对此次华北大旱的原因及政府对荒政的无力赈济的原因进行讨论，既写照了天灾下的社会相，也写照了儒学民本主义在衰世里的最后一点余晖。而在国家权力之外，"南省"工商社会和西教教会各成一种有组织的力量入华北助赈，又显示了 19 世纪后期的世事变迁，荒政亦变迁。

（二）分项研究

分项研究主要是就本次灾荒的特点、原因、赈济措施和其他相关方面分别展开分析，探讨问题更为具体明确。

1. "丁戊奇荒"形成的特点、原因

康沛竹《清代仓储制度的衰败与饥荒》（《社会科学战线》1996 年第 3 期）一文中认为晚清仓储制度的衰败是"丁戊奇荒"中饥荒惨重的重要原因，作者认为晚清仓储制度的衰败必然引起或加重饥荒，因此完善的仓储制度以及丰裕的仓储是国家经济发展、政治稳固的重要前提和保障。王金香《近代北中国旱灾的特点及成因》（《古今农业》1998 年第 1 期）中分析了此次大旱的主要原因是农民负担过重、战乱频繁和生态环境恶化；其另文《近代北中国旱灾成因探析》（《晋阳学刊》2000 年第 6 期）则认为这场灾荒自然方面的原因固然存在，但旱灾的严重程度最终取决于社会原因。满志敏《光绪三年北方大旱的气候背景》（《复旦学报》2000 年第 6 期）一文认为全球性的特强 ENSO 影响亚洲季风减弱，致使季风雨带的推进和降水过程发生变异，是这次大旱灾形成的气候背景。郭文娟《清代地方官员捏灾冒赈的形式、特点与影响探究》（陕西师范大学，2005 年硕士学位论文）一文论述了清朝包括晚清"丁戊奇荒"在内的灾荒期间，清政府地方官员的腐败表现，作者认为正是地方官员的腐败使得本相对完善的荒政措施得不到体现，这是人治制度下的产物。此外赵连跃《人祸加重了天灾——1876~1879 年"丁戊奇荒"辨析》（《广西右江民族师专学报》1999 年第 1 期）、刘凤翔《浅析"丁戊奇荒"的原因》（《济宁师专学报》2000 年第 4 期）和苏全有《论晚清灾荒的成因及其影响》（《甘肃教育学院学报：社会科学版》2002 年第 2 期）等文也对"丁戊奇荒"的成因进行了一定的论述。

2. "丁戊奇荒"带来的影响

李彦宏《"丁戊奇荒"农民运动低落原因探析》（《求索》2003 年

第 3 期）一文认为"丁戊奇荒"并没有引发大的农民运动，究其原因主要是当时中国的人口问题、农民民族意识的萌发、士绅作用、吏治变化以及农民固有的天命观等多种因素共同作用的结果。赵晓华《"丁戊奇荒"中的社会秩序——以地方志为中心的考察》（《华南师范大学学报：社会科学版》2008 年第 2 期）一文论述了灾荒发生后的物价上涨、人口减少、社会伦理秩序失控等社会影响，以此来反映这场灾荒的异常严重性；其另文《晚清饥荒中的妇女买卖——以光绪初年华北大旱灾为中心》（《史学集刊》2008 年第 5 期）一文则重点阐述了在饥荒之下滋生的异常猖獗的妇女买卖现象以及导致的一系列社会问题，并对地方政府与民间进行的救助活动进行了阐述，作者指出由于制度的缺憾以及官场腐败、财力人力的不足使得相当多的妇女被排除在救济之外，而且对妇女的救助始终是以保护妇女贞洁作为救助行动的出发点，体现了这种救助是以捍卫男权社会为旨归的。

3. 赈济措施

自 20 世纪 80 年代以来，关于近代灾荒和救荒行动，得到了学者越来越多的关注。"丁戊奇荒"期间，清政府腐败导致灾荒发生后官赈效果不佳，由此催生了民间义赈的出现，而"丁戊奇荒"期间也是外国传教士参与中国赈灾的起源。史学界对"丁戊奇荒"期间的清政府官赈、民间义赈和外国传教士"洋赈"分别进行了研究。

官赈。王金香《洋务派与"丁戊奇荒"》（《黄河科技大学学报》1999 年第 2 期）一文论述了洋务派采取的救灾措施，作者指出洋务派不但积极主持参加了赈济，为后世留下了诸如发动社会力量义捐赈灾等许多有益的经验，而且对这次奇荒大灾的深层社会原因进行了探究。杨剑利《晚清社会灾荒救治功能的演变——以"丁戊奇荒"的两种赈济方式为例》（《清史研究》2000 年第 4 期）一文认为晚清时期，政府荒政功能减弱，官赈效果不佳，新型商人发起的义赈逐渐发展成为晚清社会主要的灾荒救济形式，是历史进步的表现。鲁克亮《清末民初的灾荒与荒政研究（1840~1927）》（广西师范大学 2004 年硕士学位论文）、张若开《晚清时期的灾荒及清政府的赈灾措施》（吉林大学 2008 年硕士学位论文）、恩贵《晚清灾荒与荒政研究》（山东大学 2008 年硕士学位论文）、贾辉林《山西"丁戊奇荒"中政府应急管理研究》（山西师范大学，2012 年硕士学位论文）、吴昊沐《晚清赈济体系初探——以"丁戊奇荒"为例》（《延安大学学报（社会科学版)》2013 年 02 期）以及张静《晚清赈捐制度研究 ——以"丁戊奇荒"为中心的考察》（山东师范大学 2015 年硕士学位论文）则分别着重叙述了清政府的荒政措施，并探析了晚清荒政措施中的弊端。姚珍《李鸿章与"丁戊奇荒"》（河南大学 2008 年硕士学位论文）一文则介绍了李鸿章在灾荒期间的主要荒政措施以及实施效果。

义赈。1988 年，李文海先生把义赈引入灾荒及救荒研究的视野。李文海《晚清义赈的兴起与发展》（《清史研究》1993 年第 5 期）一文论述了晚清义赈的措施并对之进行了评价。夏明方《"丁戊奇荒"的赈济及善后问题初探》（《近代史研究》1993 年第 2 期）一文重点论证"丁戊奇荒"时期清政府官赈的同时也分析了这一时期兴起的民间义赈的特点，作者认为这次由江浙一带的士绅组织的义赈具有较强的组织性和独立自主倾向，但并没有跳出传统荒政的范围。董传岭《盛宣怀赈灾活动述评》（《鲁行经院学报》2003 年第 2 期）一文概述了盛宣怀个人的赈灾活动，作者认为盛宣怀为晚清的赈灾事业做出了巨大贡献。曾京京《唐锡晋与晚清义赈》（《南京农业大学学报（社会科学版)》

2005 年第 4 期）一文概述了"丁戊奇荒"时期出现的民间义赈领袖之一的唐锡晋的活动。周秋光《晚清时期中国近代慈善事业的兴起》（《西南交通大学学报（社会科学版）》2006 年第 4 期）及贺永田《论晚清义赈的历史定位》（《石河子大学学报（哲学社会科学版）》2009 年第 2 期）则论述了晚清义赈对近代中国灾荒救济事业产生的重大影响，即最终促使中国近代赈灾体制得以初步确立。朱浒《"丁戊奇荒"对江南的冲击及地方社会之反应——兼论光绪二年江南士绅苏北赈灾行动的性质》（《社会科学研究》2008 年第 1 期）一文中认为灾荒初期苏北义绅赈灾行动具有捍卫乡土安全的地方性立场，是地方性救荒措施的基本延伸。蔡虹《〈申报〉与晚清灾荒救济》（山东师范大学 2007 年硕士学位论文）、赵玉青《从〈申报〉相关文论看晚清（1876—1904年）义赈》（扬州大学 2008 年硕士学位论文）与安娜《清光绪年间晋鲁豫救灾中的民间慈善研究》（辽宁师范大学 2013 年硕士学位论文）则各有侧重地阐述了《申报》对晚清灾荒包括"丁戊奇荒"的灾荒与救济的报道分析，阐述《申报》作为一个媒体在救荒中所起到的作用。此外，靳环宇《晚清义赈组织（1876~1895 年）研究》（湖南师范大学 2004 年博士学位论文）、胡茂胜《从义赈的兴起看晚清统治危机》（《乐山师范学院学报》2007 年第 4 期）及黄祐《晚清时期民间义赈活动探析》（《广西社会科学》2008 年第 6 期）也论述了晚清的义赈。

洋赈。夏明方《论 1876 至 1879 年间西方新教传教士的对华赈济事业》（《清史研究》1997 年第 3 期）一文论述了在灾荒期间新教传教士对灾区的救济措施及其影响，并主要论证了传教士的目的在于通过救荒达到在华传教的目的。高鹏程《李提摩太在"丁戊奇荒"时期的赈灾活动》（《社会科学》2008 年第 11 期）一文则专门论述了李提摩太的救灾活动及其目的是为了传教，作者认为李提摩太的救灾善举得到了清朝官员的承认和支持，并成为他日后广泛涉足中国政治的重要原因。袁灿兴《李提摩太与"丁戊奇荒"》（《文史天地》2012 年第 3 期）、张涌《传道与救世——李提摩太在"丁戊奇荒"中的赈灾活动评述》（《铜陵学院学报》2014 年第 1 期）也对李提摩太的救灾善举进行论述。王兰娟《在华传教士灾荒观之探究》（福建师范大学 2008 年硕士学位论文）一文论述了"丁戊奇荒"时期，外国传教士主办的《万国公报》对灾荒的报道以及从中折射出的外国传教士的灾荒观并对之进行了评析。

4. 其他方面

夏燕燕、刁爱兰《〈申报〉灾荒报道的"民生关怀"意识——以对"丁戊奇荒"的报道为例》（《新闻世界》2010 年第 6 期）对《申报》在"丁戊奇荒"中的重要作用进行了论述。徐方《论"丁戊奇荒"中晚清政府与传教士间的关系》（《宁波教育学院学报》2010 年第 4 期）指出在赈灾过程中晚清地方官员与传教士之间虽有合作交流，但合作并不顺利。郝平、翟军《丁戊奇荒之晋豫比较——以豫为中心的考察》（《开封大学学报》2011 年第 3 期）将晋豫两省的赈灾情况相对比，得出晋省地理位置和地方官员的影响力以及对西洋传教士的接纳度都大于豫省，因而最终的赈灾效果也各不相同。单联喆《明清山西疫病流行规律研究》（中国中医科学院 2013 年博士学位论文）从疫病社会史的角度写了"丁戊奇荒"是明清时期疫病流行的高峰期，对疫病类型、起因和地方卫生等方面有了较为详细的论述。刘亮《近代西方人对"丁戊奇荒"的认识及其背景——《纽约时报》传达的信息》（《古今农业》2014 年第 3 期）与国内学者观点不同，指出当时以《纽约时报》

为代表的西方媒体将注意力更多地集中于中国基础交通设施的落后，并对清政府的赈灾措施给予了一定程度的肯定。

（三）分省区研究（山西）

王金香《山西"丁戊奇荒"略探》（《中国农史》1988 年第 3 期）一文中利用地方史料对山西受灾和赈济状况进行详细考察后，认为滥种罂粟、吏治、战乱和交通等人为因素是造成此次山西干旱的主要原因。郝平《山西"丁戊奇荒"述略》（《山西大学学报：哲学社会科学版》1999 年第 1 期）也对山西的灾情、影响及赈灾措施有较全面的考察；其另文《山西"丁戊奇荒"的人口亡失情况》（《山西大学学报：哲学社会科学版》2001 年第 6 期）对此次大灾中山西的人口损失状况进行了考证，认为人口损失大约在 800~1000 万；其另文《山西"丁戊奇荒"的时限和地域》（《中国农史》2003 年第 2 期）一文中利用大量方志考证了此次大旱在山西的时限和地域，认为山西"丁戊奇荒"发生时间早，受灾州县几乎遍及全省，进而说明了山西受灾之重；其另文《山西"丁戊奇荒"并发灾害述略》（《晋阳学刊》2003 年第 1 期）则探讨了山西"丁戊奇荒"受灾期间出现的人吃人、瘟疫、狼灾、鼠患等并发性灾害，进一步揭示"丁戊奇荒"在山西省区危害的严重性；其另文《"丁戊奇荒"时期的山西粮价》（《史林》2008 年第 5 期）则论述了"丁戊奇荒"期间，山西境内粮价总体趋高，但也存在时间和空间上的差异性。韩晓莉《明清山西人地关系的演变及调整》（《沧桑》2002 年第 6 期）一文中则认为光绪初年大旱造成的人口大量死亡对山西人地关系紧张状况重新做出了调整，但因自然、人口、环境之间的不协调发展，人民生活并未因此而得以改善。郭春梅《光绪年间

河东"丁戊奇荒"及启示》（《中共山西省委党校省直分校学报》2004
年第3期）记叙了清政府及各级官吏的救灾工作，并从民间角度分析
了一些问题。王文君《基于"人祸"视角谈"丁戊奇荒"——以山西
省为例》（《邢台学院学报》2014年第2期）认为清政府由于中央政府
的财政状况窘迫和常平仓仓储量的减少而失去了应有的救灾能力，再
加上山西民众的日益贫困和鸦片的大量种植所造成的粮食储量的减少，
造成了山西民众的大量流亡和山西近代社会的停滞不前。张艳丽《"丁
戊奇荒"之际晋南地方官员的善后措施——以谢州知州马丕瑶为例》
（《晋阳学刊》2005年第6期）认为解州知州马丕瑶灾后实施的如清丈
土地、均减差徭、整顿粮仓、鼓励生产等善后措施在一定程度上有利
于恢复和提高地方防灾防害的能力及社会经济的发展水平，但并没有
超出传统灾荒观的范畴，不能从根本上提高社会的抗灾能力。王雪丽
《曾国荃抚晋赈灾述略》（山西大学2003年硕士学位论文）、郝幸艳
《试析曾国荃在山西"丁戊奇荒"期间的赈灾措施》（《长沙大学学报》
2010年第3期）和郝平《"劫富济贫"与"保富安贫"——光绪初年大
饥荒中山西官员救荒思想的分歧与争论》（《山西档案》2011年第6
期）则论述了曾国荃在担任山西巡抚期间，对"丁戊奇荒"发生后的救
灾措施及灾后重建进行了评价。刘忠和《"走西口"历史研究》（内蒙
古大学2008年博士学位论文）中阐述了二人台小戏《走西口》的产生
与"丁戊奇荒"的关系。王守恩《17—19世纪西教在山西的传播》
（《晋阳学刊》2003第3期）认为山西近代频繁的灾荒是近代西教得以
传入山西的原因之一。赵英霞《"丁戊奇荒"与教会救灾——以山西为
中心的考察》（《历史档案》2005第4期）论述了教会对山西的救济及
李提摩太提出的以工代赈、兴修铁路、"富国养民"、广问西学等在赈

灾过程中萌发的社会改革思想，这对于启动山西近代化变革具有一定的指导性作用。谢忠强、刘转玲等《"丁戊奇荒"中山西的灾荒与救济》（《西南交通大学学报（社会科学版)》2010年第2期）指出清光绪初年"丁戊奇荒"给山西地区造成了巨大的破坏性后果，随后出现的官赈、商赈、教赈等联合救灾的模式，其成效虽不理想，但却证明了中国传统荒政的衰败，促进了近代慈善理念的"西学东渐"和中国传统救灾模式的本土化、规模化、正规化，并成为近代中国社会整合方式调整的开端。谢忠强《"官赈"、"商赈"与"教赈"：近代救灾主体的力量合流——以"丁戊奇荒"山西救灾为例》（《华南农业大学学报：社会科学版》2010年第2期）一文通过对山西"丁戊奇荒"赈灾过程中"官赈""商赈"与"教赈"相互呼应，发挥了各自不同作用的研究，得出这次赈灾客观上推动了传统慈善事业的近代化。清风《"丁戊奇荒"中的晋商慈善活动》（《中国减灾》2010年第1期)、史雪峰《"丁戊奇荒"中晋商的赈灾活动》（《中国减灾》2010年第17期）探讨了清代中后期晋商慈善活动对此次灾害的重要作用。原可心《灾荒与社会——以临汾"丁戊奇荒"为中心之考察》（《山西煤炭管理干部学院学报》2015年第02期）和张莺瑞《"丁戊奇荒"时的洪洞县》（《黑龙江史志》2015年第07期）分别论述了"丁戊奇荒"中临汾、洪洞地区的受灾状况。

（四）港台学者研究

主要有香港何汉威《光绪初年（1876~1879）华北的大旱灾》（中文大学出版社，1980)，该书主要根据实录、政书、地方志、督抚奏议及《申报》《万国公报》，旁考近代中外学人研究成果，对光绪初年华北大旱灾的发生背景、破坏性、被灾省份及中央政府赈济措施、成效及灾荒影响，都有专章作详细而深入的论述。台湾学者陈存恭的《山西省的灾荒（1860~1937)》（"中央研究院"近代史研究所编：《近代中国农村经济论文集》，1989年）一文通过对比晚清政府和民国政府在灾荒赈济中的不同表现，得出民国政府更现代化的结论。

（五）国外学者研究

国外的学者也对此次灾荒有很浓厚的兴趣，英国学者博尔（Paul Richard Bohr）《李提摩太之救荒事业与变法思想（1876~1884)》（哈佛大学东亚研究中心，1972年，第112页）对传教士李提摩太在山西、山东的救荒行为和救荒思想进行详细的阐述。2008年美国学者艾志端著的《铁泪图：19世纪中国应对饥荒的文化反应》（曹曦译，江苏人民出版社，2011年）一书，运用大批丰富且珍贵的历史资料档案，几乎触及此次大灾难的各个层面，其讨论的范围包括"创伤与记忆、民间传说、仓储及粮食运输路线、晚清山西的阶级关系、国家意识形态、灾荒因果关系理论、鸦片种植、北京派系政治、贩卖妇女、危机期间性别及家庭关系、饥馑人口学、人相食、报纸对灾难的报道、饥饿的视觉形象描画、江南施善传统、中国民族主义和通商口岸的改革运动等"，内容虽然繁杂，但是都是紧紧围绕"人与灾难"这个主题，是一部记录分析灾荒史的上乘之作。不过因为是外国学者的视角，所以难免有某些倾向性，需要辩证地来看。此外，作者还比较了晚清对饥荒的讨论和19世纪英国对中国、爱尔兰和印度饥荒的看法。德国历史学家燕安黛《为华北饥荒作证：〈襄陵县志〉赈务卷》（《天有凶年清代灾荒与中国社会》，生活·读书·新知三联出版社，2006年）通过对襄陵县志的解读，探讨国家救灾本身的失职与地方文献编纂的有意掩饰问题。燕安黛的《播种幸福：中国 19 世纪末赈济饥荒活动中的精神竞争》（《民俗曲艺》2004 年）认为，饥荒期间，西方传教士和江南慈善家通过募捐在物质层面展开了竞争，并伴随着"一种精神层面上的对抗"，而这构成了 19 世纪末 20 世纪初中国"佛教复兴"的关键因素。外国学者的不同视角研究对中国学者的研究有很多的学习借鉴作用。

（六）史料

李岚《〈申报〉中晚清救荒资料述略》（《历史档案》2006 年第 1 期）、刘静《试论舆论宣传在近代救灾中的作用——以〈申报〉对"丁戊奇荒"报道为例》（《近代中国的社会保障与区域社会会议论文集》，2011 年 8 月）梳理了《申报》在灾荒期间对民间义赈的报道，讨论了舆论宣传对赈灾的积极作用。郭春梅《河东"丁戊奇荒"探研——以河东碑刻为主》（《山西区域社会史研讨会论文集》，2003 年）从记录"丁戊奇荒"的碑刻入手，将田野调查带入历史研究，以小见大地说明当时河东区域社会状况。垂健《光绪丁戊年间阎敬铭、丁宝桢、曾国荃往来信函中的史料》（《贵州文史丛刊》2011 年 2 期）通过当时稽查山西省赈务大臣阎敬铭以及山西巡抚曾国荃致丁宝桢的几封信函，为这段历史补充了难能可贵的第一手资料。《祁县谷恋村"丁戊奇荒"义赈奇迹考》（《晋中学院学报》2012 年第 5 期）作者范维令、郭继荣通过一份光绪十八年（1892）祁县谷恋村人高则裕手书的《杂记》是研究"丁戊奇荒"极为难得的地方史料。

四、成绩与不足

20 世纪 90 年代中期以前，明清时期山西省灾荒史料的整理取得了相对较为丰硕的成果，其特征为侧重于方志史料的灾情的整理，20 世纪 90 年代中期以后，单一的史料罗列整理开始向灾荒应对的方向拓展，不但有自然科学界的研究，社会科学界的研究也逐渐增多，并开始有意识地团队化。在这方面，山西大学社会史研究中心的学者们一直在努力，随着社会史自下而上视角和跨学科研究方法的渐变，灾荒史研究开始趋于多元化，且沿着自然科学和社会科学相结合的路径展开。关于清代最大的"丁戊奇荒"的研究，山西省一直处于前列，无论是从研究的角度、深度等都比爆发过此次灾害的其他省的研究更深入。但明清时期的山西省灾荒研究取得可喜成果的同时，还面临诸多问题。

1. 研究状态不平衡。通过上面的回顾我们可以看出，目前学界对于明清山西灾荒的成果主要集中在对"丁戊奇荒"的研究上，导致对于清朝晋省其他时期的灾荒严重缺乏关注，只有一些零敲碎打的研究，对于"十年九灾"的山西而言，不能不说是个极大的遗憾。此外，对于明代山西灾荒史的研究还是处于初级阶段，这里虽然不排除史料缺乏的因素，把视角过度放到清代也是我们需要面对的问题。

2. 研究方法需不断创新。山西省的灾荒史研究在山西大学社会学研究中心的带领下，已经开始借鉴自然科学的统计和定量分析，人类学的田野考察、口述资料等新的研究方法来研究山西省自然灾害，并取得了一定成绩。如王璋的《清朝诗歌中的山西灾荒———以方志为中心的考察》（《中国地方志》2012 年第 1 期）就是一个很好的尝试。

此外还可以借鉴年鉴学派等国外历史研究者的史学研究方法，多角度多层次研究山西省灾荒史，促进山西省灾荒研究向纵深发展。

3. 史料的收集和整理仍需加强。20世纪90年代中期至今，虽然逐渐加强了灾情和灾荒救济中的人类活动的史料整理，但相关史料成果较少，所以灾荒应对史料的整理和民间史料的搜集仍然是当前山西省灾荒史料整理的重要任务。此外，田野调查资料和外文资料的应用较少也是当前研究资料的局限。

抗日根据地研究回顾与展望

赵俊明

1937 年全面抗战爆发之后，八路军挺近山西，开辟敌后战场，创建了晋察冀、晋绥、晋冀鲁豫等敌后抗日根据地，对整个抗日战争的胜利起到了举足轻重的作用。抗日根据地建立之后不久，对抗日根据地的研究便已经开始，迄今为止的近 80 年来，山西关于抗日根据地的研究取得了丰硕成果，笔者将分三个阶段对该方面的研究做一梳理。

一、 第一阶段：改革开放之前

早在抗战期间，关于山西抗日根据地的研究便已经开始。1939 年，民主爱国人士李公朴先生率抗战建国教学团到晋察冀边区参观，事后编写了《华北敌后》①，该书十余万字，第一次系统地介绍了晋察冀边区的创立情况及当时中共在各根据地的领导机构，并开始着手整理和积累资料，为中华人民共和国成立后抗日根据地研究工作准备了一些

---

① 1939 年太行文化出版社出版，1979 年生活·读书·新知三联书店重版。

珍贵的史料。1941 年 1 月，中共太行区党委最早开始着手编写太行党史，将全面抗战爆发以来党的各种文献资料按年代、类别择要整理，编印成册，对太行革命根据地史料进行了初步收集和整理。同时，晋察冀、晋绥、晋冀鲁豫各边区党委和政府也开始注意收集和整理各自区域内的一些历史资料和文献。1944 年延安新华书店出版了《中国敌后抗日民主根据地概况》一书，较早系统地介绍了山西各个抗日根据地的基本情况。抗战结束后，晋察冀边区行政委员会有计划地将有关边区的政策、法令、条例等资料集作了编印，但由于战争环境限制，未能正式出版。

中华人民共和国成立以后，陆续出版过一些介绍、宣传山西各抗日根据地的书，为整理和保留山西抗日根据地史料做了有益的工作。尤其是 1953 年，山西省军区组织编写的《太行军区战史》和随后组织编写的《北岳军区抗日战争史》虽然均没有正式出版，但却是比较系统地从军事史的角度整理研究山西抗日根据地历史的有益尝试。1962年，山西省军区政治部编辑出版了两集《山西革命斗争回忆录》[①]，其中收集了不少山西抗日根据地比较珍贵的历史资料。同年，山西省档案馆相继编印了《革命历史资料目录》与《革命历史档案目录》，系统地梳理了该馆藏有的革命历史的档案资料，其中也有不少是有关山西抗日根据地的一手珍贵资料。此后，山西省委党史研究室先后整理编辑了《文献选编》（抗日战争时期）第一、二集，《山西革命风云录》第一、二集，《山西革命回忆录》第一至第五集，《山西革命英烈》第一至第三集，以及《山西革命根据地文艺运动回忆录及大事记》《山

---

① 1939 年太行文化出版社出版，1979 年生活·读书·新知三联书店重版。

西革命根据地文艺运动史料集》等。

改革开放之前，山西学者对抗日根据地的研究已经开始，但由于当时社会环境所限，还仅仅是局限在一些历史资料的收集和整理阶段，更加深入系统的研究才刚刚起步。

二、第二阶段：20 世纪八九十年代

20 世纪八九十年代，山西学者对于根据地的研究逐步开始深入，各种研究成果不断涌现。集中表现在以下几个方面：

（一）研究资料的收集和整理

1983 年，由山西省委牵头，晋、冀、豫三省共同协作，太行革命根据地史资料征集与整理工作开始进行。经过几年努力，编辑出版了《太行革命根据地史料丛书》[①]共 11 册，约 500 万字，其中的《大事记述》《党的建设》《地方武装斗争》《政权建设》《土地问题》《财政经济建设》《群众运动》《文化事业》《公安保卫工作》等九册由山西党史工作者为主完成。与此同时，《太行革命根据地画册》[②]等也相继推出。之后《太行党史资料汇编》（1~5 卷）[③]陆续整理出版。

太岳革命根据地的史料征集工作开始于 1982 年 7 月的华北五省、

---

① 太行革命根据地史总编委会编：《太行革命根据地史料丛书》，山西人民出版社,1987 年。

② 太行革命根据地总编委员会编：《太行革命根据地画册》，山西人民出版社,1987 年。

③ 山西省档案局编：《太行党史资料汇编》(1~5 卷)，山西人民出版社,1989 年~2000 年。

市、自治区党史资料征集工作会议。1986 年，由中国人民银行山西省分行金融研究所选编的《太岳革命根据地金融史资料选编》（山西人民出版社，1986 年）出版发行。

1982 年 7 月的华北五省、市、自治区党史资料征集工作会议之后，晋绥革命根据地斗争史编审委员会（1985 年 10 月改称晋绥革命根据地史料征集编纂指导组）成立，晋绥根据地史料征集整理工作起步。1986 年至 1988 年，由晋绥边区财政经济史编写组和山西省档案馆共同选编的《晋绥边区财政经济史资料选编》（1～5 册）（山西人民出版社，1984 年）先后出版，包括总论编、农业编、工业编、财政编、金融贸易编。在此前后，《晋西南党史资料选编》《山西青年运动史资料（晋绥革命根据地部分）》于 1986 年至 1987 年先后印行。

晋察冀革命根据地史料征集与整理工作开始于 1980 年，是年，由南开大学等十余个单位共同组成晋察冀边区财政经济史编写组，山西财经学院、山西大学、山西省财政厅和山西省档案馆等单位均派出人员参与工作。经过 3 年的努力，晋察冀边区财政经济史编写组编辑出版了《抗日战争时期晋察冀边区财政经济史资料选编》（南开大学出版社，1984 年)，收录了边区财政经济方面的历史文献。全书 4 册，共 250 余万字。

（二）综合性的研究史著

张国祥的《山西抗日战争史》（山西人民出版社，1992 年）运用史论相结合的方法，记述了山西抗战的历史发展进程，描绘了抗日民主政权的光辉形象，表现了以八路军为主干的人民抗日武装浴血奋战的不朽业绩，对抗日根据地多有涉及。综观全书，无论研究体例还是研究内容和研究方法都有新的突破，是山西省和我国第一部从全局和整体上研究山西抗战历史的专门著作，为抗日战争史的研究填补了一项空白。

太行革命根据地史总编委员会编写的《太行革命根据地史稿》（山西人民出版社，1987 年），系统叙述了太行区从 1937 年 11 月根据地的开始创建到 1949 年 8 月太行区的撤销十余年历史的各个方面，第一次将太行区发展全貌较完整地反映出来，有着较高的学术价值。

师文华、卢海明主编的《太岳革命根据地纪事》（山西人民出版社，1989 年），以编年与纪事本末相结合的体例，全面系统地记述了太岳革命根据地从 1937 年 7 月到 1949 年 8 月前后 12 年的发展历程，内容涉及政治、经济、军事、文化等各个方面，并附有彩色形势图，是有史以来第一部关于太岳革命根据地发展史的著述。卢海明的《太岳革命根据地简史》（人民出版社，1993 年），简要记述了太岳革命根据地从 1937 年 10 月创建到 1949 年 8 月的战斗历程及其在抗日战争、解放战争中的历史作用。此外还有吕世懋编写的《围困沁源》（山西人民出版社，1986 年）等。

晋绥革命根据地史料征集编纂指导组办公室主编的《晋绥革命根据地大事记》（山西人民出版社，1989 年），以编年体形式记述了 1937 年到 1949 年晋绥革命根据地的大事要事，内容涉及党、政、军、统一战线、群众团体等各个方面。在此之前，赵冬生编制的《晋绥边区总政干部任职表》，由山西省地方志编委会于 1983 年印行，该书将晋绥边区总政各级干部的任职情况逐一列表，为了解这一方面的组织状况提供了系统史料。张国祥主编的《晋绥革命根据地史》（山西古籍出版社，1999 年）是由山西、内蒙古两省区党史部门合力完成的，全面记述了晋绥抗日根据地的发展历史。

此外，刘欣、景占魁等主编的《晋绥边区财政经济史》（山西经济出版社，1993 年）是一部反映晋绥革命根据地从 1937 年抗日战争爆发到 1949 年新中国诞生这一时期财政经济建设发展变化的专著，是在中华人民共和国财政部财政科学研究所和山西省财政厅财政科学研究所的组织与支持下完成的，是在《晋绥边区财政经济史资料选编》的史料基础上撰写的，书中所引资料大部出自《晋绥边区财政经济史资料选编》。还有杜晓等编写的专史性著作《太行革命根据地的财政建设》（中共党史资料出版社，1986 年）、吴有为等编写的《太行财政史》（山西人民出版社，1986 年）。

（三）各种专题研究

1.根据地整体研究和战略部署研究

张国祥对此做了深入研究，连续发表了《伟大战略支点的抉择：一论山西抗日根据地在抗日战争中的战略地位和作用》（《党史文汇》1985 年第 3 期）《再论山西抗日根据地在抗日战争中的地位和作用》（《山西党史通讯》1985 年第 2 期）《支持华北抗战的坚强堡垒：三论山西抗日根据地在抗日战争中的战略地位和作用》（《山西党史通讯》1987 年第 2 期）等文章，就山西抗日根据地在抗日战争中的战略地位和作用进行了深入探讨。还有他在《山西抗日根据地和党的军事战略转变的实现》（《晋阳学刊》1997 年第 6 期）一文中指出，抗日战争初期，中国共产党在军事上实行了由国内正规战争到抗日游击战争的战略转变。由于这一战略转变"关系于整个抗日战争的坚持、发展和胜利，关系于中国共产党的前途非常之大"，所以成为中国共产党历史上一个极其重大的军事战略转变。而这一军事战略转变的执行和实现，又是和山西抗日根据地密切联系在一起的。张有成的《简论山西三大根据地创建特点》（《山西革命根据地》1988年第1期）、田酉如的《关于我党在山西创建根据地历史过程考察》（《山西革命根据地》1988年第3期）、王金海的《晋北战役的历史地位及中共开创山西抗日根据地的部署》（《山西革命根据地》1989年第1期）等，也从整体上对山西抗日根据地的相关问题阐述了自己观点。

师文华、卢海明的《太岳革命根据地发展概述》（《中共党史资料》第28辑）和宋荐戈等的《太岳革命根据地发展简史》（《山西师大学报》1984年第1~4期、1985年第1期）对太岳革命根据地的创建和发展做了较为详细的阐述。王敏启的《晋西北抗日根据地的创建》（《山西革命根据地》1985年第2期）系统论述了晋西北根据地的创建过程。

2. 政权与民主建政研究

田酉如的《太行区的建立和行政区划的变化情况》《地名知识》1981年第6期），赵冬生的《晋绥边区革命根据地区划沿革初考》（《地名知识》1982年第3、4期），宋荐戈等的《太岳区的管辖范围和领导机构的沿革》（《山西师大学报》1981年第2期），阎文彬、宋荐戈、卢海明的《太岳革命根据地领导机构和行政区划沿革》（《中共党史资料》第15辑），宋荐戈和卢海明的《晋豫边抗日根据地的创立和区划沿革》（《地名知识》1981年第1期），较系统地考证了太行区、晋绥边区、太岳区各时期行政区划的沿革情况。樊润德的《晋西北行政公署成立时间考》（《山西革命根据地》1984年第2期），考证了晋西北抗日民主政权的正式成立时间，认为应是民国二十九年（1940）2月1日，而不是以前所说的1月15日。李志宽、王照骞的《八路军总部在太行经过的地方》等（《地名知识》1981 年第 6 期），均对相关问题作了考证。

王敏启的《晋绥边区的精兵简政》（《晋阳学刊》1982 年第 3 期）、牛崇辉的《晋绥边区精兵简政初探》（《人事》1988 年第 7 期），都对晋绥边区的精兵简政作了研究探讨。梁金保、温抗战的《论晋绥革命根据地三三制政权》（《党史文汇》1985 年第 1 期）则较早对根据地的"三三制"政权形式作了探讨。史法根、许夷明与杨志武的《太行革命根据地的公安保卫工作》（《山西革命根据地》1989 年第 1 期）则从公安保卫方面对太行根据地的保卫建设做了论述。

3. 经济建设研究

景占魁的《论抗日根据地的经济建设》（《晋阳学刊》1995 年第 5 期）认为，抗日战争时期，根据地的经济建设同政权建设、军事斗争一样，在极其艰难困苦的条件下取得了巨大成就，为夺取抗日战争的胜利做出了不可磨灭的贡献。

王晋源的《科学技术在晋察冀根据地经济建设中的作用》（《山西师大学报（社会科学版)》1995 年第 3 期）指出，科学技术作为生产力在晋察冀根据地的军工生产和经济建设等方面发挥了积极的作用。一方面机修厂的建立和枪支弹药的生产有力地支援了抗战；另一方面试验农场的普及、科学技术的推广以及农业技术研究会和自然科学学术组织的成立，极大地促进了根据地经济的发展。

巨文辉的《晋察冀边区实施的统一累进税述略》（《中共党史研究》1996 年第 2 期）认为，抗日战争时期晋察冀边区率先实施统一累进税制度，它的基本特征一是废除苛捐杂税，由边区政府实行统筹统支；二是根据纳税人的贫富差距，采取累进率的方法计算征收。晋察冀边区统一累进税的实施，对于推动根据地的经济建设和改善广大人民群众的生活发挥了重要作用。

景占魁的《抗日战争时期晋绥根据地是怎样解决财政问题的》（《经济问题》1983 年第 8 期）《晋绥根据地财政经济建设的几个特点》（《财政资料研究》1985 年第 8 期）两文，就晋绥边区财政经济的状况及特点做了论述。景占魁的《党的扶助农民发展生产方针的胜利——晋绥边区农业发展原因初探》（《晋阳学刊》1983 年第 2 期）、杨桂兰的《晋绥抗日根据地发展农业生产的政策与措施》（《山西革命根据地》1989 年第 1 期），主要着墨于晋绥边区的农业生产。张如禄的《晋察冀边区银行概略》（《山西金融研究》1982 年第 1 期）、宋克仁的《晋察冀边区的金融斗争》（《山西革命根据地》1987 年第 3 期）等文，关注的是晋察冀根据地的财政金融。

宋克仁的《1939 年晋察冀边区的抗灾斗争》（《山西革命根据地》1985 年第 3 期）和傅尚文的《晋察冀边区北岳区的粮食战》（《历史教学》1985 年第 2 期）则分别从救灾斗争和粮食斗争方面做了研究。此外还有姚寅虎和田酉如的《太行根据地人民负担政策的演变》（《山西党史通讯》1987 年第 3 期）、张巩德的《太行革命根据地的农村合作社》（《山西党史通讯》1986 年第 1 期）等则从人民负担和合作社等角度对根据地的经济问题做了探讨。

4. 社会与文教研究

李忠康的《略论党在抗日根据地的教育政策》（《山西师大学报（社会科学版）》1995 年第 3 期）认为，中国共产党在抗日根据地教育政策的提出和施行，是与抗战的形势和根据地的实际紧密联系在一起的。这不仅要求教育必须坚持"为抗战服务"的基本方针；而且要求教育必须遵循"与生产劳动相结合"的基本原则；同时通过统一战线，团结一切爱国的知识分子，通过"民办工助"的办学方式普及群众教育。这种政策把根据地教育的特殊性和教育发展的一般规律有机地结合起来。

岳谦厚的《论晋西北抗日政权的妇女儿童权益保障问题》（《山西师大学报（社会科学版）》1995 年第 6 期）认为，晋西北抗日政权关于妇女儿童权益保障条例的颁布和施行不仅提高了妇女在政治、经济和文化生活中的地位，而且推动了抗日战争向纵深发展。

5. 人物研究

李志宽的《朱德总司令在太行》（山西人民出版社，1980 年）系统研究了朱德同志对太行根据地的建立和发展的作用。晋绥边区人物研究的成果较多，主要有李吉、刘迎华和杨桂珍合著的《贺龙同志在晋绥》（山西人民出版社，1984 年），药英、续约斋与郝树侯的《续范亭传》（陕西人民出版社，1984 年），樊润德的《刘少白传》（陕西人民出版社，1987 年），等等。

师文华与卢海明的《邓小平与太岳抗日根据地的巩固与发展》（《党史文汇》1989 年第 6 期）、卢海明与张茂才的《安子文同志在太岳抗日根据地初创时期》（《山西党史通讯》1989 年第 4 期）、郭学旺的《邓小平在抗日战争时期的任职》（《山西政协报》1988 年 9 月）、王金海的《朱德、彭德怀山西抗战业绩》（《科学与管理》1987 年第 8 期）都是一些关于重要历史人物和根据地关系的研究。

三、第三阶段：21世纪以来

21世纪以来，随着研究条件和研究方法不断创新，山西关于根据地的研究更加深入，各种研究成果呈现井喷之势。

（一）资料性研究成果

李再新的《抗日烽火》（中国文史出版社，2005年）采访了几十位参加过抗日战争的老八路军战士，深入到当年的抗日根据地及抗日战场实地调查，搜集了一批珍贵、翔实的抗日史料、资料和众多的抗日英雄事迹。

张成德、孙丽萍主编的《山西抗战口述史》通过实地采访大量的经历过抗战的老人，通过他们的口述回忆展现山西抗战的历史，其中第二卷许多都是关于抗日根据地的珍贵历史资料。

山西省委党史办公室编的《抗日战争时期山西人口伤亡和财产损失课题调研成果》系列丛书共14卷，主要由调研报告、档案资料、文献资料、口述资料、大事记、伤亡人员名录6部分组成，并附有最具代表性的历史图片和重要历史资料的影印件作为插页。该书收集保存了大量根据地原始资料。

（二）综合性研究史著

张国祥的《山西抗日战争图文史》（山西人民出版社，2005年）采用文字和图片相结合的方法治史，是一部有创新意义的力作；另一部《山西抗战史纲》（山西人民出版社，2005年）展现了宏伟壮观、绚丽灿烂的山西抗战的历史画卷，揭示了山西抗战的崇高历史地位及其铸就的以爱国主义为核心的伟大的太行精神、民族精神。樊吉厚、李茂盛、岳谦厚编撰的《华北抗日战争史》（上、中、下）（山西人民出版社，2005 年）是首部全面系统研究华北抗日战争史的学术著作，以大框架、大视角的手法，详尽描绘出了华北抗日战争的历史长卷，客观、真实地反映了抗战期间国内外形势的曲折走势，敌友我三方的战略和策略的演变过程，民族矛盾与阶级矛盾的起伏变化，正面战场与敌后战场的相互配合。这些综合性研究史著中，对根据地部分都有比较详细和系统的探讨。

（三）各种专题研究

1. 政权与民主建政研究

牛崇辉的《山西抗日根据地广泛实施民主政治述略》（《中共山西省委党校学报》2005 年第 4 期）认为，抗日战争时期，山西抗日根据地进行了各项卓有成效的建设，普遍推行了民选制度，实施了"三三制"政策，建立和健全了各级民意机关和行政机关，巩固并加强了各抗日阶层的团结与合作，从而为坚持敌后抗战和夺取抗战最后胜利打下了稳固的基础。

郝彭证、张宏华的《我党在抗日根据地民主执政、科学执政的经验分析》（《理论探索》2006 年第 4 期）指出，抗日战争时期，党领导民主选举运动，通过民主、合法的途径进入政权系统；党制定并实施了"三三制"原则，增强与扩大了党执政的阶级基础和群众基础；党提出建议并通过政权系统实施了兼顾各抗日阶级利益的经济和文化政策，增强了根据地内部的凝聚力；党规范了党组织与政权系统的关系和政权系统内部的运行机制，按照民主和科学的精神改进和完善了党的领导方式和执政方式。郝彭证的《中国共产党在抗日根据地的民主执政与科学执政》（《纪念中国人民抗日战争暨世界反法西斯战争胜利 60 周年学术研讨会论文集》，中共党史出版社，2006 年）认为，抗日战争时期，中国共产党在根据地建立了民主政权，在政权性质、政党进入政权的途径、政权人员的阶级构成、施政纲领、政党的领导方式和执政方式上，坚持民主科学原则，积累了丰富的局部执政经验。李俊宝的《山西抗日根据地的乡村民主建设》（《大同大学学报（社会科学版）2008 年第 6 期》）、白俊杰的《试论山西抗日根据地乡村民主建设及其意义》（《沧桑》2008 年第 2 期）也都是对根据地民主建设的研究。

张翠莉的《减租减息政策下晋察冀抗日根据地地权及阶级结构的变动》（《中共山西省委党校学报》2008 年第 4 期）从地权及阶级结构两个方面分析了晋察冀抗日根据地的社会变迁。桑艳军的《抗日根据地政权建设与社会建设述略——以晋察冀抗日根据地为例》（《晋中学院学报》2009 年第 1 期）认为为了更好地支持抗战，党在根据地进行了全面而富有成效的政权建设、经济建设、文化建设和社会建设。根据地政权建设与社会建设相互依存相互促进，互为条件，共同统一和服务于争取实现抗日战争的最终胜利这一根本目标。杨茂林的《对山西抗日根据地基层政权建设的历史考察》（《前进》2015 年第 9 期）全面地论述了山西抗日根据地基层政权建设的历程。

丁竹的《简述抗战时期太行太岳行政区的划分及自然经济状况》（《沧桑》2007 年第 3 期）简要叙述了抗日战争时期太行太岳根据地的行政区划分范围，以及每一专署的经济状况。张晓艳的《山西抗日根据地整风运动述评》（《党史文苑》2010 年第 7 期）认为山西抗日根据地整风运动的胜利开展，加强了山西抗日根据地党的建设，促进了全党在思想上、政治上、组织上的统一和团结，为夺取抗日战争在全国的最后胜利做出了重要的思想准备。

2. 经济建设研究

岳谦厚、韩晋成的《晋西北抗日根据地的集市贸易》（《河北学刊》2015 年第 3 期）对晋西北抗日民主政权成立之后恢复原有集市并设立新集市做了研究，认为集市建设（包括根据地集市和游击区集市）及其日益繁荣的商业贸易是抗日根据地得以巩固和壮大的重要因素之一。他们的《晋西北抗日根据地的对外贸易政策》（《中国高校社会科学》2015 年第 4 期）一文则对晋西北抗日根据地的外贸政策做了探讨。岳谦厚、张文俊的《晋西北抗日根据地的"中农经济"——以 1942 年张闻天兴县 14 村调查为中心的研究》（《晋阳学刊》2010 年第 6 期）通过对 1942 年中共领导人张闻天率领的延安农村调查团以土地问题为主题的调查结果表明，该地区农村在经济形态上属于典型的"中农化"小农经济区，认为尽管在中共革命影响下农村内部社会经济结构及运行模式发生了一定变化，但主要经济形态依然是传统的"中农化"的自耕农型小农经济。

张玮的《中共减息政策实施的困境与对策——以晋西北抗日根据地乡村借贷关系为例》（《党的文献》2009 年第 6 期）与《晋西北抗日根据地的减租与交租问题》（《中共党史研究》2008 年第 4 期）研究了晋西北抗日根据地的减租减息问题，主佃双方围绕减租与交租展开激烈较量，债权人与负债人围绕减息交息展开激烈斗争。这既反映出乡村借贷关系的复杂性，又反映出减租减息政策与实践之间存在一定距离。

郝平的《论太行山区根据地的生产自救运动》（《山西大学学报（哲学社会科学版）》2005 年第 5 期）指出，生产自救是抗日战争时期各根据地政府重要的施政内容之一，甚至可称为关系根据地生死存亡、抗日能否持久的关键问题。太行山区根据地的生产自救运动从两个方面深入展开，一是"开源"，二是"节流"。太行山区根据地的生产自救运动卓有成效，不仅缓解了根据地严峻的粮食危机，而且通过政治动员的形式对根据地军民进行了深刻的思想教育，对根据地的巩固和发展起到了积极作用。

卫俊的《晋察冀边区在大生产运动期间的劳动互助合作社》（《沧桑》2007 年第 4 期）指出，大生产运动期间晋察冀边区的劳动互助合作社为帮助边区军民摆脱当时严重的困难发挥了重要的作用。文章主要对劳动互助合作社成立的背景、组织原则、优越性与作用作了介绍。

段建荣、李珍梅的《1942 年至 1943 年太行山抗日根据地抗旱救灾成效评述》（《大同大学学报（社会科学版）》2007 年第 3 期）认为，在 1942 年至 1943 年中原大旱荒期间，太行山抗日根据地从上到下组织起旱灾救济委员会，确立了以人为本的救灾理念和民众动员型的生产救灾模式，采取标本兼治抗旱救灾的措施来渡过灾荒。李常宝、项熙芳的《救国救民：晋西北抗日根据地的灾荒救济》（《山西师范大学学报（社会科学版）》2014 年第 5 期）则对晋西北根据地的灾荒救济作了探讨。

田秋平的《晋东南根据地的金融抗敌斗争》（《山西日报》2007 年7 月 10 日）指出，70 年前晋东南根据地的抗日银行和抗币"晋南票"在整理根据地金融、调剂根据地经济、排挤打击和肃清日伪货币、扶植军队生产精神、繁荣货币市场、发展贸易、增强抗日力量等诸多方面都做出了巨大贡献。

刘成虎的《太岳抗日根据地的经济统制与自由市场研究》（山西大学 2012 年博士学位论文，未刊稿）指出在对敌经济斗争过程中，中国共产党领导的太岳敌后抗日根据地综合运用经济统制政策和市场机制，立足于斗争形势的发展，不断调整在农业、工业、商业和金融业等部门的政策，取得许多经济领域的胜利，为巩固和扩大根据地提供了坚实的后勤保障。

光红梅的《华北抗日根据地手工业研究》（《晋阳学刊》2008 年第 4 期）认为，抗日战争爆发后，华北农村手工业的发展增加了农民收入，加强了对敌经济斗争的能力。王勇浩的《试析山西抗日根据地的商业》（《山西农业大学学报（社会科学版）》2008 年第 5 期）从根据地商业的构成、发展原因以及作用等方面论述了抗日根据地的商业发展情况。

李常生的《晋西北抗日根据地乡村劳动力开发与调剂》（《内蒙古农业大学学报（社会科学版）》2010 年第 3 期）一文认为为恢复和发展农业生产、解决劳动力短缺问题，晋西北根据地抗日民主政府颁布了各种奖励生产的政策法令，发动妇女参加生产，改造"二流子"鼓励其从事生产劳动，实行移民垦荒政策，合理调剂劳动力。这些措施的实行对根据地经济、社会发展均起到重要作用。

3. 社会与文教文化研究

刘晓丽的《山西抗日根据地的妇女纺织运动》（《晋阳学刊》2005 年第 3 期）指出，抗战时期山西的时代环境为广大妇女提供了展示自己的大舞台，它在迅速造就一支纺织大军的同时，也成就了千百万农村妇女的人生信念，在最广大的意义上解放了妇女，使她们认识到自己的人生价值，加深了她们参与社会的程度，在家庭经济生活中更是发挥了举足轻重的作用。

韩晓莉的《女性形象的再塑造——太行根据地的妇女解放运动》（《山西大学学报（哲学社会科学版）》2005 年第 5 期）强调，抗战时期太行根据地的妇女解放运动是一次带有全民性质的社会变革，完全不同于当时中国沿海城市和各大都市出现的妇女运动。张慧玲的《晋冀鲁豫根据地婚姻执行机构研究》（《沧桑》2007 年第 4 期）认为，婚姻执行机构的地位、态度和作为在根据地婚姻变革中起了重要作用。岳谦厚、罗佳的《抗日根据地时期的女性离婚问题——以晋西北（晋绥）高等法院 25 宗离婚案为中心的考察》（《安徽史学》2010 年第 1 期）以通过对晋西北高等法院 25 宗离婚案的考察，揭示出中共晋西北抗日民主政权颁布《晋西北婚姻暂行条例》后，根据地婚姻观念或离婚现象呈现出与以往不同的景观，离婚案件频发，引起法院对待离婚案件的处理发生演变。

段俊的《山西抗日根据地的大剧演出及文艺观论争探析》（《山西档案》2015 年第 2 期）认为 1941 年根据地出现了连续搬演大型中外名剧的风潮和忽略现实需要的文艺倾向，戏剧界由此展开了一系列关于文艺观的论争，并确立了"为大众"的敌后剧运文艺观。这一强调现实主义创作原则的文艺观不仅对根据地的敌后戏剧运动具有指导意义，而且对其他形式的文艺创作也产生了影响。韩晓莉的《抗日根据地的戏剧运动与社会改造——以山西为中心的考察》（《抗日战争研究》2011 年第 3 期）认为通过戏剧运动，根据地政府不仅达到了以民间文化形式宣传革命、教育群众的目的，而且实现了以戏剧为中介对根据地社会的全面动员和改造，使政治以浅显易懂的方式融入根据地社会。

周智健的《太行抗日根据地抗战文化"大众化"特征成因》（《长治学院学报》2011 年第 6 期）对太行抗日根据地抗战文化"大众化"特征成因作了探讨。

解佐欣的《浅谈山西抗日根据地的民众教育》（《沧桑》2007 年第 3 期）指出，抗日战争时期在广大的抗日根据地，教育无论在内容、形式和目的上都形成自己独有的特征。首先是民众教育普及范围比较广；其次是注重与实践的结合；第三是重视政治思想方面的教育，培养学生的政治立场。薛慧锋、白雪枫的《太行抗日根据地冬学运动对农民的影响》（《山西高等学校社会科学学报》2008 年第 8 期）揭示出冬学运动冲击了农民的落后意识，对农民的思想变革影响深远。李常生的《晋西北抗日根据地社会教育略论》（《沧桑》2010 年第 6 期）、谢彦华的《山西抗日根据地小学教育特殊的教学方法探讨》（《沧桑》2013 年第 5 期）、《山西抗日根据地小学办学特殊的政治文化条件》（《山西广播电视大学学报》2013 年第 1 期）、《山西抗日根据地小学特殊办学方式探讨》（《吕梁学院学报》2011 年第 4 期）、《论山西抗日根据地小学教育特殊的经济条件》（《山西广播电视大学学报》2009 年第 4 期）等文章详细地分析研究了山西抗日根据地的小学教育。

4. 其他研究

李青的《档案资料在山西抗日根据地研究中的应用——以山西大学历史文化学院的硕士论文为例》（《山西省委党校党报》2009 年第 6 期）从山西大学中国近现代史专业硕士研究生利用档案资料开展山西抗日根据地研究为切入点，分析了档案资料在山西抗日根据地基层政权、土地问题、文化教育等研究中发挥的作用。

郝正春、段建宏的《抗战时期中共对民兵教育的必要性考察——

以太行抗日根据地为例》（《理论视野》2015 年第 2 期），段建宏的
《社会史视野下的太行抗日根据地民兵研究》（《山西师大学报（社科
版）》2015 年第 5 期）对此前很少有人关注的根据地的民兵问题做了有
益的探索。

车军杜的《张克威与太行抗日根据地的科技兴农运动》（《黑龙江
史志》2009 年第 24 期）研究了农业科学家张克威在抗日战争期间任
129 师政治部民运部长、生产部长兼太行山边区政府农林局局长期间领
导太行区人们开展轰轰烈烈的科技兴农运动，对该区的政治、经济、
文化建设产生了深远影响。

岳谦厚、董春燕的《抗日根据地时期中共基层干部群体——以晋
西北抗日根据地为中心的研究》（《安徽史学》2009 年第 1 期）研究了
晋西北抗日根据地的基层干部群体。李志芳的《戎子和与晋东南抗日
根据地》（《长治学院学报》2010 年第 6 期）认为 1938 年至 1940 年
戎子和兼任山西省第五区行政督察专员公署督察专员、专署保安司令、
牺盟中心区党团书记期间，领导五专署和牺盟长治中心区工作，为晋
东南抗日根据地的建设做出了重要贡献。

四、研究特点和展望

总的来说，山西对抗日根据地的研究，在以下三个方面取得了突
出的成就：第一，资料的收集和整理奠定了研究的基础；第二，研究
性的论文和论文集数量增加、质量提升；第三，系统的研究著作陆续
面世。这些颇具资料性、系统性和学术性的研究成果，从思想观点、
研究方法、框架构置、资料运用等方面，对山西抗日根据地史研究起

到了一定的推动作用，使得根据地研究无论在深度还是广度上，都有了很大发展。同时呈现以下一些特点：

1. 多次召开学术会议。每逢纪念抗战胜利的重要节点，都要召开一系列的学术研讨会。2005 年 6 月 20 日，由中共山西省委宣传部、山西大学等单位，联合在山西省会太原市举办了以"抗日根据地与太行精神"学术研讨会。2015 年纪念抗战胜利 70 周年之际，中共山西省委宣传部、山西大学、山西社科院更是在太原、武乡和灵丘分别举办了学术研讨会。

2. 研究内容不断扩大。近年来根据地有关社会经济方面的研究一直是学术界的热点，集中体现在研究社会变迁、妇女问题、乡村经济、灾荒、文化教育等方面，著作和论文数量呈逐年上升之势，出现了一些影响较大的学术成果。

3. 研究方法不断增多。田野调查和口述史方法的应用使得研究资料更加丰富。学者对根据地的社会史的研究采用了经济学、社会学、统计学、心理学等方法，从整体的社会史向区域社会史转向，整体研究地方社会史与区域史，推动了社会史研究的深化和发展。

4. 综观多年来山西对抗日根据地的研究，也存在不足，与其他省区对根据地的研究相比，有一定的差距。黄正林等学者对陕甘宁根据地的研究比较系统，有大量专门的著作和论文。河北省的学者对晋察冀根据地的研究比较深入，晋察冀根据地遗址修复与历史研究促进会为纪念晋察冀边区政府成立 67 周年创作了《晋察冀根据地与抗日战争》；2005 年 9 月在河北省石家庄成功举办的《晋察冀日报》史学术研讨会，是首次关于抗战时期党报研究的全国性学术研讨会。学者对根据地地处敌后在政治和军事上具有的重要地位和作用，与日伪、国民党斗争的复杂形势进行了系统缜密的研究；对下层民众抗战的研究较少。对根据地社会史方面的研究有待进一步深入，如妇女问题、社会治安问题等等；对根据地社会文化的研究，从社会文化角度研究的较少，应该加强对根据地社会文化方面的研究。

山西近代社会史 30 年研究综述

刘晓丽

中国社会史研究大致起始于 20 世纪二三十年代挽救"乡村危机"的呼声中。当时，乡村文化建设、乡村社会结构、乡村经济等诸内容纷纷纳入研究者视野，1949 年后的 30 年中，在近现代中国研究领域，有关乡村研究主要集中于资本主义萌芽、农民战争和土地问题等若干方面。改革开放之后，中国社会史复兴始于 20 世纪 80 年代，由中国近代史领域切入，王先明认为，中国社会史 30 年来的发展走向可总结为在学科建设上经历了学科复兴、体系建构和稳步发展的三个阶段。在时代特征上主要体现为区域社会史成果突出，理论研究日趋深化；近代乡村史研究方兴未艾，走向深入；新理念下的社会性别史引人关注。[①]山西近代社会史研究也遵循了这样的基本走向，奠定了以上研究格局。

---

① 王先明:《新时期中国近代社会史研究评析》,《史学研究》2008 年第 12 期。

一

20 世纪 80 年代，随着社会科学领域百废待兴，社会史内容进入了中国近代史研究领域，近代社会史进入复兴的第一阶段。到今天，近代社会史已经成为中国近代史研究中一个十分重要的研究方向，并从一定意义上改变了以往中国近代史研究的基本格局。

1986 年 10 月，由南开大学等单位共同发起，在天津召开了第一届中国社会史研讨会。这次会议大致可以看作学术界有计划地恢复社会史研究活动的开始。会后，《历史研究》发表了评论员文章《把历史的内容还给历史》，中国近代社会史研究日渐成为中国近现代史领域中最令人瞩目和最富于活力的方向。[1]这一阶段中国近代社会史研究者讨论的主要内容包括社会史以人们的群体生活与生活方式为研究对象，以社会组织、社会结构、人口社会、社会生活方式、物质与精神、生活习俗为研究范畴；真正能够反映一个过去了的时代全部面貌的应该是通史，而通史总是社会史；社会史的内容应当包括社会构成、社会生活、社会功能；社会史不是一个特定的史学领域，而是一种新的视角、新的路径，一种"自下而上"研究历史的史学范式，是以"人"为轴心的历史。[2]以上述问题为核心，社会史研究掀起了一次高潮。山西学者积极参与了这场讨论，并推出了划时代的研究成果。

行龙认为，1980 年代中国近代社会史的复兴，是在对旧有研究模

---

① 王先明：《新时期中国近代社会史研究评析》，《史学研究》2008 年 12 期。
② 王先明：《新时期中国近代社会史研究评析》，《史学研究》2008 年 12 期。

式的反思、改革开放形势的转变、国外社会史理论的引入以及中国社会史的复兴与重建这样一种纠合的状态下进行的，开展社会史研究适应了学术发展的需要，也顺应了时代发展的潮流。第一届中国社会史研讨会后，社会史由此成为专门史或一个流派，在研究方法上提出要借鉴社会学、民俗学、人类学等学科的理论与方法，可以看作学术界有计划组织和推动社会史研究活动的开始，对重建和复兴中国社会史研究工作意义重大。但在当时一片"史学危机"的氛围中重提社会史研究，人们既感兴奋又感犹疑，既是新奇又是迷惘，对诸如什么是社会史、如何研究社会史等问题还存在困惑和争论，而这些问题又是必须要解答的。①

对于社会史理论问题的探讨在第一届中国社会史学术讨论会上就形成了"不可不议，也不可多议"这样一种向前看的策略，认为学科兴起和重建不可不大体规划，但主要应展开社会史具体问题的研究，等到具体问题研究深入开展以后，社会史的理论问题就会容易一些。这一形势其实反映了中国社会史研究在起步阶段理论研究的滞后。中国社会史研究固然可以追溯到 20 世纪初，但当年梁启超提倡的"新史学"并不完全等于新时期的"社会史"，20 世纪二三十年代的一度繁华并不能说明中国社会史理论体系已具雏形，抛却关于中国社会性质的大讨论不论，20 世纪二三十年代的中国社会史研究多集中在婚姻、家庭、宗族、社会习俗等方面的探讨，而 20 世纪 50 年代的革命史学中止了这一进程。中国社会史研究的复兴面临如何延续和继承二三十年代社会史研究，同时又开拓新领域、进行理论探索的双重任务。②

---

① ② 行龙：《二十年中国近代社会史研究之反思》，《近代史研究》2006 年第 1 期。

在这样的学术背景下，结合社会史学科建设工作，一些学者对社会史的定义、研究对象、范畴等进行了阐述，引发了"专史说""通史说""范式说""视角说"的大讨论，几部特色鲜明的中国近代社会史论著相继出版，一些学者更为系统地阐述了对社会史的理论思考。在山西，1992 年山西大学乔志强主编的《中国近代社会史》由人民出版社出版，该著对 1840 年至 1949 年中国社会的情况做了全面的介绍，包括社会结构、社会组织、社会生活（衣食住行、婚丧喜事）、人生历程（出生、婚嫁、求学、就业）、社会问题等，重点阐释了近代以来外敌入侵、战争频繁、军阀割据和外国租界的存在为社会带来的巨大影响；讨论了各社会阶级、阶层、组织生存的历史条件、成员构成以及各自分布的地域，并从社会结构运行的整体性来考察各社会组织之间的关系；说明在中国历史发展的长河中，古代社会（特别是清前期）对近代的广泛影响以及在西方文明冲击下中国近代社会的重大质变；阐述了社会问题是不平等的社会结构的必然产物，是社会生活的负面表现，社会通病的积重难返、难以根治，是近代中国的基本国情之一。全书内容全面，结构合理，把握准确，论述充分，史料鲜活，注意在各方面、各领域突出古今对比和中外对比，认为社会史是从属于通史的专门史，和政治史、经济史、文化史等平行相邻，提出"社会史研究的对象是社会的历史""是研讨人类社会及其机制的发展的历史，研究人类有史以来赖以生存并必然结成的社会本身的历史"。就是说，有史以来，人们从来不能单个生活，而是在人们结成的社会中生活，它本身有其变化的历史——这就是社会史，就是我们研究的对象，或者叫作"范畴"。

该书的出版使整体社会史研究迈出了由理论探讨走向实际操作的

第一步，并成为中国近代社会史学科体系初步形成的一个最主要的标志。①随后，1992年成立的山西大学中国社会史研究中心，是国内最早以社会史命名的研究机构。

中国社会史研究从一开始就受到西方社会科学尤其是社会学的影响。社会史在发展进程中所讨论的问题不仅与中国社会史学科重建的社会背景、学术背景有关，而且与社会是什么、社会学是什么、社会史是什么这三个互为交织变化演进的问题有着密切关联，也与研究者对上述问题的把握和理解不同有关。社会史之争在一定程度上是对社会的认识之争、对社会学的理解之争、对西方社会史的解读之争。行龙著文讨论社会史研究领域"专史说"和"范式说"的问题，就是从社会史产生和发展的学术背景这一角度，将这一问题置于西方和中国社会史研究的宏观学术史中加以分析的。②行龙认为从具有具体研究对象和内容的学科意义上来讲，社会史可以说是一种专门史。另外，从史学研究的方法和视角来讲，社会史以其鲜明的总体性追求，自下而上的视角与跨学科的研究方法，为陈旧的史学带来翻天覆地的变化，它又是一种新的"范式"。两者都是社会史蕴含的本质内容。同样，社会史其他问题的讨论也只有置放在中西学术史演进的广阔背景中，置放在社会史有关的学科概念中才能得到深刻理解。

乔志强、行龙在《中国近代社会史研究中的几个问题》（《史林》1998年第3期）中认为，第一，中国近代社会变迁的趋向，是指中国近代这个时间空间范围内社会本身发展变迁的趋向，就是说，它不是

---

① 虞和平、郭润涛：《中国近代社会史研究述评》，《历史研究》1993年第1期。

② 行龙：《中国社会史研究中的几个问题》，见《近代山西社会研究——走向田野与社会》，中国社会科学出版社，2002年。

指中国近代通史，即包括政治、经济、文化等方面发展总的历史，而是探讨社会史意义上"社会"本身发展变迁的趋向。中国近代史上"社会"变迁的总趋向是近代化，在该趋向中，它又具体表现为社会各方面的紧密化（即一体化，社会各个方面相互依赖、制约、互动程度的日渐增大），社会各个因素的社会化（即相互联系和作用程度的日渐增大）和社会的理性化（即符合社会整体发展利益的微慢增长）。"近代化"作为中国近代社会变迁发展的趋向，并不是在中国近代通史的近代化之外另加趋向，更不是否认中国近代史的近代化。他们认为，中国近代社会史是整个中国近代史的一部分，"社会近代化"也只是中国近代化的一部分。近代化既然是一个近代历史总体变迁的过程，那么，整个社会历史系统，包括政治、经济、军事、外交、法律、文化，包括社会本身各方面都有一个由传统向近代过渡演化的过程。只有将"社会近代化"置于中国近代历史变迁的总体框架中进行考察，才能使社会构成、社会运行、社会功能由传统向近代的演变过程得到立体的体现。第二，中国社会的近代化具有明显的历史和时代特征，这些特征与社会近代化的历程互为表里，制约着由传统社会向近代社会的历史发展，中国社会近代化具有被动性、不平衡性、缓慢性、复合性四大特征。第三，中国近代社会变迁的阶段分期，与中国近代通史的阶段分期有联系又有区别，近代的上下限相同，中国社会变迁的阶段性表现在近代趋向的进展程度上。社会变迁的近代化又是中国近代化的一部分，必须将社会史赋予的特定意义上的"社会"变迁置于整个中国半殖民地半封建社会发展的总体过程中进行考察，才能科学地划分中国近代社会史的不同发展阶段。中国近代社会变迁经历了一个由传统到近代的过渡演化的复杂过程，以近代社会变迁的趋向"社会近代化"来看，也就是以社会的紧密化、社会化的程度来看，大致可以分为三个阶段：初始阶段——鸦片战争到中日甲午战争（1840~1894年），扩展——中日甲午战争到辛亥革命（1895~1911年），深化阶段——辛亥革命到五四运动（1912~1919年），这三个阶段不仅具有前后相继、步步深入的层次性，而且各自具有自身特性。大体而言，社会近代化的演进从内容上经过了由局部到全部的过渡，从变迁幅度上则经过了一个步步深入的过程，这种社会本身由传统向近代化演化的过程不仅是中国近代化过程的一部分，而且受到中国近代化发展进程的制约。

二

20世纪90年代后期，中国近代社会史研究进入持续稳定的发展状态，特点是区域社会史研究成果突出，理论研究也日趋深化。促使区域社会史兴起有以下几个因素：第一，改革开放以后区域社会发展的现实需要，经济、社会、文化的发展成为区域发展的目标；第二，中国社会史研究的发展，要求在空间上从整体的社会史向区域社会史转向，寻求全方位、立体的、整体的地方社会史，以深化社会史的研究；第三，西方史学思潮的影响，尤其是黄宗智、杜赞奇等关于近代华北的研究、施坚雅研究中国市场的区域分析理论、柯文的"中国中心观"等思想都无疑促进了区域社会史的研究；第四，社会史与社会学、人类学、民俗学等社会科学的对话与交流。[①]表现在山西近代社会史研究

---

① 行龙:《中国社会史研究中的几个问题》，见《近代山西社会研究——走向田野与社会》，中国社会科学出版社，2002年。

领域，就是区域社会史成果迭出，承袭了乔志强开创的在全国社会史研究领域的先河地位。在研究基地和人才建设上，山西大学中国社会史研究中心成为山西大学一级研究单位，山西省高校人文社科重点研究基地，旗下有一支极富活力和创新精神的科研团队，到今天仍被誉为中国社会史研究的重镇之一，一批具有较高学术含量的研究成果引起学术界的高度重视。中心对中国社会史研究领域的最大贡献在于，倡导"走向田野与社会"的学术理念，搜集了包括山西水利碑刻、渠册资料，晋商专题档案，灾荒档案，秧歌资料，长治市张庄村的档案（韩丁《翻身》所记述的村庄），太原市晋源区赤桥村（《退想斋日记》作者刘大鹏的故乡）、花塔村档案（晋祠水案的一个典型村庄），太原市郊剪子湾村档案资料，临汾龙子祠 1952～1980 年档案（水利灌溉系统），晋中市平遥县西游驾村和大同市阳高县赵家村、下神峪村、赵石庄村、西双寨、吴家河村集体化时期档案，等等，并对这些档案进行了较为详细的整理，为进一步的研究奠定了基础。2008 年 10 月，在收藏的数千万件集体化时代山西农村社会基层档案资料的基础上，首创了集学术研究和教学于一体的"集体化时代的农村社会"综合展，资料之丰富具体，令人惊奇！综合展显示了中心在集体化时代中国农村研究资料建设方面的卓越成就，并把集体化时代的中国农村社会研究推向了学术最前沿。

在山西大学中国社会史研究中心引领下，山西区域社会史研究成果表现在如下领域：

1. 学科构建

1998 年，乔志强主编了《近代华北农村社会变迁》（人民出版社，1998 年）以更为广阔的视野、更宏大的篇幅，从人口、婚姻、家庭、宗族、阶级、阶层、市场交换、城市化与城乡关系、物质生活、社会风俗、民间信仰、社会心理、人际关系、乡村教育、基层政权、地方自治、灾荒救治、社会问题以及社会变迁诸多方面，对华北这一区域社会变迁进行了系统研究，力求在社会史的"知识体系"中寻找"一条主线贯穿其中"并以"传统社会向近代社会的演化"作为其"主线"。[①]

行龙《走向田野与社会》（生活·读书·新知三联书店，2007年）从学术史的角度阐明了涉足"区域社会史"这一领域的研究历程，被学界称为社会史研究"新整体史"的代表作，是"中国社会史研究20年来探索前行的一个缩影，也是社会史研究走向本土化的标志性成果之一"。该书在"理论反思"部分，收录了《二十年中国近代社会史研究之反思》《再论区域社会史研究的理论与方法》《开展中国人口资源环境史研究》《经济史与社会史》《走向田野与社会》等多篇颇具价值的论文，就欧美学者中国研究的动向、社会史研究方法论、中国人口、资源、环境史的相关研究进行了探讨，并提倡以历史学为本位的乡村田野调查对中国社会史研究的价值和意义。另外，在"水利社会"部分，探讨了明清以来山西省水资源匮乏的问题；"集体化时代"部分，对山西大学中国社会史研究中心所收藏的村落文献进行了分析，从社会史视角研究集体化，从学术史角度进行讨论，具体勾勒出一幅1950年代"农业集体化"的真实画面；"绅商与地方社会"部分，则是从社会史角度研究晋商；"发现历史"部分，介绍了从商号账簿等史料中所发现的新史实，也就是所谓的史料论。此外，《山西大学中国社会史研究中心集体化时代农村基层档案述略》一文，则介绍

---

① 乔志强主编：《近代华北农村社会变迁》（序），人民出版社，1998年。

了山西大学中国社会史研究中心所收藏的农村基层档案，就内容而言极其珍贵。

2. 山西乡村社会生活研究

赵新平的《山西乡村生活研究》（中华工商联合出版社，2007 年）可以说是典型的区域社会史的框架，地域设定是崞县，时间限定是民初（1912~1928），反映内容是该时期、该地区内的全部社会生活。作者旨在从四大方面，即民初的生活空间、生活设施、生活方式、生活观念来反映崞县这个富有数千年文化韵味的古村落在民初十数年间社会动荡、历史巨变中的社会生活面貌，涉及内容非常丰富，包括乡村的地理、气候、山川、人物、物产、交通、姓氏、村望、组织、学堂、医疗、通信、饮食、服饰、宅院、禁忌、生育、婚嫁、丧葬、敬神、祭祖、寺庙、休闲、娱乐、曲艺、杂技、种植、副业、手工业、商贸、金融以及理财观念、家族观念、教育观念、伦理观念和宗教观念，通过这些细微的考察，对当时该地社会生活进行了大视野的展示。作者之所以能有如此精细的叙述和论证，得力于新方法的运用，比如社会学、人类学、统计学、计量学、历史学、比较学等方法的使用。尤其是大量的田野调查、实地访问所获取的大量生活信息，是该书最值称道的地方。

殷俊玲的《晋中与晋中社会》（人民出版社，2006 年）以清代及民国初期晋省中部为考察中心，主要内容包括晋中人口的地域流动、社会流动及当地民众职业的多样化，并揭示晋中商风之盛的社会实况；展现商人的婚姻生活，揭示婚姻圈的变化、婚龄的大小和特点，商人妇的相思愁怨、困顿劳苦、健康状况、婚外情及商人缺子的隐忧等问题，构出一幅昔日晋中商人婚姻生活的多维画面；晋商的家族经营、家族教育和家族救助；生意场中的商人生活，涉及晋商学徒制习俗和礼仪、生意场中商人的书算学习、行为规范，晋商的标期、诚信等问题；晋中社会某些传统手工业的兴盛和近代工业的勃兴，揭示晋中民众与市场的密切联系，展现市镇的繁荣，勾勒出契约与民众生活关联之轮廓；从衣饰的无言表达、饮食的多样化、居所园林的立体倾诉，到婚丧之礼的处处彰显，凸显出晋中民众生活提升的实态；看戏与郊游的热闹场景、养鸟弄虫的闲适风情、赌博与鸦片的贪恋沉迷，构成了昔日晋中民众的休闲生活；晋商与晋中民众文化生活的关联与互惠，商业繁盛衍化出晋中文化的丰富多彩，二者互惠共荣、水乳交融；晋商在社会教育、社会赈济、公共建设、社会治安等公共领域的作为，揭示了晋商在晋中社会的地位和作用；指出晋商未能抓住时机，最终使昔日辉煌不再。该书是从区域社会史角度研究晋商的力作。

3. 山西社会生态史研究

社会生态史是以一种新的社会史学理念为基础，认为人类社会首先是一个生物类群，是地球生物圈内的一个特殊生命系统，与周围环境存在着广泛的物质、能量和信息交流，始终受到生态规律的支配和影响。因此，社会的历史也就存在着采用生态学理论方法加以考察的必要性与可能性。近年来，中国生态史（或称"环境史"）成果引人瞩目，预示着一个崭新分支——生态史学或环境史学正在逐步建立之中。

近年灾害、慈善救济、社会控制等领域引起了学术界的广泛关注，郝平《丁戊奇荒：光绪初年山西灾荒与救济研究》（北京大学出版社，2012 年）一书从"弱朝廷强地方"的视野出发，认为"丁戊奇荒"中的赈灾主体不在国家，而在地方，地方有一套不同于国家救灾的体制，地方士绅、商人、富户捐赈行为的背后，既有追求名利的思想，更有传统文化长期熏染下的慈善思想。

历史上的特大地震往往会给灾区带来巨大的人口伤亡和社会财产的损失，同时还会影响区域社会的正常运行和发展。郝平《大地震与明清山西乡村社会变迁》（人民出版社，2014 年）探讨了大地震与社会变迁的关系，分别就明嘉靖三十四年（1555）华县地震、清康熙三十四年（1695）临汾地震和嘉庆二十年（1815）平陆地震三次大地震后，山西各州县的受灾情况、震后应急和恢复重建等方面进行了探讨，说明乡村社会在这三次地震中受到了严重破坏，一方面考察国家力量在震后救灾和重建过程中的主导作用，另一方面从民生经济、乡村社会发展和思想文化等方面阐述了大地震后山西乡村社会的部分变化以及对社会发展变迁的作用和潜在影响。本书把地震作为社会发展历程中的重大事件展开研究，在了解传统时期的地震救灾和恢复重建的基础上，研究其对山西乡村社会发展变迁的作用，主要揭示了大地震不仅对乡村社会发展产生了巨大影响，而且还直接或间接地影响着山西社会的进步和发展。

岳谦厚《战时日军对山西社会生态之破坏》（社会科学文献出版社，2008 年）从抗战前后山西社会生态环境、日军对山西工矿业及交通运输业的掠夺与破坏、日军对山西农业资源的掠夺与破坏（包括日军对土地的强征占用及破坏、日军对粮食资源的掠夺与毁坏、日军对棉产资源的统制与掠夺、日军的鸦片政策与鸦片种植、山西农村经济受损的总体估量）、日军对山西人口资源的掠夺与破坏（包括人口损失的调查与统计、人口损失与人口结构之变化、人力资源受损程度、人力资源受损的社会经济影响）、日军对山西社会文化教育事业的掠夺与破坏（包括日军对文化教育机构的直接破坏、日军的殖民化教育、山西人文生态环境的恶化)、日军对山西民众身心环境的侵害(包括"三光作战"下的民众心理、"细菌战"与"毒气战"下的民众身心健康、"烟山毒海"侵蚀下的"社会相"、"慰安妇"的血泪)等方面,不限于从表层上描述日本的侵华暴行,而以"社会生态"为角度,通过大量数据的统计及量化分析,从深层上挖掘战争之直接、间接损失和战争对当时社会经济的应时性影响以及对战后社会发展的隐形性、历时性或长效性影响。

4. 山西抗日根据地社会变迁

中国自古以农业立国,农村问题历来是一个关系到中国社会全局的根本性问题,国家的兴衰存亡、社会的发展变动与农村休戚相关。1931 年,晏阳初、梁漱溟等人创立山东乡村建设研究院,提出"只有乡村有办法,中国才算有办法;无论在经济上、政治上、教育上都是如此"①。20 世纪 80 年代以来,伴随着农村经济体制改革的进行,农村日益成为国人瞩目的对象。在学术界,近代乡村史也成为一个新的研究领域。

《中国革命中太行山根据地的社会变迁》②以国外学者的观察视野与角度,从抗日战争时期太行根据地的政治秩序、根据地与边区关系、行政中心辽县武乡的军事斗争与政治动员、武乡的激进政策与革命斗争、黎城的粮食与军工基地、黎城的抗战与暴乱、根据地社会改革、革命的必要性、土改与社会变革等方面,对抗日根据地社会变迁进行了

---

① 朱宕潜:《今后乡村教育之动向与动原》,《教育与中国》1933 年第 2 期。转引自张玮、李俊宝:《阅读革命——中共在晋西北乡村社会的经历》(前言),北岳文艺出版社,2011年,第 1 页。

② [澳]大卫·古德曼:《中国革命中太行山根据地的社会变迁》,田酉如,译,中央文献出版社,2003 年。

全方位的考察与深入研究。

　　20 世纪三四十年代是晋西北近现代史上一个剧烈变动时期，这些变化不仅表现在日本入侵引起的政治格局或地方权力结构的重组以及中共对该地区社会经济的整合中，更表现在该地区由一个过去鲜为人知、封闭的"边缘"地区变为一个引人注目、"开放"的"革命试验场"以及逐步走向现代社会的转型过程中。考察这些变化发生发展的线索及其特点，对于理解同一背景下的中国农村社会特别是华北"边缘"地区的农村社会非常有益。《阅读革命——中共在晋西北乡村社会的经历》以 20 世纪三四十年代的晋西北农村为研究地域，以"黄土、革命与日本入侵"为研究框架，通过对中外学者高度关注的张闻天晋西北兴县农村调查原始资料、中共晋西区党委以及中共晋绥分局调查研究室大量调查资料的检索与整理，提出了自己对华北"边缘"地区农村社会或"革命"中的中国农村或"革命中的中国农村社会"的历史性解读。本书的贡献在于发现和首次利用了大量第一手档案资料，以适应现代学术发展的新话语形态和"价值中立"的学术原则，讲述晋西北农村 20 世纪三四十年代作经历过的某些"故事"。"在导致晋西北农村社会发生重大变动的所有参考量的要素中，中共革命是最有影响且须首要考虑的变量元素。革命应对日本入侵，整合了乡村原有的资源配置，改变了乡村原有的社会结构，引起了农村社会经济、政治权力、文化观念的几大演变；其中乡村三种主要经济关系（租佃关系、借贷关系、雇佣关系）及与之相联系的土地制度变化最为突出。"[1]

---

[1] 张玮、李俊宝：《阅读革命——中共在晋西北乡村社会的经历》（前言），北岳文艺出版社，2011 年，第 3 页。

本书就是以此为研究视角，既考察它们本身在革命场域中所发生的剧烈变动，又通过这样的"窗口"观察晋西北农村社会是如何在革命中向"现代"社会演变，以及农村社会中地主与普通农民应对革命与战争的需要、愿望及所作所为。此外，本书还考察了中共是如何面对复杂的农村社会的，包括变革的制度安排、运用的手段、实现的目标及整个策略选择，即中共在20世纪三四十年代的晋西北农村经历了些什么或当时究竟是一个什么样的图景。

抗战时期，张闻天及其率领的"延安农村调查团"所进行的晋陕农村调查乃是中共历史上继毛泽东20世纪20年代湖南农民运动考察之后又一次相当重要的社会调查，其不仅在中共党内产生了广泛而深远的影响，亦引起了中外学者的高度关注。这些资料涉及范围广而内容丰，举凡地理、土壤、交通、河流、物产、历史沿革、土地、人口、牲畜、农具、种子、肥料、作物种植与产量（包括鸦片烟种植与产量）、资金、农业技术、水利、耕作制度、财产分配、农村副业或商业、借贷关系、雇佣劳动、钱粮税收及各种差役负担、土地价格、粮食与其他生活必需品价格、战争初期损失等以及风土人情、家庭关系、宗族血缘关系、宗教信仰、社会组织、文化教育等等，几乎应有尽有。这次调查所获取的大量资料，有的已整理出版并为研究者所充分利用，有的则被怀疑散失于战火或其他社会动荡之中。尤其是此次调查历时最久的晋西北14村调查，除张闻天自己整理完成的极少量资料公开发表外，其余绝大部分至今没有人能够说明它们的下落，而实际上其原始资料仍然较完整地分布于晋省或晋西北的相关地方，这些资料的发现与利用将非常有助于理解20世纪三四十年代中国中西部结合带或中共晋西北根据地区域农村社会的基本面貌及其演变历史，同时亦对大致同一时期的其他华北农村社会调查做了最重要的补充，甚至可能会改变先前有关华北农村研究的某些结果。该项新发现的资料，内容丰富、数量浩大，具有极高的学术价值。① 《20 世纪三四十年代的晋陕农村社会》② 一书立足于新发现的以及已出版的张闻天晋陕农村调查资料，以中国中西部地区晋西北兴县 14 村（调查时属于既未经过土地革命又无大地主的普通小农经济村庄）、陕北神府县直属乡 8 村（调查时属于已经过土地革命且无地主阶级的经济"均化型"村庄）及米脂县杨家沟村（调查时属于未经过土地改革而仍保存着大地主经济的典型村庄）为中心研究区域或研究骨架，以地方或地域为研究方式，以目前中外先进的社会科学理论为基础，阐述了 20 世纪三四十年代晋陕农村在"黄土、革命与日本入侵"场景下的基本面貌及其发生演变的历史。沿着这一研究领域，张玮通过对雇工类型与雇佣程序、雇工工作及其待遇、雇工家庭生活水平的变化三方面的考察，对晋西北农民社会中雇农阶层的生存状态做一检视，以与类似主题的其他研究结果进行比较，看看他们在多大程度上相似又在多大程度上不同，而时间选择于 20 世纪三四十年代之交，则是因为其间发生的革命与外国入侵极大地影响了该区域农民的社会经济活动乃至社会结构。20 世纪三四十年代发生的革命与外国入侵，影响或改变了晋西北农村的社会经济结构和农民的生存环境。雇工作为晋西北农民社会的一个阶层，在抗战前后的十几年间经历极为显著的变化，诸如工资大幅贬值、生活水平急剧下滑、主

---

① 岳谦厚、张玮：《抗战时期张闻天之晋陕农村调查简述——兼述新发现的晋西北兴县农村调查原始资料》，《晋阳学刊》2005 年第 2 期。
② 岳谦厚、张玮：《20 世纪三四十年代的晋陕农村社会》，中国社会科学出版社，2010年。

雇关系趋于复杂等等。另外，革命也为他们提供了改善命运或向上攀升的空间。①张文俊、张玮以 1942 年张闻天在兴县 9 村调查资料为基础考察了抗日根据地乡村社会阶层的流动，指出晋西北抗日根据地乡村社会阶层出现"非正常"流动，表明乡村社会严重分化，沿着革命政权构建的方向重新整合，实现着"强国家弱社会"的政治图景，揭示出中国共产党的革命与乡村社会阶层流动间的内在逻辑关系，同时反映出当时中国共产党已取得对根据地乡村社会阶级结构改造试验的成功。②

刘润民的《战争·革命与吕梁山区社会之演变》（山西大学 2007 年博士学位论文），对 20 世纪三四十年代吕梁山区的地理资源环境、自然生态条件、社会经济环境、人文历史变迁以及抗日民主政府建立前后吕梁山区临县农村地权分配与土地使用、地租形态与租佃关系、小农社会状况、家庭手工业、农家生活、社会习俗等诸多方面内容进行了详细地考察，并与抗战时期中共在根据地农村实行的减租减息、合理负担、纺织生产、乡村选举等政策相结合，对以临县为中心的吕梁山革命根据地区域社会经济演变的形式、特点与规律等展开深层次全方位的研究。在翔实的史料和充分实证的基础上将革命中的临县乃至吕梁山区农村社会发生的变化及其如何发生的"实相"描述出来。在研究方法上，本文运用区域社会史研究的理论并借鉴社会学、经济学以及生态学等学科方法，通过对大量档案资料的实证分析及具体乡村的个案研究，同时以"以小见大""以下而上"的视角对相关问题进行深

---

① 张玮：《二十世纪三四十年代晋西北的农业雇工》，《山西师范大学学报（社会科学版）》2004 年第 3 期。

② 张文俊、张玮：《抗日根据地乡村社会阶层之流动——以 1942 年张闻天兴县 9 村调查资料为分析对象》，《抗日战争研究》2012 年第 3 期。

入探讨，从微观角度揭示 20 世纪三四十年代吕梁山区农村经济与社会发展的模式，并以此微观的研究为诸多宏观的考察提供缜密的实证依据。以上研究表明，吕梁山区各方面在整个抗战时期获得了近代以来前所未有的发展，这为吕梁山区民众传统生活方式的变化、社会变迁创造了一定的物质文化条件。在这样的政治、经济、文化历史背景下，在全民动员、政策鼓励等种种合力下，吕梁山区传统社会生活方式发生了日新月异的变化。本文的结论还进一步说明了从 1937 年日军侵晋及中共势力进入吕梁山地区到 40 年代，农村战争动员以及中共发动的社会革命的影响力，并在这些因素作用下发生着各种形式的演变，而且这些变化乃是该地区最普遍的现象。诸如此类的变化可以说是 20 世纪三四十年代吕梁山区农村社会最基本的或最引人注目的现象。

晋西北抗日根据地的乡村基层权力结构在抗战以来发生了深刻的变化。晋西北抗日根据基层政权要想在乡村社会立足和发展，实现对社会资源的控制，必须摧毁传统的权力网络。由于晋西北乡村社会的落后性，20 世纪三四十年代传统的内生的乡村权力组织活动仍较频繁，极大地抑制了民主政权的扩展空间。为了突破传统的权力网络，民主政权通过削弱民众的"封建意识"，代之以诸如"天下农民是一家"的阶级的观念，并且在群众运动中融化传统的权力组织的凝聚力，同时进行基层组织再造。超传统的以农会为中心的各救组织通过自下而上地发动群众的各项斗争树立了威信，起到了重新整合乡村社会秩序的功能。随着各种基层群众组织不断壮大，民主政权对社会资源得以逐步控制。抗日民主政权在从国民党政权向共产党政权的过渡时期，为了巩固其权力基础，获得晋西北乡村社会广泛的社会资源的认可和支持，提出了"一切工作在于村"的工作口号。渠桂萍《试述晋西北抗日根据地乡村权力构的变动（1937~1945)》（《华北乡村史学术讨论会论文集》）2001 年从乡村权威的角色转换和基层组织的再造两方面阐述了晋西北抗日民主根据地对乡村基层权力结构的改造，从中审视民主政权是如何对社会资源逐步控制并纳入其施政的范围。晋西北抗日根据地对乡村基层政权的建置，可以看作新民主主义国家基层政权向乡村社会不断渗透的一个实验场，该区域基层权力结构发生的变化，对今后共产党政权从全国范围内向乡村的延伸具有重要的历史意义。

　　5. 山西水利社会史研究

　　明清中国水利社会史研究理论①可以从四个方面来把握，一是以反思和批判魏特夫的治水学说为起点；二是充分运用国家与社会关系理论，讨论水利与社会、水利与国家的关系；三是吸收人类学研究成果，以弗里德曼的理论假设和宗族范式为基础，实现了从"宗族社区"向"水利社区"的转变；四是具有反思与超越日本学界"水利共同体"理论的学术自觉，实现了从水利共同体向水利社会的转变。当前国内的明清水利社会史研究具有理论创新潜质。笔者认为对于中国水利社会史研究而言，可以从上、中、下三个层面来加以把握。从上层来看，在今后的明清中国水利社会史研究当中，"国家与社会"关系理论仍然具有较大的学术空间和较强的解释力度，无论是众人批评的魏特夫的治水学说、人类学界的水利社区还是日本学界的水利共同体论，均可以纳入这一理论框架。这同时也要求研究者切勿简单化地理解和对待国家与社会的互动关系，而是要站在世界历史发展的高度，准确把握国家与社会理论的来龙去脉和内涵。就中层来看，水利与宗族、市场、

---

① 张俊峰：《明清中国水利社会史研究的理论视野》，《史学理论研究》2012 年第 2 期。

祭祀等所谓中层理论相比，是传统农业社会最具基础性的生产要素。水利的有无与水利的发达与否，直接影响到地域社会的作物种植结构、经济水平和社会贫富分化，进而影响到地域社会的历史发展进程，可谓是环环相扣。水利与土地、农业密切结合在一起，构成了地域社会生产发展的基础。相比之下，宗族、市场、祭祀等社会要素则建立在这样一个基础和平台之上。由此观之，在国家与社会这一宏观理论框架下，水利有可能成为居于宗族、市场、祭祀之上，国家与社会之下的一个中层理论。只不过就目前来看，这种想法还停留在思想层面，尚需付诸大量区域性的实证研究，这也就是第三个层面需要解决的问题。就当前中国水利社会史的研究现状来看，与国家层面的宏观研究相比，微观的、地域性的个案研究不是太多了，而是还显得太少，研究者尚需从容地展开地域性、个案的微观研究、整体史的研究。以水利社会类型的比较研究为例，目前较为成熟的水利社会类型屈指可数，如湘湖的"库域型水利社会"、山西汾河流域的"泉域型水利社会"、长江中游的"圩垸型水利社会"等，更具地域性和多样性的其他水利社会类型的研究尚有待深入开展，相信随着多种水利社会类型研究成果的涌现，必将出现学界同人所呼吁的那种效应：对于中国水利社会，类型多样性的比较研究，将有助于吾人透视中国社会结构的特质，并由此对这一特质的现实影响加以把握。①

对洪水资源的开发利用成为抵抗干旱半干旱丘陵地区恶劣环境的有效手段，建立在引洪基础上的作物选择、耕作制度、分水制度等给流域内村庄带来了丰厚的回报，维持了当地社会经济的稳定与发展。

---

① 张俊峰：《明清中国水利社会史研究的理论视野》，《史学理论研究》2012 年第 2 期。

但是，在人口增殖、土地开发利用率加大的情况下，水资源稀缺性日益加重，产生了对洪水资源的争夺。绵延不绝的争夺冲击了原有的水利秩序，流域内村庄试图通过制度调整与分水技术改进来维持村庄间的水利秩序，却没有认识到当时生产力条件下过分依赖自然资源禀赋产生的纠纷不可避免。结构性的贫困存在，生产力没有大的提高的前提下，该区域单纯依赖资源而生存和发展的状况不会改变。王长命的《明清以来平遥官沟河水利开发与水利纷争》（山西大学 2006 年硕士学位论文）即是以山西平遥县官沟河流域引洪灌溉为例，利用当地保存的碑刻资料、县府志资料等，运用长时段的眼光，审视了发生在流域内的水利纠纷。

四社五村是横跨山西省洪洞赵城后并入洪洞、霍州三县交界处的一个民间水利组织。到明清时期，共有 15 个村庄共同使用发源于霍山沙窝峪的一条峪水，该峪水的水源复杂，具体包括山间植被积存雨水的自然流泻和雨水涧水泉水以及雪水等，这就造成了流量小、不稳定、水流大小带有季节性的问题。由于水资源匮乏，四社五村经过长时间的冲突争夺，形成了不均的水利秩序，15 个村庄分成了 3 个等级。祁建民的《山西四社五村水利秩序与礼治秩序》（《广西师范大学学报》2015 年第 3 期），通过对四社五村的考察认为，中国古代传统水利秩序的基本理念是均水，但是民间水利秩序会受到权力宗族和文化传统等多方面制约。以山西四社五村的用水差序为例，主要分析导致和维护不均水利秩序的文化传统因素，也就是礼治秩序当中的礼的等级规范性，使得用水不均在文化传统上被认可，礼的人伦亲情特征给不平等的水利秩序带上亲缘家族的色彩，还有礼要求人们自觉顺应伦理秩序提倡不争的规范，也对维护差序水利秩序发挥了作用。

6. 心态史学与民间信仰研究

以往关于土地改革的研究主要限于简单的"政策—效果"模式，忽视了乡村社会尤其是农民大众的心态、行为及其与土地改革的互动关系。1937~1949 年华北乡村土地改革的历史表明本来给农民带来巨大利益的土地改革，并没有立刻燃起农民的热情，他们往往胆小怯懦，不敢立即起来响应。为此，中共通过"挖穷根""斗争大会"等方法，激发农民对地主阶级的被剥削感、阶级对立意识、革命斗争意识和拥护中共的意识。在此基础上，一向温和、忍让的中国农民的传统平均主义心态不再限于打倒地主阶级的"均贫富"，而是发展为部分贫苦农民侵犯中农利益的绝对平均主义行为。在此贫富错位的社会裂变中，农民传统的发家致富心态转变为既渴望富裕又惧怕富裕冒尖的矛盾心态，甚至不惜将现有的财产挥霍浪费。在中共土地政策的影响下，农民的传统心态历经空前的激荡和改造，同时一些传统心态也在延续和放大，从而有可能走向另一极端，这种被剥削感、阶级意识、阶级复仇、侵夺中农利益以及不敢生产、惧怕冒尖的心态，都是此前未有或甚为少见的。但又要注意，其中的复仇心态和绝对平均主义是以土改为媒介的农民传统心态的延续和放大，表明民间传统会以变异的形式展现出来。而所有这些，都体现出土改过程中农民既兴奋又压抑的焦虑心态，对中国民众性格的变化产生了深远的影响。①

在民间信仰中，首先体现的是神灵的地域性，这样的特点正在于拉近神灵与信仰者的距离，体现出亲和性；其次在神灵信仰中，出现了地域神合法化的趋势，这就涉及国家与地方社会的关系，二者从不

① 李金铮:《土地改革中的农民心态：以 1937~1949 年的华北乡村为中心》,《近代史研究》2006 年 4 期。

同的侧面对神灵信仰进行着"刻画"与解读，但最终都强化了神灵信仰。二仙故事反映的社会现实正是晋东南地区的地理环境与社会习俗，并很早就流传于晋东南一带。在唐朝重视道教、封赐道教的环境下，逐渐形成了对二仙的信仰以及大建庙宇。宋朝再次出现了重视道教的势头，于是地方力量乘机使朝廷封赐了二仙，既强化了自己的影响，加强了对地方的控制，又使得朝廷与地方之间的关系更加和谐。在二仙的故事中，尽管有神话与构想之词，但其中反映的本地道教信仰却是一个不争的事实。①

水母娘娘传说作为一个神话母题在山西泉域社会广泛流播，宋金以来根据该母题塑造而成的水母娘娘信仰，不仅是地方社会重要的祭祀对象，而且决定着现实社会"谁有权分水"这一关键问题，具有重要的象征意义。在明清以来争水频仍的背景下，水母娘娘信仰超越传说本身，成为一种话语，其实质就是要维护和争取更多的权利。同时，水母娘娘信仰也成为地域范围内某些村庄获取用水特权的重要凭借，被不断加以强化和利用。②

到 2015 年，山西近代社会史学术研究由区域社会史转向更深入的专题社会史。近代区域社会史研究的兴盛、近代乡村史研究、近代灾荒史研究、民间信仰及心态史学的研究、妇女史学与性别研究，都扩展着中国近代社会史研究的领域。

---

① 段建宏：《民间信仰与地域社会对晋东南二仙故事的解读》，《前言》2008 年 11 期。
② 张俊峰：《传说、仪式与秩序：山西泉域社会"水母娘娘"信仰解读》，《传统中国研究集刊》（第五集）。

三

·妇女史学与性别研究的兴起几乎与近代社会史学的复兴同步，这个学科的兴起，也是由于改革开放初期社会转型期形成的妇女问题发轫。性别研究在突破妇女运动史前提下形成新的研究理念，研究者显然不再拘泥于以前妇女运动史的立场，而具有全新的性别史研究和历史人类学的特征。

1. 妇女／性别理论架构研究

20 世纪 80 年代初期社会学在恢复之后，人们就期望社会学者能够从理论的高度，对社会日渐增多的婚姻、家庭等问题做出较为深入、系统的说明。从这个意义上说，高健生、刘宁的《家庭学概论》（河南人民出版社，1986 年）的出版，恰恰反映了人们已经不再满足于某些感性的、直观的认识，而要求从理论的深层去揭示婚姻家庭发展规律。虽然《家庭学概论》的作者在书的一开头即告诉读者："面对家庭研究这一庞然大物，我们既不能提供一套健全的体系，也不能保险每一个结论的准确无误。"但是，透过全书的内容，人们还是不难看出，建立一个较为合理的马克思主义家庭学科体系，是作者写作《家庭学概论》的动因之一。在中国建立一门马克思主义家庭学理论的学科体系，是一项艰巨而复杂的工作，其中除了与婚姻和家庭相联系的理论问题本身就已经是错综复杂、疑义丛生，并且同人们日常生活的联系十分敏感之外，也在于家庭学作为一门综合性的学科，与许多相关学科有着十分紧密的关联。《家庭学概论》可以说是家庭学研究领域的破题之作，它的意义绝不限于这本书本身。

山西省妇联于 1991 年推出的《新妇女论丛》聚集了当时省内性别与妇女研究领域最强阵容，是给山西省第七次妇女代表大会的礼物。这套丛书包括《妇女利益论》《女性文化论稿》《论女性之美》《女性人才学论稿》《妇女经济学概论》①五部论著，这套丛书抓住了当时全国社会发展中妇女问题的一些实质，从妇女经济、文化、生活以及妇女利益、进步与发展等方面进行了系统的的研究，对社会主义初级阶段妇女运动规律进行了具有开拓意义的探索，体现了马克思主义的妇女观，体现了最广大妇女的根本利益和特殊利益，体现了中国妇女和妇女运动的特色。这套丛书既不是从概念出发，也不是简单地从国外引进一些理论，而是从我国妇女和社会的实际出发，用大量翔实具体的材料，抽象出妇女解放的深刻道理。这套丛书在当时条件下拓宽了妇女问题的研究领域，涉及经济学、社会学、人才学、美学等学科，运用了其他学科的研究方法，实现了其他学科与妇女学领域的交叉，既丰富了妇女学的内容又补充了其他学科对妇女问题缺乏专门研究的不足，从而启发人们从更宽的领域、更高的层次上对妇女问题进行更加深刻而全面的认识和探索，这套丛书是妇女理论研究者和实际工作者通力合作的成就，既弥补了妇女理论研究者对各阶层妇女生存状况没有全面了解的缺憾，也弥补了妇女实际工作者对现实中的妇女问题缺乏抽象的、理论的提升的不足，是妇女理论与妇女实践相结合的有益尝试。

新世纪妇女理论研究面临的新环境、新课题和新要求，要求我国妇

---

① 艾菲：《论女性之美》。朱明媚、黄飞：《妇女利益论》。邢燕芬、朱明媚、申莉平、贾杰卿：《妇女经济学概论》。刘翠兰、侯秀娟：《女性人才学论稿》。刘宁：《女性文化论稿》。中国妇女出版社，1991 年。

女理论研究应关注以下五个问题：以全球化背景下国际社会普遍面临的妇女问题为核心的共生性问题研究；以应对体制转型时期女性突出问题为核心的对策性妇女问题研究；以促进妇女权益实现为核心的体制创新性妇女理论研究；以实现妇女问题解决为核心的妇女理论研究；以探索中国妇女运动发展规律为核心的妇女理论研究。[①]在目前我国把"更加重视改革顶层设计和总体规划"的要求提到重要位置的背景下，中国妇女理论研究也面临着如何进行总体性思考与设计的问题。从这样的要求出发，中国妇女理论研究的思路选择是构建中国特色社会主义妇女理论体系、突出实践中公平公正的实现在妇女理论研究中的中心地位、倡导中国特色前提下妇女理论研究的包容性、推进妇女理论研究产生更多的制度成果。[②]

《马克思主义妇女观概论》[③]是山西省妇联对妇女理论研究的最初尝试。书中指出马克思主义妇女观是马克思主义理论体系的重要组成部分，是妇女解放运动沿着正确方向发展的指导思想。本书以探索的精神，学习、研究马克思主义妇女观，客观地分析了马克思主义妇女观产生的历史背景、内容和意义，剖析了妇女社会地位演变的实质；评价了妇女在人类社会发展中的伟大作用，阐述了妇女社会权利的内容、实现和保障；探讨了妇女解放的标准、条件和途径；回顾了马克思主义妇女观在中国的传播、实践和发展；探索了社会主义初级阶段

---

① 刘宁：《新世纪妇女理论研究的视点探析》，《中共山西省委党校学报》2003 年第 3 期。

② 刘宁：《顶层设计视阈下的中国妇女理论研究》，《中华女子学院学报》2012 年第 1 期。

③ 山西省妇联：《马克思主义妇女观概论》，中国妇女出版社，1991 年。

我国妇女运动的新发展、新情况；探索了社会主义初级阶段妇女解放的道路；分析了马克思主义妇女观和国外女权运动的区别与联系；等等，粗线条地廓出了马克思主义妇女观的理论体系和中国妇女运动的特点。

对于当代中国妇女史与性别研究路径，畅引婷、光梅红认为，妇女史研究在当代中国的兴起，可以追溯到 20 世纪 80 年代末到 90 年代初，但将研究与学科建设结合在一起并自觉推动其在中国大陆的发展应该是世纪之交的 2000 年前后。一方面借助国外课题或项目基金，通过读书班和研讨会的形式介绍西方女权主义的思想和理论，聚集妇女史研究的力量，拓展研究的视野、思路和范围；另一方面针对妇女史研究的现状，以及在借用"他山之石"过程中出现的具体问题，着力对西方女权主义理论进行本土化的改造与创新。同时，根据中国妇女历史发展的特点，总结、提炼、挖掘具有中国特色的妇女史研究理论和方法，以寻求与世界妇女史研究对话的资本。①

当代中国妇女研究的基点焦点在哪里？女人和男人在生命历程中究竟都有哪些不同？本土的妇女研究和西方的妇女理论资源怎样整合？妇女研究者在研究过程中到底应坚守怎样的学术取向和政治立场？女性主义研究在文化建设和学科建设中究竟能发挥怎样的作用，应担负怎样的责任？妇女研究者的性别身份和职业特点与妇女研究之间究竟有着怎样的联系？在《建构的历史与历史的建构：女性主义与妇女史研究文集》（三晋出版社，2009 年）一书中，畅引婷用妇女研究、女性

---

① 畅引婷、光梅红：《当代中国妇女与社会性别史研究述评》，《山西师范大学学报（社会科学版）》2015 年第 2 期。

主义理论、性别研究、社会性别、妇女史、西方女性主义、生理性别、不平等地位、女权主义理论几个关键词来介绍自己的这本论著。该书通过事实描述凸显妇女存在的历史和妇女研究的价值，从多个不同的侧面对当代中国妇女研究的现状进行总结和描述，反映了妇女研究的历史，也记录着当代中国妇女生活的历史；运用哲学视野探讨妇女与性别问题的本质，在传播女性主义学术理念的过程中对人类文化知识的重构添砖加瓦；以实践的品格作用于妇女现状的现实改良，在书中讲述自己的母亲和婆婆的故事，讲述自己的工作生活婚姻体验，关注于身边的凡人小事，沉湎于自己经历的回想，她力求使自己具备世界眼光，她希望这一切都能有益于中国妇女的历史实践，有益于改变中国妇女的历史境遇。①

对于妇女 / 性别研究的学科背景和时代特点，畅引婷夫认为，妇女/性别研究作为当今学术研究和学科建设的一个重要领域，不论对人们思想文化观念的改变，还是对社会性别制度的重新建构，都发挥了十分重要的作用。从其学科性质来讲，它既是自然科学，也是社会科学，更是人文科学，综合探讨人的自然属性、社会属性和本质属性，和其他传统学科相比，它具有跨学科性、批判性、开放性、建构性等特点。从当前中国妇女 / 性别研究的实际看，在学科命名上概念内涵的不确定，在学科性质界定上顾此失彼的片面性，都不同程度地限制了这一新兴学科向纵深发展。因此，站在中国近 10 年来妇女 / 性别研究的基点上，以西方女权主义研究作为基本参照，从中国当代社会变革和教育

---

① 殷俊玲：《妇女研究的当代价值——读畅引婷〈建构的历史与历史的建构：女性主义与妇女史研究文集〉》，《晋阳学刊》2010 年第 2 期。

发展的实际出发，对中国的妇女／性别研究进行学科定位是十分必要的。①

20 世纪以来，妇女解放运动在全球范围蓬勃兴起，在经历了"人性自由论""男女革命论""阶级革命论"等此起彼伏的思潮论战后，女性的解放逐渐向多角度、全方位扩展，追求自身解放、实现性别平等、促进自我意识觉醒和自我价值回归、推动两性和谐发展，已成为女性解放和发展的目标归宿。与此同时，女性的解放和发展作为一个研究课题受到诸多社会科学工作者的重视，被纳入众多学科的研究领域。在多学科的碰撞交流、思潮激荡中，女性学——以女性为研究对象的一门学科，逐步显现发展起来，由跨学科、边缘化向专业化、主流学科过渡和转变。由刘翠兰等人完成的《女性学》有三个显著特点：一是以独特的视角拓宽了女性学的研究领域。不同于其他关于女性学著作或以女性主义的立场研究问题，或单纯从某一特定角度去探讨女性某一方面的特质和行为特征的写作方式，《女性学》一书以马克思主义妇女观和历史唯物主义的世界观和方法论为指导，从性别、历史视角切入研究女性问题，运用纵向的历史研究与横向的社会透视相结合的方法，深入分析女性在历史、社会与家庭中的地位和作用，突出论述妇女解放运动在人类解放运动中的作用，强调女性的社会参与、人类的全面发展与女性在创新中的优势、女性成人—成才—成功的潜质、潜能和潜力，提出了实现男女平等与两性和谐的路径选择，进一步深化和拓展了女性学的研究领域。这是该书在女性学研究方面的一个重要

---

① 畅引婷：《妇女／性别研究的学科性质与时代特点》，《郑州大学学报（哲学社会科学版）》2010 年第 4 期。

超越。二是对女性学学科体系的构建做了新的有益尝试。作为一个正处于起步发展阶段的新学科，构建比较科学合理的学科体系是当前女性学研究的一个重要课题。作者坚持唯物史观，把女性看成是社会的产物、社会的缩影，主张在社会的运动中考察女性的变动、女性存在形态的演变、女性价值的进步与发展，坚持在人类发展和社会进步的历史进程中发现和揭示女性行为的一般规律。从这样一个思路出发，作者构思了女性的本质、角色特征及价值，女性解放与发展历史，当代女性的成才与成长，女性解放的未来展望四个研究路径，将女性学的若干基本问题纳入上述四个大框架中一一阐述。全书内容涵盖女性概念、女性性别角色、女性主体意识和女性价值、女性在社会中成长成才的角色、地位、素质和自身优势分析等各个领域，统摄中国妇女解放运动历程以及女性解放的未来发展等各个方面。这种概括和归纳既遵循了社会科学理论研究的一般规律，又体现出了作者的独立思考和创新意识，初步构建起一个关于女性学的全新而又系统的理论范式。三是充分体现了鲜明的时代特征和本土特色。全书始终立足于本土化的立场，在承认女性学研究面向世界的同时，更注重民族性的要求。作者大胆汲取国内外女性研究的最新成果，结合中国的具体实际，运用马克思主义中国化的最新理论成果，科学阐明了女性的本质、角色特征及价值，全面回顾总结了女性解放与发展的历史，深刻分析了女性解放发展的深层次文化根源，具体地指出了女性成长成才的一般规律和在社会政治经济发展中的地位和作用，同时还从新时期法律、制度、信息和科技变化发展等角度对女性生存和发展面临的机遇与挑战进行了分析预测，描绘了女性发展的现实前景。①

2. 妇女史学及现实妇女问题研究

明清以来，扬名四方的晋商是山西历史上的亮点，然而在晋商及
其辉煌事业的背后，商妇却似乎是一个长期被遗忘的角落。韩晓莉
《晋商家庭中的女性角色》（山西大学 2003 年硕士学位论文）运用
"角色"理论，在地方文献和田野调查的基础上，从现代女性学的角度
对山西商妇在家庭中的地位、角色进行探讨，以期从更广的社会层面
对晋商及山西区域社会史的研究有所裨益。全文共分四个部分：一是
商妇的婚姻角色，传统观念和商人家庭的特殊性，注定了商妇婚姻生
活的不幸，相思与等待构成了她们婚姻生活的主要内容，不正常的婚
姻形态使商妇的心理和生理饱受折磨。二是商妇的家庭角色，作为商
人家庭中的妻子、媳妇、母亲，她们不仅对丈夫的事业无私支持，而
且承担着赡养公婆、抚育子女的全部责任。三是商妇的自我认同，商
人家庭中男性家长的缺失，使商妇有条件也有可能在感情、家庭生活
以及社会事务中表现出强烈的自我认同与自主性。四是商妇的命运结
局，虽然商妇在地方社会的女性群体中是较为独特的阶层，但她们依
然不能摆脱被传统势力，封建礼教摆布和预定的悲惨命运。该文是运
用性别理论研究妇女史学问题的尝试。

妇女的生活状况是社会生活的一部分，民国时期晋西北地区妇女
的生存环境反映了该地区的社会实态，她们的生育与健康状况体现了
当时社会生产、生活方式的传统特色。张小燕《民国时期晋西北地区

---

① 刘翠兰、冯爱红、李凤华：《女性学》，中国妇女出版社，2009 年。《女性学研究的新收
获——刘翠兰等新著〈女性学〉评介》，山西新闻网 2009 年 6 月 22 日。

妇女的生育与健康》（山西大学 2006 年硕士学位论文）一文，通过对
民国时期保德县妇女的生育状况与育龄妇女的健康问题进行分析，揭
示了该地区妇女生育、健康与中国传统社会的关系。通过对该地区 100
余人进行调查访谈，依据所得资料与文献资料进行对比，印证、考察
了民国时期保德县妇女的部分生活实态。文章主要分三大部分，第一
部分是保德妇女的生育状况。主要针对初婚与初育、生育数量与生育
周期等问题进行分析、其特点是普遍的早婚早育、生育期长、生育子
女数量多、然而由于当时贫乏的社会物质生活条件、传统的生育观念
和习俗等因素的影响，婴幼儿的死亡率很高，生育过程中性别偏好，
尤其是男性偏好现象突出。第二部分为保德妇女的健康状况。从劳务、
心理、生理及生育习俗几方面分析了社会对妇女健康的影响及妇女健
康的实态。第三部分论述了民国时期的社会变动对妇女生活的影响。
人们对传统社会有了强烈的变革意愿，其中也涉及妇女的婚育与健康
方面。但是传统观念仍然根深蒂固，新事物仅为少数人所理解和接受。
该文说明了传统社会的政治、经济与文化对生育动机和生育行为产生
了深远的影响，同时也造成广大妇女健康方面的一些问题。

　　畅引婷《解放战争时期党的妇运方针述论》论述了解放战争时期
中共的妇女政策。把妇女运动同农民运动、生产运动、工人运动、干
部培养以及妇女自身问题的解决结合在一起，是中共在解放战争时期
制定妇运方针的基本出发点。其方针政策在斗争实践中的贯彻执行，
不仅把新民主主义时期的妇女解放运动推向了一个新的阶段，而且为
社会主义建设时期的妇女工作积累了丰富的经验。（《山西师大学校
（社会科学版)》1997 年第 1 期）

　　张晓瑜《黄土地的女儿》（山西人民出版社，2003 年）从山西近

现代杰出女性中选择了 24 位女性。选择遵循的原则是着重在山西的历史地位和历史贡献，同时又兼顾各个行业和领域的知名度。"只要长期生活战斗在这块黄土地上，并为之做出贡献的女性，不论籍贯何地，均入选择之列。对那些籍贯在山西，但常年在外省市工作的知名女性只好忍痛割爱。"《山西女兵连》①是 20 世纪 30 年代参加山西女兵连并健在的 70 多位老战士的回忆，再现了抗战时期山西妇女中最杰出群体的奋斗历程。《烽火巾帼》②再现了抗日战争时期晋察冀边区北岳区全体妇女的抗日经历。此外，反映抗日战争时期晋绥根据地、太行根据地妇女的史学成果，也都有出版。

刘晓丽《1950 年的中国妇女》（山西教育出版社，2014 年）从新中国第一部婚姻法的制定与实施、土地改革、禁娼、全民扫盲、政治参与等几个方面，全面揭示了 1950 年中国各阶层妇女的生存状态。该书具有四个方面的特点：强调思想认识的先导作用、突出国家在妇女解放中的主导作用、张扬知识女性在妇女解放中的主体地位、彰显研究者的价值取向。③该书作者想说明的观点是 1950 年的中国妇女是中国革命的实践者和新中国建设的探索者，是马克思主义与中国妇女解放道路相结合的实践者和探索者。在 1950 年之前，中国妇女的生存状态与民族解放和民族独立紧密相连；从 1950 年开始，中国妇女的生存状态与中国新民主主义和社会主义建设紧密相连。她们成长的足迹，

---

① 山西新军史料征集指导组办公室等：《山西女兵连》，山西人民出版社，1990 年。
② 晋察冀边区北岳区妇女抗日斗争史料编写组：《烽火巾帼》，中国妇女出版社，1990 年。
③ 畅引婷：《政治的即个人的——〈1950 年的中国妇女〉评介》，《中华女子学院学报》2015 年第 4 期。

一方面体现了五四新文化运动以来中国社会大变革的痕迹，一方面也体现了自身对时代的紧密追随。这对于今天与世界接轨的中国妇女运动，对于终于走上独立自主发展道路的中国当代妇女，对于目前妇女的价值观、就业观、婚姻观、人生观等教育，都有着直接的借鉴意义。

刘宁《推进农村女性家庭式迁移的实践与探索——来自山西省北录树企业集团的调查报告》（《中共山西省委党校学报》2007 年第 5 期）在对山西省北录树企业集团女性流动人口生活状况进行调研的基础上，认为家庭式迁移可以有效缓解女性流动人口面临的婚姻、家庭生活困境及心理压力，有助于保障女性流动人口的合法权益。北录树集团在积极解决流动人口住房、子女入学、就医问题，规定女性工种比例、实行人性化管理等方面为家庭式迁移提供了优良的环境。他们的经验带给我们的启示是以双赢心态善待农民工，帮助他们实现举家迁移并安心工作，是企业自身实现更大发展的需要；依靠党组织和集体经济的力量解决农民工问题，对维护农民工合法权益具有决定性的意义；优化经济结构，为女性提供更多的就业岗位是实现家庭式迁移的重要步骤。

基于第三次中国妇女社会地位调查数据，山西省妇女联合会集结山西省内妇女／性别研究学者共同编撰而成的《聚焦山西妇女社会地位》（中国妇女出版社，2013 年），为第三期《中国妇女社会地位调查丛书》的山西卷。该书在编撰体例上，结合了山西省情，体现了山西特点。在编撰过程中，注重定量研究与定性研究、横向研究与纵向研究、文献研究与比较研究的结合，综合运用社会学、经济学、人口学、统计学等社会学科的研究理论，对山西妇女社会地位作了理论梳理和分析解释，对山西妇女的生存发展进行了全方位的扫描，比较全面、准确地反映了 21 世纪第一个 10 年山西性别平等和妇女发展的状况和变化，提出了对策建议，提供了理论支持。该书对当前山西省妇女社会地位的基本状况，即健康状况、受教育状况、经济状况、社会保障状况、政治状况、婚姻家庭状况、生活方式、法律权益和认知、性别观念与态度做了全面梳理，列举了山西妇女社会地位主要进步的方面：女性健康状况明显改善、女性特别是青年女性受教育程度显著提升、女性政治参与意识和主动性增强、女性在家庭中的地位提高、女性社会保障享有率提高且性别差距趋于缩小、女性生活方式呈现多元化、法律权益知晓率和法律规定的主观认可程度提高、女性的"四自"意识增强。该书发现了值得关注的问题：女性在业率相对较低，在业女性劳动收入也相对较低；农村妇女非农就业比重偏低，失地和土地收益问题突出；农村女性受教育年限和参加培训比例偏低；妇女参与决策和管理仍面临障碍；女性家务劳动负担依然较重；性别歧视现象仍一定程度存在。该书提出了相应的对策建议：在社会转型发展中，积极推动妇女平等参与经济社会发展；在民主政治建设中，不断提高妇女参与决策和管理的水平；在社会主义和谐社会建设中，进一步提高妇女在婚姻家庭中的地位；在市域城镇化和社会主义新农村建设中，全面提升农村妇女的发展能力；在社会主义先进文化建设中，加大对男女平等基本国策的贯彻力度；在加强妇女理论研究中，重视妇女社会地位的监测评估和研究。该书出版后，参与书中写作的研究者分别就妇女政治地位、经济地位、社会保障水平、文化发展程度等各个领域发表专文，对书中的相应内容进行了更进一步的发掘和研究。

结　语

从全国近代社会史发展趋势看，近年将会在以下几个方面获得新的拓展：区域社会史持续发展，乡村史研究的纵深展开，社会史新方向的拓展，多学科的交叉融通会使社会史拥有持久的活力和研究领域的创新力。在这种背景下，山西近代社会史学如何发展？行龙认为，在方法论上，应从整体史的角度出发，加强区域间的比较研究；要重视区域史的分期问题及划分区域的客观标准；要加强地方文献的搜集整理工作，提倡史学工作者走出象牙塔，走向田野与社会。结合明清以来山西社会变迁的实际情况和特点，结合国内外学术发展前沿和主要趋向，今后山西区域社会史应当首先从"明清以来山西人口、资源、环境与社会变迁；晋商与山西地方社会；三晋文化与民俗；山西抗日根据地社会状况及其变迁"四个方面开展研究。[1]笔者认为，应加上山西自 20 世纪 80 年代以来就形成大量研究成果和较强研究队伍的妇女／性别研究领域。

---

① 行龙：《论区域社会史研究的理论与方法——山西明清社会史研究》，《史学理论研究》2004 年第 4 期。